普通话教程

(第5版)

张子泉　主　编

吕　闽　桂华德　杨秋玲　副主编

清华大学出版社

北　京

内容简介

本书系统地介绍了普通话的基础理论知识，突出普通话技能训练。同时，书中还提供了普通话综合训练题，帮助学习者进行普通话水平测试。本书内容难易程度适中，理论联系实际，注重口语技能训练，突出了应用性、实用性。

全书共十一章，主要介绍了普通话的概况、语音概说、基础发音、语流音变、语汇和语法辨正、发声、朗读、基础演练、朗读演练、语词演练、综合演练等内容。

本书适用于普通本科院校、中高职校、成人院校学生使用，亦可作为教师培训教材用书。

图书在版编目(CIP)数据

普通话教程/张子泉主编. —5 版. —北京：清华大学出版社，2020.9（2024.5重印）
ISBN 978-7-302-56011-1

Ⅰ. 普…　Ⅱ. ①张…　Ⅲ. ①普通话—教材　Ⅳ. ①H102

中国版本图书馆 CIP 数据核字(2020)第 121744 号

责任编辑：孙晓红
封面设计：刘孝琼
责任校对：李玉茹
责任印制：杨　艳
出版发行：清华大学出版社
　网　址：https://www.tup.com.cn, https://www.wqxuetang.com
　地　址：北京清华大学学研大厦 A 座　　邮　编：100084
　社 总 机：010-83470000　　邮　购：010-62786544
　投稿与读者服务：010-62776969, c-service@tup.tsinghua.edu.cn
　质量反馈：010-62772015, zhiliang@tup.tsinghua.edu.cn
　课件下载：https://www.tup.com.cn，010-62791865
印 装 者：北京同文印刷有限责任公司
经　销：全国新华书店
开　本：185mm×260mm　　**印　张：**15.25　　**字　数：**389 千字
版　次：2005 年 4 月第 1 版　2020 年 9 月第 5 版　　**印　次：**2024 年 5 月第 8 次印刷
定　价：48.00 元

产品编号：087064-01

前　言

汉语是我国的通用语言和世界上使用人口最多的语言，也是世界上影响最大的六种语言之一。第九届全国人民代表大会常务委员会第十八次会议通过的《中华人民共和国国家通用语言文字法》确定了普通话和规范汉字作为国家通用语言文字的法律地位，在第十条中规定：“学校及其他教育机构以普通话和规范汉字为基本的教育教学用语用字。法律另有规定的除外。学校及其他教育机构通过汉语文课程教授普通话和规范汉字。使用的汉语文教材，应当符合国家通用语言文字的规范和标准。”为了更好地贯彻《中华人民共和国国家通用语言文字法》，全面推进素质教育；为了配合学校普及普通话教学工作，让普通话成为校园语言，我们对《普通话教程》(第 4 版)进行了认真的修订。

在修订的过程中，我们广泛征求了教师、学生的意见，结合课程特点和学生实际情况，吸收了普通话科研的最新成果，同时，根据国家语言文字工作委员会对普通话水平测试的要求，对原来的体例格式作了进一步的调整，增加了普通话综合训练内容，以提高学生普通话水平测试的通过率。对有关章节的内容进行了适度的增删、合并，调整替换了朗读部分的有关语段，扩充了语词训练部分的内容等。以上调整使得本书内容分类更加详细，进一步增强了教材的实用性和科学性。总之，新版教材较《普通话教程》(第 4 版)内容更加丰富，特点更加鲜明，学习更加实用，是对第 4 版的一次新的提升，在修订过程中特别突出了以下特点。

1．内容和体例上更加科学合理

全书分为上、下两部分。第一部分阐述普通话基础理论，从基础发音入手，系统地介绍了普通话的准备发音、基础发音、语流音变、语汇语法辨正、发声、朗读等方面的知识；第二部分突出普通话技能训练，分基础演练、朗读演练、语词演练、综合演练四部分。上、下两部分理论与实践有机结合，学以致用，既突出了普通话水平测试的要求，又照顾了不同地域的人群学习普通话的特点。全书以理论为指导，同时强化技能训练，尤其突出口语的技能训练，因此能够较快地提高学生熟练运用普通话的能力。

2．学习上强调实用性

本书以提高学生普通话水平为目的，从实际能力训练的要求出发，围绕技能训练点，设计了大量的富有针对性的训练题和普通话水平测试样卷，这对提高学生的普通话水平有很大帮助。

3．教学上给教师提供方便

本书提供配套资源下载，对各技能训练点提供范读，以期达到典型引路的作用，从而能充分提高学生学习普通话的效率，有利于获得良好的教学效果。

本书由潍坊科技学院张子泉教授任主编，山东城市建设学院吕闽、潍坊科技学院桂华德和杨秋玲任副主编。基础理论知识由张子泉、杨秋玲编写，技能演练由吕闽、桂华德编写。吕闽、刘晓明提供了重点内容的范读。马万顺、张茂材、张春梅、李金华、张连明、郑玉华参与了部分内容的编写。

本书的编写得到了各级领导和专家的关心与支持，在此谨表谢忱。另外，本书在编写过程中参阅了有关书刊、资料，虽已注明出处，但仍不免有遗漏，敬请谅解。

由于编者水平所限，书中难免存在疏漏和不当之处，敬请专家、读者批评指正。

编　者

目　　录

第一章　绪　　论

语言是人类最重要的交际工具。人们在日常工作、学习和生活中可以借助多种手段达到交流思想、传递信息的目的，如手势、身姿、眼神、表情等。其中，最基本、最重要的交际手段(或称交际工具)就是语言，只有语言才能准确、周密地表达人们的思想，承载和传输各种信息，完成交际和交流的任务。可以说，离开了语言，人与人之间的相互联系就无法建立，人与人之间的相互了解也无法实现。

语言是人类独有的交际手段。纵观语言产生的历史，人类的直立行走在解放双手的同时使声带得到良性发展，胸腔得到扩张，为语言的产生提供了生理基础；人类群居的特点带来了部落成员间合作、沟通的需求，使语言的产生成为可能。语言从产生的那天起就成为社会不可缺少的因素，维系着人与人之间的联系，维系着社会的存在和发展。

第一节　普通话与汉语方言

方言是语言的地域变体，相对于共同语来说，方言在语音、词汇、语法系统方面都与共同语存在着不同程度的差异，而最显著的是语音系统的差异。汉语方言之间的语音差异可以大到不能彼此通话、交流的程度，这在世界其他语言中是不多见的，西方学者甚至认为：“汉语更像一个语系，而不像有几种方言的单一语言。”能否交流、通话是区别语言与方言的一项重要标准，但并不是唯一标准。区别语言与方言还要看其有没有共同承认的标准语及其书面形式。汉语自古以来就有统一的书面语和以“正音”为标准音的读书音。从表层来看，汉语各方言间语音差异严重者甚至不能彼此通话；但从深层次来看，各方言间除了存在共同的书面语之外，彼此在句式、语序、音节构造上也存在着更多的共同性。并且，自古以来各个朝代都注意用标准语的形式维系汉语的整体性，即使人们方言间的语音差异严重，但仍可以互通、交流，这种标准语就是周代的“雅言”、汉代的“通语”、元代的“天下通语”、明代的“官话”、民国的“国语”。中华人民共和国成立以后，国家进一步对标准语加以规范，将这种现代汉民族共同语称为“普通话”，并在全国推广普及。

一、汉语方言和方言分区

每一种语言内部，都存在各种各样的地域性差异，据此可以划分出多种方言。所谓方言，即是同一种语言在时间和空间的共同作用下所形成的地域变体。汉语的各种方言都是汉语的地域变体。汉语的方言体系十分复杂，从大的方面可以划分为北方方言、吴方言、粤方言等，各大方言内部又可分出若干方言，甚至同一种方言内部的各土语之间也存在着明显差异，有时也会有交际困难。如何给汉语方言分区、以什么标准给汉语方言分区，一直是方言研究的重要课题。西汉扬雄的《方言》为我们保留了最原始的方言词汇资料，但对当时方言区域的划分观念却十分模糊笼统，除“通语”外，其他则称“秦晋语”“齐语”“宋语”等，至于“语”和“语”的具体差别，则已无法考证。

20 世纪初，随着现代语言学传入中国，方言研究的科学方法也逐渐被中国的语言研究者们所接受和采纳，章炳麟、赵元任、李方桂、丁声树、李荣等先后提出了九区、十一区和八区的分类法。1963 年，闽南、闽北二合一的七区观点被学术界普遍接受。

(一)汉语七大方言区

1．官话方言

以洛阳为中心的北方话通行地区一直是中国政治的心脏地带，因而有“官话”之称。全国推行的普通话，是在“北京官话”的基础上发展起来的。在汉语各大方言中，官话方言有它突出的地位和影响，其内部一致性较强、分布地域最广，使用人口约占汉族总人口的 73%。

2．吴方言

吴方言也叫吴语。代表方言：上海话(现在)、苏州话(早期)。分布地域：上海、浙江、苏南、苏北部分地区、赣东北部分地区，以及闽北浦城等。共辖 135 个市县，使用人口约 7000 万，占汉语区人口的 7.2%。

3．湘方言

湘方言也叫湘语。代表方言：长沙话(湘北)、邵阳话(湘南)。分布地域：湖南中部、南部，广西东北部的部分地区。共辖 61 个市县，使用人口约 3085 万，占汉语区人口的 3.2%。

4．赣方言

赣方言也叫赣语。代表方言：南昌话。分布地域：赣北、赣中，湘东和粤东南部分市县，皖西南和闽西部分地区。共辖 101 个市县，使用人口约 3127 万，占汉语区人口的 3.2%。

5．客家方言

客家方言也叫客家话。代表方言：梅县话。分布地域：广东的东部、中部以及毗连的赣南闽西和湘东南地区，台湾西北部和南部的部分市县，广西、四川的零散分布。共分布于 200 多个市县，其中纯客家话市县 41 个，使用人口约 3500 万，占汉语区人口的 3.6%。另外，海外华人社区也有客家话分布。

6. 粤方言

粤方言也叫粤语。代表方言：广州话。分布地域：广东珠江三角洲和茂名地区，广西东南的梧州、玉林、钦州，香港、澳门特别行政区。共辖 90 个市县和特别行政区，使用人口约 4000 万，占汉语区人口的 4.1%。美洲、澳洲华人社区也有粤方言广泛分布。

7. 闽方言

闽方言也叫闽语。代表方言：福州话、厦门话。分布地域：福建、海南、台湾、广东潮汕地区和雷州半岛，浙江苍南、平阳二县，广西平南、桂平的部分地区。共辖 107 个市县，使用人口约 5500 万，占汉语区人口的 5.7%。东南亚华人社区也有闽方言广泛分布。

1987 年，《中国语言地图集》用新的分区标准从官话中分出晋语、徽语和平话，使汉语方言增为十区，这一观点引起学术界的热烈讨论。《中国语言地图集》根据方言的内部特点，将汉语方言分为五个层次：大区、区、片、小片、点。比如，官话是大区，下面可以有冀鲁官话区、胶辽官话区等，再细分下去，一直可以分到村、镇区域的方言点。方言调查的实践证明，这种分层法是科学可行的。

(二)方言分区标准

根据语言特征分出来的方言区，应当符合该地区的人文历史和文化地理背景，并能得到大多数使用者的认同。几十年的方言调查实践和方言分区研究都提醒着人们，必须采用具有普遍性而又行之有效的统一标准，才能得出反映本质的划分结果。目前给方言分区采用的语音标准主要有以下五种。

(1) 有无成套的浊音声母以及中古全浊声母的演变规律。

(2) 有无塞音韵尾以及中古入声韵的演变规律。

(3) 有几种鼻音韵尾以及中古阳声韵的演变规律。

(4) 有几套塞擦音声母以及中古精、知、庄、章组声母和见组细音声母的演变规律。

(5) 有哪些调类以及中古四声的演变规律。

第一条标准所反映的语音变化发生最早，也最具有普遍性。以此为主，每区再加一项其他标准，就可以将七大方言分开。

二、普通话

(一)普通话就是现代汉民族共同语

现代汉民族共同语是由清末官话发展而来的。1909 年，清政府资政院议员江谦正式提出把“官话”正名为“国语”(之前清朝一直称满语为“国语”)，清政府采纳了这个建议，并着手审定“国音”标准，但未及施行，清政府便被推翻。中华民国成立后，

1913 年 2 月召开“读音统一会”议定国音，北方代表提出的以北京语音为标准音的主张，遭到南方省份代表的强烈反对，最后议定出的是一种南北方言杂糅，没有一个人会说的生造音。后来“五四运动”时期的白话文运动促进了国语运动的发展。1924 年，“国语统一筹备会”明确国音应当以实际存在的口语语音作为标准，并一致通过以北京语音为国语标准音。

中华人民共和国成立后，1955 年 10 月召开了“全国文字改革会议”和“现代汉语规范化学术会议”，确定以“普通话”作为汉民族共同语的正式名称，对有关内容进行了具体讨论。1956 年 2 月，国务院发布《关于推广普通话的指示》，正式规定普通话是“以北京语音为标准音，以北方话为基础方言，以典范的现代白话文著作为语法规范”，除了语音标准之外，还增加了词汇、语法两项内容，对普通话作出了全面、周严、明确的解释。

(1) 以北京语音为标准音。即把北京话的语音系统(包括声母、韵母、声调及其配合关系)作为普通话的语音标准，但不包括北京土语的语音成分。

(2) 以北方话为基础方言。北方话使用人数最多、使用范围最广。历史上，中原地区方言一直是“雅言”和“通语”的基础方言。普通话既要不断吸收外来词和方言词充实自己，又要舍弃北方话中过于土俗的词语。

(3) 以典范的现代白话文著作为语法规范。“典范的现代白话文著作”是指现代名家的著作和政府公告以及重要政论文章等，这类书面语在写作过程中经过了反复的推敲锤炼，用词造句严谨精致，是对口语形式的加工完善，可以作为普通话的语法标准。

(二)普通话是具有全民性的特殊方言

普通话与各方言一样，不是抽象的语言，而是具体使用的语言变体。但普通话又不同于一般的方言，例如，它以北京语音为标准音，但又没有北京方言中的许多儿化音和轻音成分；它以北方话为基础方言，却并没有吸收北方话中许多土俗的词语，反而吸收了吴语的“尴尬”“瘪三”等词和粤语的“打的”“买单”等说法。

作为标准语，普通话高于各方言，对各方言起示范作用，规定各方言的发展方向；方言则从属于普通话，向普通话集中、靠拢。普通话口语与统一的书面语一致，方言则不存在与其口头形式一致的独立的书面语。各种方言在通行区域、使用人口、使用场合等方面受到一定限制，普通话的通行区域、使用人口则可以覆盖各个方言，使用场合也几乎不受限制。因此，普通话是具有全民性的特殊方言。

第二节　大力推广普通话

汉语方言间存在很大的差异，有些方言间的差异程度甚至超过了法语、意大利语、葡萄牙语和罗马尼亚语等语言之间的差异。并且每种方言内部的差异十分大，邻县之间甚至邻村之间也可能存在语言不通的交际障碍，这些都影响了人们之间的交流和沟通，更不适用于改革开放不断深入和市场经济迅速发展的当前形势，推广全国通用的普通话成为我国社会的客观需求。

一、推广普通话历史回顾

共同语普及程度是衡量一个国家或民族现代化发展水平的重要标志。西方发达国家是在 200 多年前，日本则在 100 多年前就基本完成了这项任务。我国如果从 20 世纪 20 年代国语运动算起，至今已有 90 多年的历史了，但前期收效甚微。

中华人民共和国成立后，1956 年成立中央推广普通话工作委员会，1958 年公布《汉语拼音方案》，形成全国范围的学习普通话热潮；1963 年公布《普通话异读词三次审音总表初稿》，1985 年 12 月由国家语言文字工作委员会、国家教育委员会(今国家教育部)、广播电视部(今国家新闻出版广电总局)正式发布《普通话异读词审音表》；1985 年 11 月通过的《中华人民共和国宪法》第十九条规定，“国家推广全国通用的普通话”，使推广普通话工作有了法律依据；此后，随着改革开放的步伐加快，人员流动日益频繁，内地到沿海城市工作的人数不断增加，普通话成为他们与当地人交流必需的语言形式，这为推广普通话带来了重要的机遇；1997 年年底召开的“全国语言文字工作会议”重申，今后一个阶段推广普通话的任务是“大力推行，积极普及，逐步提高”；1998 年，经国务院批准，每年 9 月的第三周为全国推广普通话宣传周。

2000 年 10 月 31 日，党的第九届全国人民代表大会常务委员会第十八次会议通过了我国第一部语言法——《中华人民共和国国家通用语言文字法》(简称《语言文字法》)。

二、《语言文字法》

《语言文字法》是我国历史上第一部专门阐述语言文字规章的法律，分为三章二十七条，自 2001 年 1 月 1 日起开始施行。《语言文字法》中涉及“普通话”及其推广使用的条款主要有以下几条。

第三条，“国家推广普通话，推行规范汉字”。

第九条，“国家机关以普通话和规范汉字为公务用语用字”。

第十条，“学校及其他教育机构以普通话和规范汉字为基本的教育教学用语用字”。

第十二条，“广播电台、电视台以普通话为基本的播音用语”。

第十三条，“提倡公共服务行业以普通话为服务用语”。

第十九条，“凡以普通话作为工作语言的岗位，其工作人员应当具备说普通话的能力”。

整部《语言文字法》既对语言文字的使用提出了强制性规范原则，又照顾了语言渐进渐变的特点，刚柔并济，宽严结合，符合国情。其主要有以下特点。

(1) 妥善处理了通用语与方言的关系：不是排斥和消灭方言，而是承认方言的价值，并允许方言在一定领域内长期存在。

(2) 明确了调整对象是社会行为：对个人使用语言文字的现象只作引导，不作规定；而对公共行为则加以严格规范。

(3) 宽严有所侧重：对新闻出版部门从严，对一般社会集团放宽；对文字适当从严，对口语适当放宽。

(4) 柔性的管理监督方式：管理条块结合，有关部门各司其职，齐抓共管。以提倡鼓励为主，尽可能不使用强制手段。

三、正确认识普通话

(一)增强民族凝聚力

中国自古就是一个幅员辽阔、方言复杂的大国，在数千年的历史进程中，虽然经过多次战乱和分裂，最终仍然会回到“分久必合”的一统中来，其中语言的作用功不可没。第一，汉字具有强大的超方言功能；第二，中国至少从春秋战国起，在正式交际场合就已经形成了一种大家都要遵循的共同语，历代对这种共同语的称谓是“雅言”“通语”或“官话”等，不可否认，共同的语言和文化，成为中国回归统一的重要因素。我们可以将以色列作为此论点的旁证：由于始终传承着自己的民族宗教和民族语言，使分散流离的犹太民族得以保全而没有被其他民族同化，因此，顽强的犹太人在亡国几百年后最终复国，让全世界为之惊叹。

普通话是现代汉民族的共同语，我国不同方言、不同语言的各地区、各民族之间使用普通话进行交流与沟通，加强了民族间的团结，增强了中华民族的凝聚力。特别是港澳回归后，港澳同胞积极学习和使用普通话，表现出了对祖国的强烈认同感。

(二)加快经济建设的步伐

方言土语是与小农经济相联系的，通用语是与社会化大生产相联系的，语言观念的保守或开放往往折射出经济环境和经济观念的保守与开放。在沿海经济发达地区，普通话已经成为与本地方言并行的通用语言，许多企业很早就认识到普通话与经济效益、企业形象的密切关系，并将普通话作为商品和企业形象的媒介，广泛接受并使用普通话，是他们的成功因素之一。相反，在我国西部欠发达地区，有一半以上的乡镇干部至今不能使用普通话，语言问题成为他们与外界交流的严重障碍。

(三)适应信息产业的需求

在当今信息时代，计算机处理的信息内容80%是语言文字，语言文字是主要的信息载体，规范标准的语言文字是信息产业发展的前提。现在人们的日常生活已经离不开广播、电视、计算机，而普通话恰恰是它们传播信息的主要载体，比如，多数人用计算机打字使用拼音输入法，因为拼音输入法简单易操作，但使用的前提则是普通话标准、汉语拼音熟练。现在语音输入和语音转换技术已进入实用阶段，但如果普通话普及工作不能跟上，语音输入技术的应用和推广就会受到很大限制。只有大多数社会个体掌握了普通话，计算机的高性能才能真正发挥社会效用。

(四)有利于个人整体素质的提高

人最基本的素质是规范的语言能力，其他各种素质、能力都是在此基础上发展而来的。人的思想、能力、学识、修养、文化都要通过语言的酝酿和表达，语言能力是一个人基础性的、终身受用的能力，语言能力的提高有利于提升一个人的整体素质。发达国家的语言研究者把阅读表达能力称为“第一文化”，把掌握计算机语言称为“第二文化”，“第一文化”是获得“第二文化”的基础和前提。作为一名大学生，如果能说流畅标准的民族共同语，具有灵活自如运用语言文字的能力，再熟练掌握一至两门外语，具备操作计算机的基本能力，这些将使其在求学、求职的竞争中处于优势，且终身受用。

普通话是联合国六种工作语言之一，是中外交流的重要工具，现在世界上使用普通话的人群正在不断壮大。可以预见，随着我国综合国力的不断增强和国际地位的不断提高，普通话的实用价值将日益得到体现。

四、认真学习普通话

各种方言与普通话的差别有大有小，不同方言区学习普通话的难易程度也不尽相同。从山东省的情况来看，济南、德州等地学习普通话要容易一些，日照、威海等地学起来可能就相对困难一些。

目前，由于广播电视等传媒的影响，大中城市的年轻人多数会说比较标准或带些方言色彩的普通话。如果有较好的语言环境，他们就会在学习和生活中把普通话作为日常用语使用；如果语言环境不理想，他们可能使用双语，即在学校和正式场合使用普通话，在家庭或日常生活中使用方言。来自边远或欠发达地区的学生，由于缺少良好的语言环境，一小部分人不会说普通话，多数人虽然可以说，但说得生硬、不自然，方言色彩浓重。当然，他们中也可能有少数先天条件或环境条件优越的人可以说较标准的普通话。

每个人普通话的基础不同，学习目标也应当有一定的区别。

(1) 普通话基础较好的：应当在认真学习普通话的有关理论基础上，学习一些发声、朗读、演讲方面的知识和技巧，锤炼、提高普通话口语，注意分辨和纠正日常用语中的方言词汇。这部分人存在的普通话语音问题主要有：翘舌声母轻微缺陷(卷舌动作稍重或稍欠)、j 组声母偏前、单元音ɑ的舌位偏后或偏高、复合元音动程不足等。

(2) 普通话基础一般的：通过学习尽量去除语音中的方言语音色彩，能用基本规范的普通话流畅地朗读文章，口语自然连贯。这部分人存在的主要问题有：平翘舌基本不分，存在齿间音、鼻化元音、复合元音无动程，个别声调不能准确把握等。

(3) 普通话基础差的：从头学起，勇于练习，勤于练习，坚持不懈，加之教师耐心细致且有针对性的辅导，他们中的大多数人经过几个月的学习之后，也能说一口比较标准的普通话。

第三节 普通话水平测试

2001年1月1日起施行的《语言文字法》第十九条规定：

凡以普通话作为工作语言的岗位，其工作人员应当具备说普通话的能力。

以普通话作为工作语言的播音员、节目主持人和影视话剧演员、教师、国家机关工作人员的普通话水平，应当分别达到国家规定的等级标准；对尚未达到国家规定的普通话等级标准的，分情况进行培训。

第二十四条规定：国务院语言文字工作部门颁布普通话水平测试等级标准。

这是我国历史上"测试"及其等级标准的概念第一次进入法律范畴，可见我国政府对普通话水平测试工作的支持和重视。

1994年，国家语言文字工作委员会、国家教育委员会、广播电影电视部联合发出《关于开展普通话水平测试工作的决定》，同年国家有关部门编制印发了《普通话水平测试大纲》，此后，测试标准和测试规定相继发布。1999年至2001年，教育部、人事部、金融委、铁道部、高检院、文化部、邮政局、信息产业部等部委先后发出通知，要求本部门的工作人员参加普通话培训和测试，并将测试达标与职工上岗资格挂钩。

一、普通话水平测试的性质

普通话水平测试测查应试人的普通话规范程度、熟练程度，认定其普通话水平等级，属于标准参照性考试。它是由政府专门机构主持的国家级资格证书考试，是我国为加快推广普通话进程，提高全社会普通话水平而设置的一种语言测试，旨在检测、评估受测人的语音标准化水平和词汇语法的规范化程度。这项考试注重测查应试人运用普通话的语言水平，不是普通话系统知识考试，不是文化水平的考核，也不是口才的评估。

二、测试对象

教育部国家语委2000年2月颁布的《关于进一步加强学校普及普通话和用字规范化工作的通知》(教语用〔2000〕1号)规定："1954年1月1日以后出生的教师和教育行政部门公务员，师范专业和其他与口语表达关系密切的专业的学生，均应参加普通话培训和测试。对教师的业务考核和教学基本功培训考核等应提出语言文字规范要求，考核结果作为聘用、晋级和评优的条件之一。师范专业和其他与口语表达关系密切的专业的学生，普通话达不到合格标准者应缓发毕业证书。"

国家语委1997年发布的《关于普通话水平测试管理工作的若干规定(试行)》对不同测试对象提出了相应的达标要求。

(1) 师范系统的教师和毕业生，普通话水平不得低于二级，其中普通话语音课教师和口语课教师必须达到一级。

(2) 普教系统的教师以及职业中学与口语表达密切专业的毕业生，普通话水平不得低于二级。

(3) 非师范类高等院校的教师以及与口语表达密切相关专业的毕业生，普通话水平不得低于二级。

(4) 广播电视教学的教师，普通话水平不得低于二级。

(5) 报考教师资格的人员，普通话水平不得低于二级。

(6) 国家级和省级广播电台、电视台的播音员和节目主持人，普通话水平必须达到一级甲等，其余广播电台、电视台的播音员和节目主持人的达标要求由广播电影电视部另行规定。

(7) 电影、话剧、广播剧、电视剧等表演、配音人员，播音、主持人专业和电影、话剧表演专业的教师和毕业生，普通话水平必须达到一级。

(8) 其他应当接受普通话水平测试的人员(如公务员、律师、医护人员、导游员、讲解员、公共服务行业的营业员等)，其达标等级可根据不同地区、不同行业特点由省级语委确定。

三、等级标准

1997 年 12 月，国家语委正式颁布《普通话水平测试等级标准(试行)》(国语〔1997〕64 号)，把普通话水平划分为三个级别，每个级别再划分成甲、乙两个等次，又称“三级六等”。从高到低依次排列及其相应的分值为：一级甲等，97 分以上；一级乙等，92 分以上；二级甲等，87 分以上；二级乙等，80 分以上；三级甲等，70 分以上；三级乙等，60 分以上。各等级判定标准如下。

一级

甲等　朗读和自由交谈时，语音标准，词汇、语法正确无误，语调自然，表达流畅。测试总失分率在 3%以内。

乙等　朗读和自由交谈时，语音标准，词汇、语法正确无误，语调自然，表达流畅。偶有字音、字调失误。测试总失分率在 8%以内。

二级

甲等　朗读和自由交谈时，声韵调发音基本标准，语调自然，表达流畅。少数难点音(平翘舌音、前后鼻尾音、边鼻音等)有时出现失误。词汇、语法极少有误。测试总失分率在 13%以内。

乙等　朗读和自由交谈时，个别调值发音不准，声韵母发音有不到位现象。难点音(平翘舌音、前后鼻尾音、边鼻音、fu—hu、z—zh—j、送气不送气、i—ü 不分、保留浊塞音和浊塞擦音、丢介音、复韵母单音化等)失误较多。方言语调不明显，有使用方言词、方言语法的情况。测试总失分率在 20%以内。

三级

甲等　朗读和自由交谈时，声韵母发音失误较多，难点音超出常见范围，声调调值多不准。方言语调较明显。词汇、语法有失误。测试总失分率在 30%以内。

乙等　朗读和自由交谈时，声韵调发音失误多，方音特征突出。方言语调明显。词汇、语法失误较多。外地人听其谈话有听不懂的情况。测试总失分率在 40%以内。

四、试题结构及评分标准

普通话水平测试采用的是口试形式，试题分为文字凭借和无文字凭借两种类型，满分为 100 分。山东省语委针对山东方言的特点，在贯彻国家《普通话水平测试大纲》的基础上，对试题的安排和分值进行了小幅度调整，将《普通话水平测试大纲》的五题调整为四题，总分不变。各题分值及评分标准如下。

(一)读单音节字词 100 个，10 分

考查应试人声母、韵母、声调的发音。每读错一个字的声母、韵母或声调扣 0.1 分，读音有缺陷每字扣 0.05 分。字词间出现非正常停顿或读音含混不清，酌情扣 0.1～0.5 分。

本题允许对个别字改读，即应试人发现第一次读音有口误时可以重读，按第二次读音评分。

(二)读双音节词语，20 分

除考查应试人声母、韵母、声调的发音之外，还要考查上声变调、儿化韵和轻声。每读错一个音节的声母、韵母或声调扣 0.2 分，读音有缺陷每次扣 0.1 分。出现非正常停顿或读音含混不清，酌情扣 0.2～1 分。

第 1 题失分达到 1 分，第 2 题失分达到 2 分，则该应试人普通话水平不能进入一级。

(三)朗读，30 分

考查范围：50 篇朗读材料。考查应试人用普通话朗读书面材料的水平，重点考查语音、语流音变、语调等。

以每篇材料的前 400 字累计失分情况：每次语音错误扣 0.1 分，每漏添读一个字扣 0.1 分，存在方言语调一次性扣 1～3 分，停顿、断句不当每次扣 1 分，语言不连贯、语速不当一次性扣 1～2 分。

(四)说话，40 分

话题范围：从 50 个规定话题中抽签确定。

限时：3 分钟以上，说满 4 分钟可以停止。考查应试人在没有文字凭借的情况下普通话的规范和流畅程度。以单向说话为主，以测评员介入的双向对话为辅。

本试题考查内容及所占分值的比例是：语音面貌 30 分，词汇语法规范程度 5 分，自然流畅程度 5 分。

第二章　语 音 概 说

第一节　语音的性质

语音是语言的物质外壳，是最直接地记录人的思维活动的符号体系，是语言交际工具的声音形式。它不同于自然界的各种声音，也不同于其他动物的声音，是由人的发音器官发出来的具有一定意义的声音。语音具有生理属性、物理属性和社会属性。

一、语音的生理属性

人类的发音器官及其活动决定了语音的生理性质，即语音是从哪儿发出来的，是怎样发出来的。人类的发音器官可以分为三大部分：一为肺、气管；二为喉头、声带；三为咽腔、口腔、鼻腔。下面将分述其构造、活动和作用。

(一)肺、气管

肺和气管分别起供气和通气的作用。肺用来提供发音的动力——气流。气流通过气管到达喉部，作用于声带、喉头、鼻腔等发音器官，发出声音。

(二)喉头、声带

喉头由甲状软骨、环状软骨和两块勺状软骨组成(见图 2-1)，起通道的作用。声带在发音中起重要作用，它是两片富有弹性的肌肉薄膜，位于喉头中间。其前端附着在甲状软骨上，后端分别与两块勺状软骨相连接。两片声带放松或拉紧，使声门打开或关闭。从肺呼出的气流通过关闭的声门时引起声带的振动，发出声音。人类通过控制声带松紧的变化可以发出高、低等不同的声音。

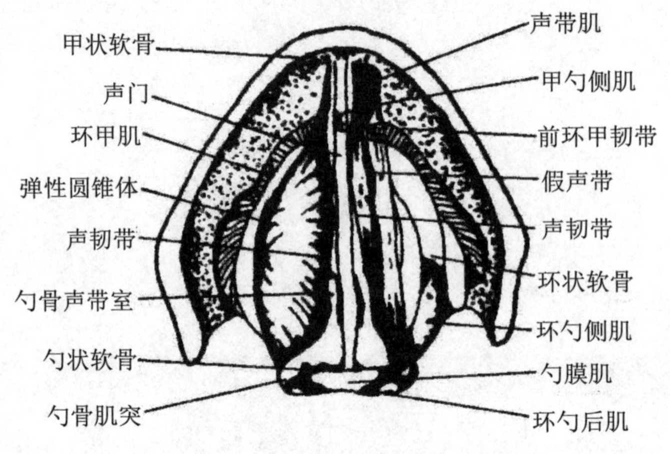

图 2-1 喉头结构俯视

(三)咽腔、口腔、鼻腔

咽腔、口腔和鼻腔是发音的共鸣器。“三腔”以口腔构造最为复杂。

口腔的构造，从前往后可分为唇、齿、腭、舌、小舌等部位，活动和作用也是多种多样。

(1) 唇分上唇、下唇。唇的活动有三种状态：闭合和张开、呈自然状态、圆唇与不圆唇。例如，发鼻音 m 时，双唇紧闭；发辅音 b、p 时，先闭合后张开；发其他鼻音和辅音时，双唇张开；发辅音 f 时，上齿跟下唇接近。圆唇与不圆唇用来区分圆唇元音和非圆唇元音。

(2) 齿分上齿、下齿。齿配合舌、唇发出不同的音。

(3) 腭分上腭、下腭。上腭分硬腭和软腭。硬腭不能移动，软腭可以上下移动。下腭可以上下移动，用来控制口腔容量的大小和舌位的高低，每个音素都受这些发音条件的限制。

(4) 舌分舌尖、舌叶、舌面、舌根四部分。舌在口腔中是最活跃的器官，可以上下前后移动。其中舌叶、舌面、舌根可以抬起或隆起，舌尖可以上卷和颤动。

(5) 小舌和软腭一起上下移动。

各发音器官如图 2-2 所示。

鼻腔是起共鸣作用的固定腔体，它和口腔靠软腭和小舌隔开。软腭和小舌向上移动时，鼻腔通道闭塞，口腔畅通，发出口音，如ɑ、o、e；软腭和小舌向下移动时，口腔闭塞，鼻腔畅通，发出鼻音，如 m、n、ng；如果软腭和小舌位于中间，两个通道都敞开时，则发出鼻化音。普通话中没有鼻化音，它是一种发音现象，是由于发音时口腔没有完全闭塞造成的。

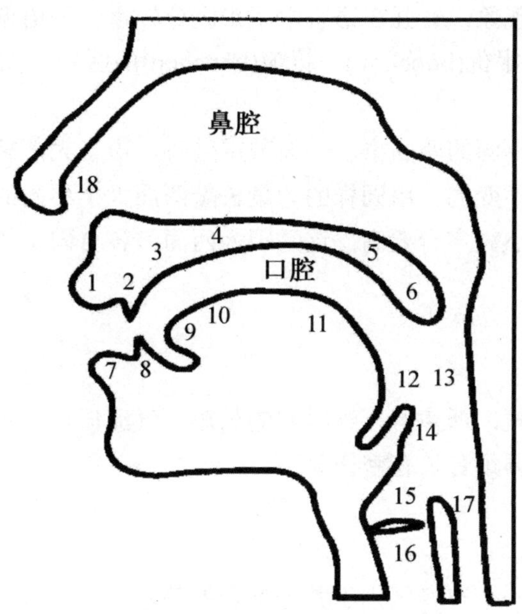

图 2-2　发音器官

1—上唇；2—上齿；3—齿龈；4—硬腭；5—软腭；6—小舌；
7—下唇；8—下齿；9—舌尖；10—舌叶；11—舌面；12—咽头；
13—咽喉；14—会厌；15—声带；16—气管；17—食道；18—鼻孔

二、语音的物理属性

语音和所有的声音一样，是物体在力的作用下振动周围的空气形成的声波。语音的物理属性表现为音高、音强、音长、音色四个方面，也称语音四要素。

(一)音高

音高是指声音的高低。语音的高低，取决于声带振动的频率，即单位时间内振动的次数。在一定的时间内，声带振动的次数多，声音就高；振动的次数少，声音就低。语音的主要发音体是声带。声带振动的频率同声带的长短、厚薄、松紧相关。一般来说，女人和儿童的声带较短、较薄，所以声音较高；男人的声带较长、较厚，所以声音较低；老年人的声带松弛，所以声音就更低一些。人能够控制声带的松紧，因此同一个人可以发出不同的音高来。我们平常所说的尖嗓和粗嗓就是音高的区别。尖嗓声音高，粗嗓声音低。音高在语言中的作用是区分声调，如 mā(妈)、má(麻)、mǎ(马)、mà(骂)的差别，就是由音高决定的。

(二)音强

音强是指声音的强弱。声音的强弱取决于呼出气流的多少。用力大，呼出的气流就多，音就强；用力小，呼出的气流就少，音就弱。我们日常说话时声音的大小，如高声谈话、低声细语就是音强现象。音强在语言中用来区分轻重音和语调的上升与下降。如莲子(liánzǐ)—帘子(liánzi)、报仇(bàochóu)—报酬(bàochou)的区别主要在于其中“子”“仇”和“酬”的音强不同。

音强与音高是完全不同的两回事。一面鼓重敲时，声音大，轻敲时，声音小，这是音强变化，但音高是固定不变的。用同样的力量去敲两面大小不同的鼓，敲出来的声音有高有低，大鼓声音要低，小鼓声音要高，这是因为两面鼓各自固定的音高不同，但音强是相同的。

(三)音长

音长是指声音的长短，即声音持续时间的长短。气流振动声带的时间长，声音就长，反之则短。语音中的语调跟音长有密切关系。

(四)音色

音色也叫音质，是一个声音区别于其他声音的基本特征。音色的不同是由物体振动的形式决定的。物体振动的形式取决于发音体、发音方法、共鸣器的形状三个方面。

(1) 发音体不同。例如，笛子和二胡的声音不同，是因为笛子的发音体是笛膜，二胡的发音体是琴弦。b 和 d 的发音不同，是由于 b 的发音体是上唇和下唇，而 d 的发音体是舌尖和上齿龈。

(2) 发音方法不同。例如，同一把提琴，用弓拉和用手拨所发出的声音是不同的。b 和 p 发音的不同是由于发音方法上送气、不送气造成的。

(3) 发音时共鸣器形状不同。例如，箫和笛子同是管乐器，但由于两者共鸣器的形状不同，表现出来的音色也就不同。i、ü 发音的不同，是由于发音时一个圆唇，一个不圆唇，使得共鸣腔的形状也就不同。

上述这些由于物体振动形式不同而发出的不同的声音，就是音色的差别。

三、语音的社会属性

语音是人们约定俗成的。语音的形式和意义之间不存在必然的关系，用什么样的语音形式来表示什么意义，或什么意义用什么样的语音形式来表示，都是由社会成员共同约定而成的。因此，同样的意义可以有不同的语音形式，同样的语音形式也可以表示不同的意义。这表现在不同的民族语言之间，也表现在同一种民族语言内部。例如，汉语中“玉米”也叫玉蜀黍、玉茭、苞谷、苞米、棒子、珍珠米等。所有这些，都是由社会成员共同约定的，为社会成员所共同认可和遵守，个人不能随意改变它们的语音形式，也不能任意赋予某一种语音形式以不同的意义。因此，社会属性是语音的本质特征。

第二节　语音的基本概念

一、音素

音素是从音节分析出来的最小的语音单位。它不考虑语音高低、强弱、长短的差别，只考虑语音音质特点的差别，即音色的差别，如 tuī guǎng pǔ tōng huà(推广普通话)可切分出 t—u—i—g—u—ɑ—ng—p—u—t—o—ng—h—u—ɑ 15 个音素。根据音素的发音特性，可以把音素分为元音和辅音两类。元音发音时声带振动，是气流在口腔、鼻腔中不受阻碍而形成的响亮的声音。普通话中独自充当韵母的元音共有 10 个。辅音发音时声带多不振动，是气流在口腔、鼻腔中受到某个部位和某种方式的阻碍而形成的声音。辅音多不响亮。普通话共有 22 个辅音。

元音和辅音的主要区别有以下四点。

(1) 发元音时，气流在口腔中不受阻碍；发辅音时，气流在口腔中一定会受到某个部位的阻碍。

(2) 发元音时，发音器官各部位保持均衡紧张状态；发辅音时，发音器官成阻部位特别紧张。

(3) 发元音时，气流较弱；发辅音时，气流较强。

(4) 发元音时，气流振动声带，声音响亮，是乐音；发辅音时，气流不一定振动声带，声音多不响亮。

二、音节

音节是语音的自然单位，是听觉上能够自然分辨的最小语音片段。普通话的音节一般由声母、韵母、声调三部分构成。音节由 1～4 个音素组成，可以由一个音素自成音节，如ā(啊)；也可以由几个音素组成，如 dà(大)，是由 d—ɑ两个音素组成的；shān(山)是由 sh—ɑ—n 三个音素组成的；zhuāng(装)是由 zh—u—ɑ—ng四个音素组成的。在汉语中，一般来说，一个汉字的读音就是一个音节(儿化韵除外)，普通话大约有 412 个基本音节。

三、声母、韵母、声调

根据音素在音节中所处的位置，通常把一个音节开头的辅音称为声母，把音节中声母后面的部分称为韵母。

普通话共有 22 个声母，其中辅音声母 21 个，此外还包括一个零声母。辅音 ng不能作声母，只能作韵尾；辅音 n 既可作声母又可作韵尾，因此，辅音不等于声母。

普通话共有 39 个韵母。韵母的构成有三种方式：第一种是由单元音构成，如 dà(大)中的ɑ，tǐ(体)中的 i；第二种是由元音加元音构成，如 hǎi(海)中的ɑi，huài(坏)中的 uɑi；第三种是由元音加鼻辅音 n 或 ng构成，如 níng(宁)中的 ing。

声调是指音节在发音时声音的高低、升降的变化。声调是构成汉语音节的一个要素，起区别意义的作用。例如，mai dao zi 的声调不同，意义就不同，可以形成：①mǎi dāo zi 买刀子；②mǎi dào zi 买稻子；③mài dāo zi 卖刀子；④mài dào zi 卖稻子。

第三节　普通话语音特点

一、有声调是普通话的一个突出特点

现代汉语的每个音节都有一个声调，声调不同，意义也不同。声调使得音节间界限分明，具有一种韵律美。

二、元音在音节中占优势

除个别音节外，一个音节中必须有元音，元音可以多至三个。例如，kuài(快)这个音节中，u 为韵头，ɑ为韵腹，i 为韵尾。一个音节如果只有一个音素，那么这个音素通常是元音。由于元音占优势，语言里的乐音成分比较大，使普通话音节响亮悦耳。

三、普通话中没有复辅音

有的音节中没有辅音，有辅音的音节，辅音最多不超过两个，并且只能出现在音节的开头和结尾。普通话中没有一个音节内出现两个辅音相连的现象。

第三章　基础发音

第一节　声　　调

一、声调的含义

声调是指发音时贯穿于整个音节的高低升降变化。不同的声调分别具有或升或降，或平或曲的变化特点，这种变化主要取决于音高。同一个人不同的音高变化，是由声带的松紧决定的：声带越紧，声调越高；声带越松，声调越低；声带先松后紧，声音就由低变高；声带先紧后松，声音就由高变低。控制声带的松紧可以形成不同的音高，从而构成不同的声调。

二、调值、调类

调值是声调的实际读法，也就是音节的高低、升降、曲直、长短的变化形式。普通话有四种基本调值：高平调、中升调、降升调、全降调。通常采用“五度标记法”来标记调值。具体方法是用一条竖线作比较线，将声调的音高分为五度，在竖线上分别用 1、2、3、4、5 表示低音、半低音、中音、半高音、高音，然后在竖线左侧用带箭头的横线、斜线、曲线来表示不同调值的音高变化，如图 3-1 所示。

调类是把全部的字音按不同的调值加以分类后，所得到的声调类别。一种方言或语言中有几种基本调值，就有几种调类。每一个调类确定一种名称，就是调名。普通话有四种基本调值，因而有四种调类。传统的汉语音韵学把这四种调类称为阴平、阳平、上声、去声，教学上称为第一声、第二声、第三声、第四声。《汉语拼音方案》规定声调的符号为：ˉ (阴平)　ˊ (阳平)　ˇ (上声)　ˋ (去声)，这些调号的形状基本上是五度标记法的缩写。调号要标在音节的重要元音上。

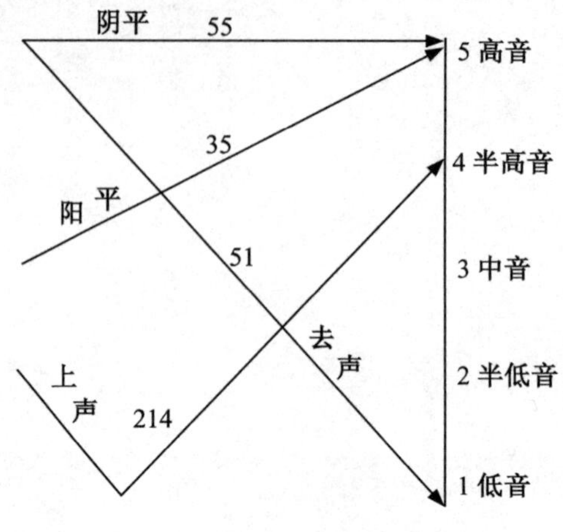

图 3-1　五度标记法

三、四声

普通话中有四个调类，统称为四声，即阴平、阳平、上声、去声。

(1) 阴平又称第一声。高平调，调值 55。发音时没有升降变化，由 5 度到 5 度，声音高而平直，声带始终均衡紧张。例如，江—山—多—娇。

(2) 阳平又称第二声。中升调，调值 35。发音时声音由中音 3 度升到高音 5 度。声音上扬，声带由较紧张迅速过渡到紧张。例如，闻—名—全—球。

(3) 上声又称第三声。降升调，调值 214。发音时声音先由半低音 2 度降到低音 1 度，再上升至半高音 4 度，声音曲折变化。声带由半松弛状态到松弛下去，紧接着再紧张起来。例如，打—井—引—水。

(4) 去声又称第四声。全降调，调值 51。发音时声音由高音 5 度降到低音 1 度。声音由最高降到最低，声带由最紧张状态迅速过渡到最松弛状态。例如，教—育—事—业。

第二节　元　　音

一、元音的特点

语音的音素可以分为两大类，元音(或称“母音”)和辅音(或称“子音”)。元音是汉语语音中的主要成分——普通话语音中没有不包含元音的音节，而且有不少音节只由元音充当。除了极少数语气词或象声词是用辅音描写的特殊音节之外，辅音不能自成音节，必须和元音配合使用。元音的特点(以元音ɑ为例)如下所述。

(1) 气流在口腔中不受显著的阻碍(舌和唇的变化形状只起调节作用，辅音发音时口腔中的阻碍显著)。

(2) 气流较弱(辅音发音时气流较强)。

(3) 发音器官全部紧张(口腔全部腔壁甚至胸腔以上都用力，而辅音发音时只有阻碍气流的局部肌肉紧张用力)。

(4) 震颤声带，声音响亮、清晰(北京语音的辅音中有一大部分不震颤声带，不响亮)。

(5) 都是乐音(辅音都是噪音，或噪音而带有乐音)。

二、元音的发音

元音的发音主要由声带震颤引起。声带震颤造成的音波经过口腔时受到口腔的形状、大小变化的影响，发出各个不同的元音。普通话语音中的ɑ、o、e、ê、i、u、ü 就是这样发出的。口腔形状、大小的不同，取决于以下三个条件。

(1) 口形的开、合。

(2) 舌位的前、后、高、低。

(3) 唇形的圆、展。

第一个条件，口形的变化。口形由合而开或由开而合，可以分成好几种。如果粗分，可分成四种：第一种是口闭合(但并不是紧紧闭住)，如 i、u、ü 这三个元音就是这样发出来的；第二种是口半闭，也就是稍微张开一些，o、e 这两个元音就是这样发出来的；第三种是口半开，也就是开得更大一些，元音ê就是这样发出来的；第四种是口大开，元音ɑ就是这样发出来的。

第二个条件，舌位的变化。舌头的表面在发元音时向上隆起。隆起部分有在前的(舌面前)，对着上腭的前部；隆起部分有在后的(舌面后)，对着上腭的后部；隆起部分有在中央的，对着上腭中部和后部之间。所说的舌位是以舌面隆起部分最高的且接近上腭的一点为标准，可以叫它“近腭点”。舌位的前、后、高、低形成不同的元音。高、低的变化总是随着口腔的开、合：口开，舌位一定低；口闭，舌位一定高。例如，i、ü 的舌位是在前的，高的；u 的舌位是在后的，高的；o、e 的舌位是在后的，次高的；ê的舌位是在前的，次低的；ɑ的舌位是在中央的，低的。

第三个条件，唇形的变化。唇形可以简单地分为两种：一种是圆唇，另一种是展唇(舒展开的，不圆的)。圆唇中有一种是最圆的，就是把上下唇收敛起来，聚在一块儿，中间只剩下一个小圆孔，如 u、ü 就是这样；有一种是次圆的，如 o，上下唇只是稍稍收拢。其余如 i、e、ê、ɑ，唇形都是不圆的，属于展唇。不圆的唇形，或是呈扁平形，嘴角展开，如 i、e；或是比较自然的样子，如ê、ɑ。

可以对镜观察，最圆的 u、ü；次圆的 o；不圆的 i、e、ê、ɑ。i 和 u、e 和 o，舌位大致相同，显著的区别就在唇形上。可以这样试验，念 i，它的唇形是扁平的，不圆；拉长声音，不要停止，舌位也不准移动，逐渐收敛嘴唇，使其变圆，这没有停止的声音也随唇形而变为 ü 了。反过来，先发 ü 音，是圆唇；拉长声音，展开嘴角，就会变成 i。e 和 o 也是一样。

舌头、嘴唇的活动和口的开合同时进行，摆出一定的形状，使口腔内部形成各种不同的腔体，用于调节声带震颤的音波，因而形成不同的元音。下面把元音的实际发音描述一下。

ɑ——声带震颤，口大开，舌面中部(偏后)微微隆起，舌位最低。比如，“啊！我想起来了”，这个叹词“啊”就是ɑ的声音。“拉、哈、沙”等字都包含这个音素。

o——声带震颤，口微开，两唇收敛，略呈圆形，上下唇间距离约一食指宽，上齿可见齿尖，下齿看不见。舌向后缩，舌面后部隆起，舌位次高。比如，“喔！我明白了”，这个叹词“喔”就是o的声音。“玻、坡、摸”等字都包含这个音素。

发o音要注意的是唇形，不可收拢得太小。太小就近似u了。把唇形掌握好再发音，发音时唇形不能动，如开始没有摆好，中间又改动，即成为ou或uo。单发o，有人感到困难，就可以从“多”duo音中分析出o音来。念“多”，拖长声音，最后停止发音，但口形、唇形、舌位保持着停止发音的原状，再重新呼气发音，就是极准确的o音了。o的舌位实际比e略低。

e——声带震颤，口半闭，上下门齿稍微离开，唇不圆，嘴角向左右微展，上下齿都看得见，上下唇间距离约一食指宽，上下齿间距离约一小指宽。舌位大致同o(比o稍高)。

ê——声带震颤，口半开，上下门齿距离较远，大约相当于自己拇指的宽度。唇不圆，舌面的隆起点在前，舌尖抵住下门齿背，舌位次低。比如，“欸！你过来”，这个打招呼的声音就是ê的音。“也”字后半部就是ê的音。“别、铁、写”等字都包含这个音素。ê单用的机会很少，只有一个叹词“欸”。它经常和i、ü结合而成为ie、üe，在音节中使用。拼音字母ê，是在单独举出时为了表示与e音有别，才标加“^”符号；在ie、üe中，不加符号。有人发ê，开口度不够大，不对；也有人把ê发成ie，也不对。北方人多数不会单发ê音。

i——声带震颤，口合拢，嘴角尽量向左右展开，上下嘴唇呈平形，上下门齿接近，舌尖下垂到下门齿背后，舌隆起部分在前，舌尖最高。“衣服”的“衣”就是这个i的声音。“批、低、基”等字都包含这个音素。

u——声带震颤，口闭拢，上下唇尽量收缩成圆形，双唇向前凸出(动作如噘嘴)，中间只留一个小圆孔。舌面隆起点在后，舌位最高。如果和ü的唇形相比，u较圆，ü略扁；u双唇向前凸出，ü不太凸出。“乌鸦”的“乌”就是这个u的声音。“呼、朱、姑”等字都包含这个音素。

ü——舌位和i相同，只是唇形不同。ü是圆唇，但和u的圆唇形状又有小异。双唇聚拢，唇中间留一个扁平的小孔，没有发u音时那样圆，也不像发u音时那样双唇向前凸出。有人不会发ü音，只会发i音，可以利用i，加上圆唇就是ü了。先发i音，逐渐收敛双唇和嘴角，即成ü。“迂回”的“迂”就是这个ü的声音。“女、居、须”等字都包含这个音素。

三、复合音

复合音是由一串音素复合而成，音素间互相影响而发生变化，复合后的声音也可以说是一种新的声音，如复合音ei并不等于e+i，iɑn并不等于i+ɑ+n。

普通话语音中的复合音是由一串“带音”音素(震颤声带的发音，包括元音和鼻音的浊辅音 n、ng)连续发音而成，有的是连续发几个元音，有的在元音之后带上一个鼻辅音作尾音，这一串音素结合得相当紧密。

复合音在普通话语音里已经结合成固定的音组，在大家的口、耳感觉中基本与单元音同等，几乎把它当作一个语音单位。

复合音共有 29 个，按复合的成分可以分成两大类：复合元音和复合鼻尾音。

(一)复合元音

复合元音共 13 个，它们是：

ɑi　　ei　　ɑo　　ou

iɑ　　ie　　iɑo　　iou

uɑ　　uo　　uɑi　　uei　　üe

复合元音是整个音组由元音音素组成，也就是由几个元音音素的舌位连续滑动而形成的。舌位的滑动过程，叫作动程。复合元音中大部分是二合元音，两个字母表示由某一元音的舌位向另一元音舌位的方向作直线(比较而言)滑动。例如，ɑi 就是由ɑ(前ɑ)的舌位开始发音，然后舌位渐升，向 i 的方向滑动。实际上，中间有许多元音音素都在滑动过程中成串地滑过去，ɑ和 i 只是表示这个动程的起止。另外，还有用三个字母表示的，可以叫三合元音，是元音舌位曲折移动而成的。例如，uɑi 就是先摆好 u 的舌位，开始发音，然后移动舌位向前，向下，到“前ɑ”再转而上升，向 i 滑动，最后滑动的全程结束，发音终止。

二合元音又分为前响和后响两类。ɑi、ei、ɑo、ou 四个属于前响，发音时前面的ɑ、o、e 要发得响亮且稍长，后面的 i、o、u 是尾音，要轻、短些，甚至是模糊的。作为尾音的 i、o、u 不像单发 i、u 那样紧张用力，口腔肌肉要放松些。ɑi、ei 的尾音 i 实际上发音和 ou 的尾音 u 一样，都是“松元音”。iɑ、ie、uɑ、uo、üe 五个属于后响，发音时，前面的 i、u、ü 要发得短些、紧张些，后面的ɑ、o、ê要发得响亮些、长些。

至于“三合元音”就是前响二合元音之前，再加上一段由 i 或 u 开始的舌位动程，原来的前响元音仍旧保持，所以形成“中响”。

前响、后响、中响应该辨认清楚，拼音字母的声调符号要标在这个响亮的元音(所谓的主要元音)上。最简便的辨认方法是，两三个元音并列时，哪一个发音时嘴开得最大，哪一个就是比较响亮的元音。ɑi、ɑo 是前面的ɑ的开口度大；ei、ou 是前面的 e、o 开口度大；iɑ、uɑ、ie、üe、uo 就是后面的ɑ、ê、o 的开口度大；iɑo、iou、uɑi、uei 是当中的ɑ、o、e 的开口度大。这些都是主要元音。至于 iou、uei 在拼音时，作为韵母，《汉语拼音方案》规定简写为 iu、ui，后面的 u、i 代表了 ou、ei，也就代表了开口度较大的响亮的部分，所以声调符号就标在最末的 u、i 上。

下面几对复合元音可作口形宽窄对比，也就是舌位动程的大小对比关系。

宽：ɑi　　ɑo　　iɑ　　iɑo　　uɑ　　uɑi

窄：ei　　ou　　ie　　iou　　uo　　uei

(二)复合鼻尾音

复合鼻尾音共 16 个。

an　　en　　ang　　eng　　ong

ian　　in　　iang　　ing　　iong

uan　　uen　　uang　　ueng

üan　　ün

复合鼻尾音就是在一个元音或是一串元音之后附带一个鼻辅音 (-n 或-ng)作为尾音。

(1) “鼻辅音”是一个弱辅音。辅音气流本强于元音，但在这里却减弱气流；辅音发音本是局部肌肉紧张，而在这里却变得比较松弛了。这样，鼻辅音就与元音音素接近了，所以才能和元音复合到一起。

(2) 作为声母，鼻辅音必须除阻，才可与作为韵母的元音拼合。而作为尾音的鼻辅音却不除阻，而是以发音渐弱而终止这个声音。终止之后，才恢复口舌的常态或接着发别的音节。

(3) 从这个音前后音量来看也与声母不同。声母的鼻音是前弱后强，尾音的鼻音是前强后弱。这里所谓的“强”是相对而言，也就是说这个“鼻尾”是越来越弱才终止发音的。

元音能和鼻辅音复合，中间却无接续痕迹，这是为什么呢？原因有以下三点。

第一，舌头的连续动作。由元音舌位逐渐改移位置，使舌根升起发-ng，或使舌尖前伸发-n，这是舌头的连续活动，中间也牵带舌位作配合的连续活动。例如，舌尖前伸，舌面前部自然稍稍前移；舌根高抬，舌面后部自然稍稍后缩。

第二，元音和鼻辅音之间有一段短暂的“半鼻音”作过渡。

第三，元音和鼻辅音都要由声带颤动发音，发音时一口气呼出，声带颤动一直不停，因而听觉上是连续成为一体的。

16 个复合鼻尾音，有 8 个是带-n 的，有 8 个是带-ng的。为了指称方便，-n 可以叫作“前鼻音”，-ng可以叫作“后鼻音”。两音对比，带“前鼻音”的称“前鼻尾音”，带“后鼻音”的称“后鼻尾音”。

前：an　　en　　in　　ian　　uan　　uen　　ün

后：ang　　eng　　ing　　iang　　uang　　ong　　iong

只有 üan 没有对比关系。

复合鼻尾音口形宽窄对比关系。

宽：an　　ang　　ian　　iang　　uan　　uang　　üan

窄：en　　eng　　in　　ing　　uen　　uong　　ün

只有 iong没有对比关系。

下面把每一个复合元音的实际发音描述一下。

ai——全部是“前元音”的音素复合。由“前a”[a]开始，舌尖顶下门齿背，一直不动，舌位逐渐上升(舌面前部逐渐上升，口形渐闭)到接近 i[i]时而止，动程宽，如图 3-2 所

示。ɑ响而长，i 弱而短，“哀、矮、爱”就是这个音，“开、来、太”等字包含这个复合音。

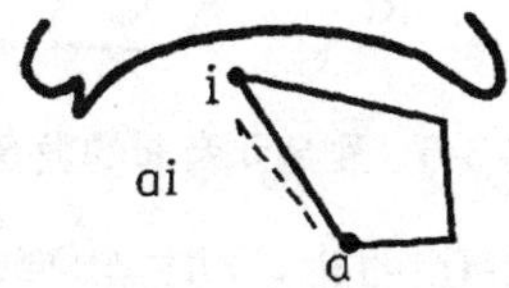

图 3-2　复合元音ɑi 的发音示意

ei——全部是“前元音”的音素复合。由“前 e”开始，舌位渐升，到接近 i[i]时而止，动程很窄，如图 3-3 所示。e 响而长，i 弱而短。“飞、煤、雷”等字包含这个复合音。

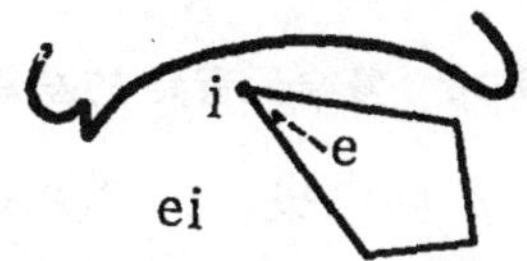

图 3-3　复合元音 ei 的发音示意

ɑo——全部是“后元音”的音素复合，唇形由“后ɑ”逐渐收敛、拢圆，到接近 u 时而止，动程宽，如图 3-4 所示。ɑ响而长，o 弱而短。“熬、袄、奥”就是这个音，“包、道、少”等字包含这个复合音。注意：不能发成单韵母ê[ε]音。有人把“后ɑ”发成“前ɑ”，或者把末尾 u 念得很响、很长，都是不正确的。

图 3-4　复合元音ɑo 的发音示意

ou——由“央 o”开始，舌位后移，上升，唇形逐渐收敛，拢圆，到接近 u 时而止，动程最窄，如图 3-5 所示。o 响而长，u 弱而短。“欧、偶、沤”就是这个音；“谋、斗、走”等字包含这个复合音。注意：不要发成单元音的 o[o]。

图 3-5　复合元音 ou 的发音示意

iɑ——由 i 开始，舌位渐降，趋向中央，到“央ɑ”[ɑ]而止。动程宽，如图 3-6 所示。i 紧而短，ɑ响而长。“鸦、牙、雅、亚”就是这个音；“俩、家、下”等字包含这个复合音。

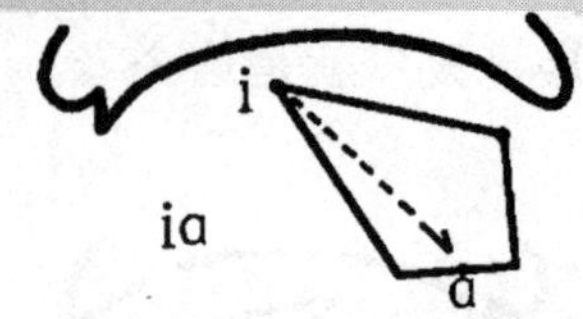

图 3-6　复合元音 iɑ的发音示意

ie——由 i 开始，舌位渐降，到ê[ɛ]而止，动程较窄，如图 3-7 所示。i 紧而短，e 响而长。“椰、爷、野、夜”就是这个音；“别、写、铁”等字包含这个复合音。

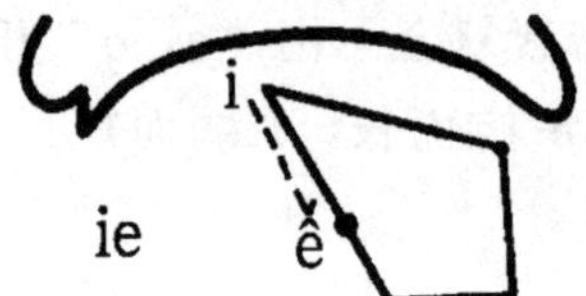

图 3-7　复合元音 ie 的发音示意

uɑ——由 u 开始，舌位渐降，趋向中央，到“央ɑ”[ɑ]而止，动程宽，如图 3-8 所示。u 紧而短，ɑ响而长。“挖、娃、瓦、袜”就是这个音；“瓜、画、耍”等字包含这个复合音。

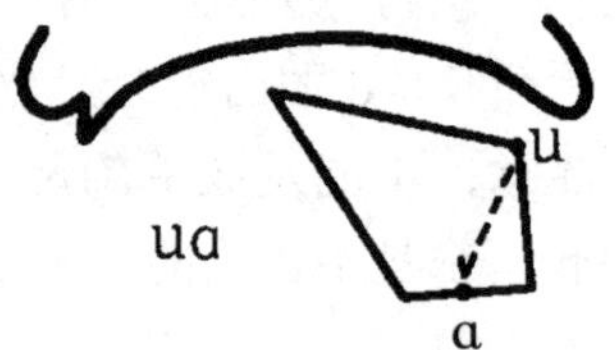

图 3-8　复合元音 uɑ的发音示意

uo——由 u 开始，舌位渐降到 o 而止，动程很窄，如图 3-9 所示。u 紧而短，o 响而长。“窝、我、沃”就是这个音；“多、国、说”等字包含这个复合音。

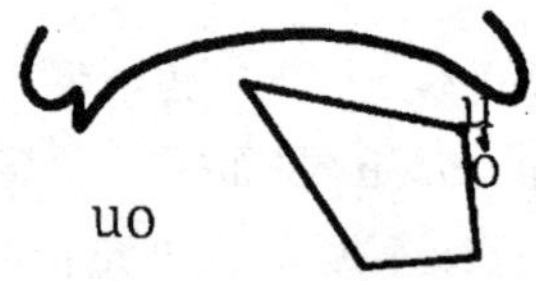

图 3-9　复合元音 uo 的发音示意

uei——ei 前再增加一段由 u 舌位开始的发音过程。舌位活动先降后升，由后到前，呈小曲折形状，幅度不大，但曲折角度大，如图 3-10 所示。u 发音紧而短，“威、围、伟、卫”就是这个音；“堆、轨、锤”等字包含这个复合音。

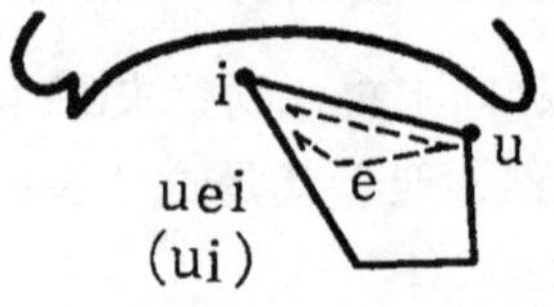

图 3-10　复合元音 uei 的发音示意

注意： uei 自成音节时不要把 u 发成齿唇音。这个复合音自成音节时，或有前拼声母充当韵母时，受声调与声母支配，发音有一些变化。如果自成音节，声调是阴平、阳平时，当中的 e 减弱，近于消失；声调是上声、去声时，e 仍旧不变。如果前拼声母是“舌尖阻”的 z、c、s、d、l、zh、ch、sh、r 等，再加上阴平、阳平声调，那么当中的 e 就消失了；声调是上声、去声时，e 只是变弱而不消失。如果前拼声母是“舌根阻”的g、k、h，再加上阴平、阳平声调，当中的 e 变弱而不消失；声调为上声、去声时，e 仍旧不变。

iɑo、iou、uɑi、uei 是“中响”的三合元音。

ɑn——由“前ɑ”[a]舌位开始发音，舌尖顶住下齿背，发完ɑ后，舌面稍升，舌尖离开下齿背直奔上门齿后的上牙床(这中间，软腭下垂，等待舌尖顶住上牙床)，如图 3-11 所示。口腔出气通路封闭，鼻腔通路打开，就发出纯粹的不除阻的“前鼻音”-n。这时上下齿闭拢——绝不能张开。“安、暗”就是这个音；“班、坦、山”等字包含这个复合音。

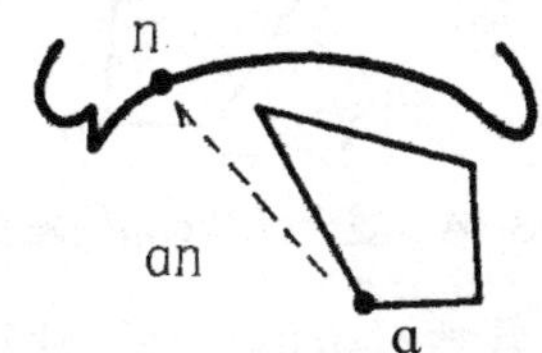

图 3-11　复合元音ɑn 的发音示意

en——由“央 e”[ə]舌位开始发音，舌尖随即稍向前伸，顶住上牙床；同时，软腭下垂，口腔通路封闭，鼻腔通路打开，发出纯粹的不除阻的“前鼻音”-n，这时上下牙齿是闭拢的，如图 3-12 所示。“恩”就是这个音；“门、根、人”等字包含这个复合音。由 e 到 n，舌头位置移动不大。

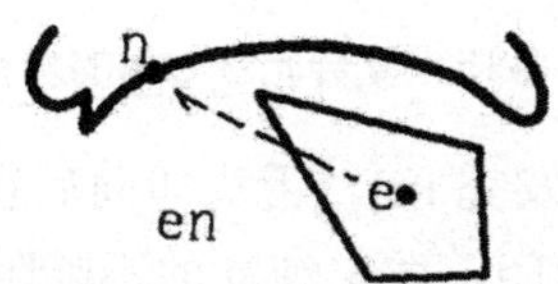

图 3-12　复合元音 en 的发音示意

in——由 i[i]舌位开始发音，舌尖下垂抵下门齿背，发完 i，就把舌尖猛然上翘顶住上牙床，同时软腭下降发纯粹的不除阻的“前鼻音”-n，如图 3-13 所示。上下齿始终合拢，口形不动。舌头的活动只是舌尖从下向上的一个翻转动作，切不可向后移动。有的地区的人，只会发 ing而不会发 in，发 in 时就要注意舌头不能向后缩。“因、银、引、印”就是这个音；“民、林、新”等字包含这个复合音。有人把 in 读成 i+en 是不对的，当中没有 e 音素。

ün——由 ü[y]舌位开始发音，舌尖动作如 in，只是唇形变化不同，ün 是由 ü 收敛到-n 时展放，in 是一直无变化。“晕、云、允、运”就是这个音；“俊、群、寻”等字包含这个复合音。有人读成 ü+en，和 in 的问题一样，也是不对的。

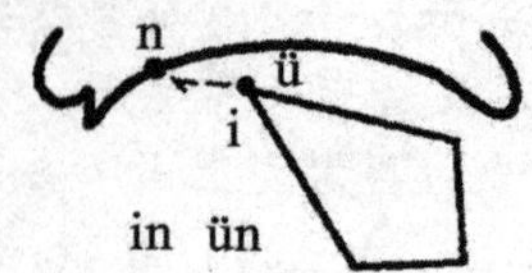

图 3-13　复合元音 in、ün 的发音示意

ɑng——由“后ɑ”[ɑ]舌位开始发音，舌头后缩发ɑ后，舌根上升，软腭下降，发出纯粹的不除阻的“后鼻音”-ng，如图 3-14 所示。口形大开到微合，“肮、昂”就是这个音；“旁、堂、尚”等字包含这个复合音。有人发这个音是“前ɑ”[a]，不对。有人错发成“口鼻音”，开始就把鼻腔通路打开了，后半舌根无上升活动，听来虽然也有些相似，但是不对。如发这种“口鼻音”，口形一定始终不变，只是口要大开。

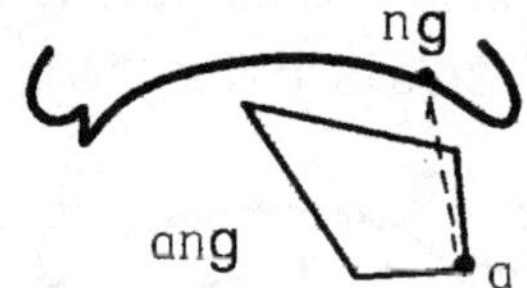

图 3-14　复合元音ɑng的发音示意

eng——由“央 e”开始发音，发完，舌根上升，软腭下降，封闭口腔通路，发出纯粹的不除阻的“后鼻音”-ng，如图 3-15 所示。由始至终，口形微开，“丰、灯、成”等字包含这个复合音。

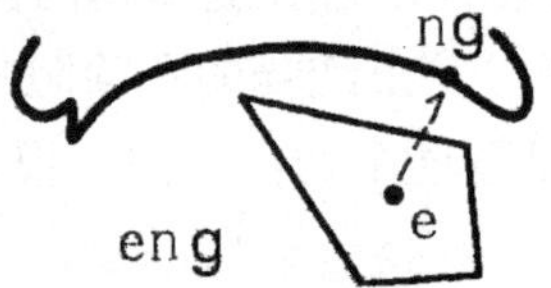

图 3-15　复合元音 eng的发音示意

ing——由 i[i]舌位开始发音，发完 i[i]，舌头即向后直移，不要降低。这时软腭下垂，舌根微升，顶住软腭，口腔通路封闭，发出纯粹的不除阻的“后鼻音”-ng，如图 3-16 所示。“英、迎、影、硬”就是这个音；“明、令、京”等字包含这个复合音。有人发成 i+eng，是不对的，还要注意和 in 的分别。

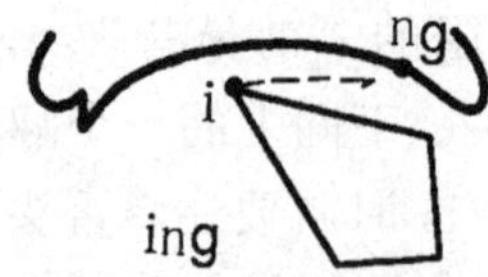

图 3-16　复合元音 ing的发音示意

ong——单发这个音不太容易发准确。由 o (比 u 舌位稍低，口稍开)舌位开始发音，这个舌位本来已是相当高的，发完舌根还要微升，软腭下降，口腔通路封闭，发出纯粹的不除阻的“后鼻音”-ng，如图 3-17 所示。口形拢圆，先大些，后小些，口形外面先后的变化不明显，主要是舌根、软腭的动作。这个复合音不能单独作为一个音节，只能作为韵母

和声母相拼。“东、红、工”等字包含这个复合音。和这个声音近似，可以单独作为音节的是 ueng，ong不要错发成 ueng，也不要按拼音字母的 o 发开始的音。因实际发的音是在 u 与 o 之间的音，拼音字母在这里用 o 不用 u，是要增加“o”这个字母的使用频率。

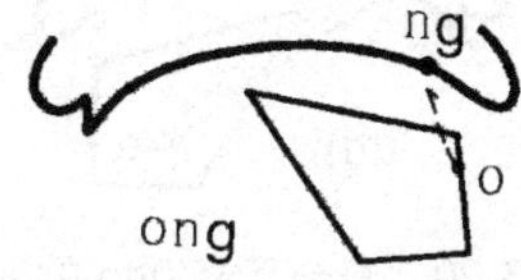

图 3-17　复合元音 ong的发音示意

以上八个是复合鼻尾音的基本组成，由一个单元音带上鼻音的尾巴，这里为了解说方便也不妨称它们为“二合”的关系。

ian——本来是an 前再增加一段由 i[i]舌位开始的发音动程，但普通话语音的实际发音有一些变化，要把 a[a]的舌位提高，变成 ê。这是因为 ian 的全部动程是一个大迂回往返动作，由前高元音 i 直降到前低元音 a，又要将舌头回升，使舌尖抵下牙床发 -n，-n 虽是舌尖的活动，势必也牵连舌面向上移动，而且口形也要闭合，在快速的语音动程中，低元音、开口元音的 a 在这种大迂回往返动作中不能适应，就要打折扣。所以舌位下降到ê即不再下降，而是赶快回头(同时要赶快闭口)发 -n，如图 3-18 所示。“烟、言、眼、雁”就是这个音；“天、连、线”等字包含这个复合音。如果不折不扣地发 i—a—n，不仅听者感觉生硬，说者也感觉费力。

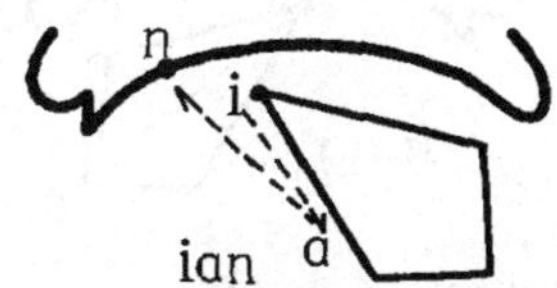

图 3-18　复合元音 ian 的发音示意

有人认为：既然这样，何不把拼音字母的 ian 就定为 ien(e 在 i 后，就是ê)？这里关系到汉语语音的系统。用 ian 和用 an 作韵母的字，从字形上看，不少是彼此有关联的。例如，晏—安，奸—干，钳—甘，堑—斩，仙—山，渐—斩；反过来，俺—奄，感—咸，槛—监，砍—欠，喊—咸。另外，用an、ian、uan、üan 作韵母的字，也可以从字形“声符”上见关系。例如，椽—缘，淡—炎，完—元，缓—援，官—菅等。

uan——在an 前再增加一段由 u 舌位开始的发音动程，如图 3-19 所示。动程幅度大，曲折角度不大，“弯、丸、晚、万”就是这个音；“端、款、算”等字包含这个复合音。注意 uan 自成音节时，u 不可发成齿唇音 v。

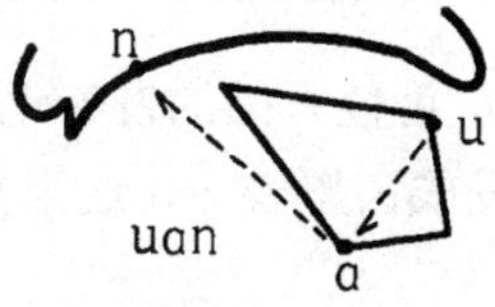

图 3-19　复合元音 uan 的发音示意

üɑn——本来是ɑn 前增加一段由 ü 舌位开始的发音动程，可是普通话语音在这个复合音里有变化，ɑ到ê即止，如图 3-20 所示。

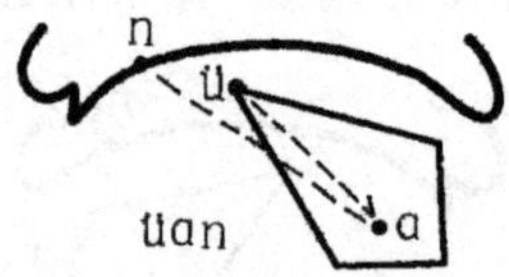

图 3-20　复合元音 üɑn 的发音示意

uen——en 前再加一段由 u 舌位开始的发音动程，如图 3-21 所示。变化规律与前面所讲的复合元音的 uei 相同。

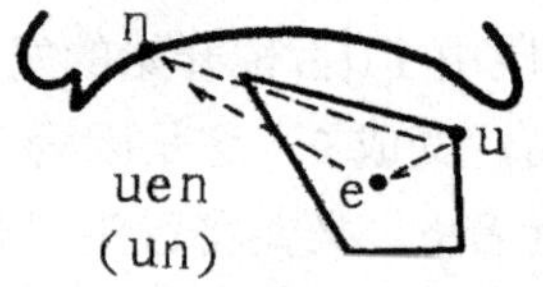

图 3-21　复合元音 uen 的发音示意

iɑng——ɑng前再增加一段由 i 舌位开始的发音动程，如图 3-22 所示。“央、羊、养、样”就是这个音；“娘、讲、向”等字包含这个复合音。

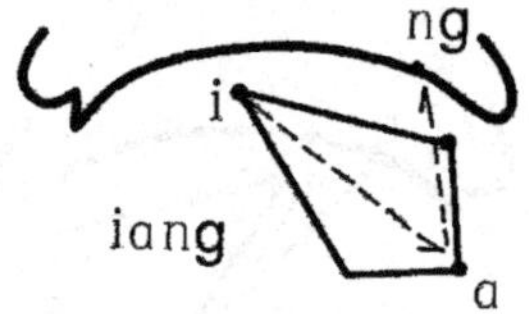

图 3-22　复合元音 iɑng的发音示意

uɑng——ɑng前再增加一段由 u 舌位开始的发音动程，如图 3-23 所示。“汪、王、往、望”就是这个音；“光、黄、壮”等字包含这个复合音。这个复合动程虽然也如 iɑn、üɑn 的直线往返，但因是后列元音和舌根阻鼻辅音的关系，往返动程不远，所以不产生变化。uɑng自成音节时，不可把 u 发成唇齿音 v。

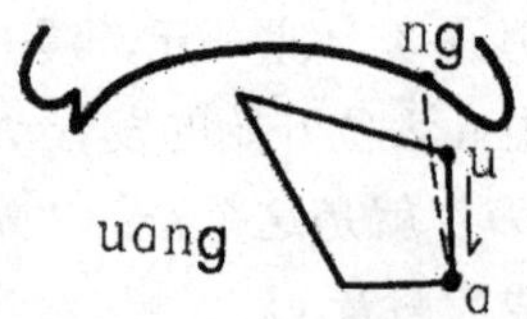

图 3-23　复合元音 uɑng的发音示意

ueng——eng前再增加一段由 u 舌位开始的发音动程，如图 3-24 所示。“翁、瓮”就是这个复合音。不要把开头的 u 发成齿唇音 v。这个复合音只能自己独立成为音节，不能和任何声母相拼。

ueng和 ong从汉语语音历史和现代的一些方音看来，二者本是一个韵母，拼声母和自成音节时，在不少方言中是同样的复合音。《汉语拼音方案》分作 ueng、ong 是符合真实的语音情况的。ong是在和声母相拼时发生的变化，ueng是它的单独发音。

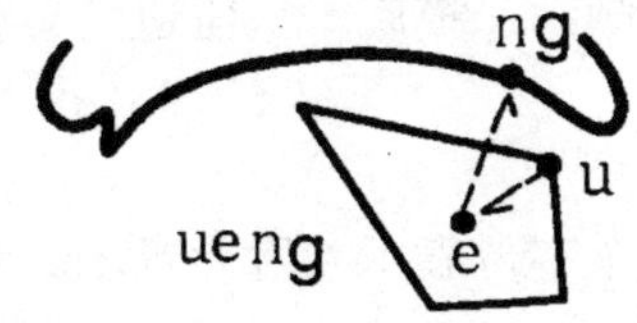

图 3-24 复合元音 ueng的发音示意

iong——ong前再增加一段由 i 开始的发音动程，如图 3-25 所示。“拥、永、用”就是这个音，“迥、穷、雄”等字包含这个复合音。

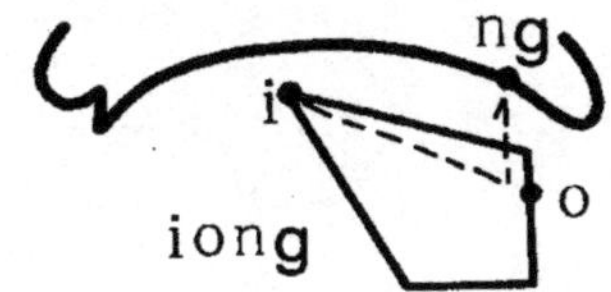

图 3-25 复合元音 iong的发音示意

以上八个复合鼻尾音都是在鼻尾的前面有两个元音复合。

四、韵母辨正

(一)单韵母辨正

1. e 与ɑ的分辨

普通话中一部分读 e 韵母的音节，在山东的某些地区读成ɑ。如青岛、烟台、潍坊、淄博等地的“喝、割、磕”等音节。

例如，喝水 割断 磕头 瞌睡 胳膊

2. e 与 uo 的分辨

普通话中一部分读 e 韵母的音节，在山东的不少地区读成了 uo。如青岛、烟台、潍坊、临沂、淄博、济宁等地的“哥、河、科、饿、个”等音节。

例如，二哥 河水 凶恶 歌曲 科学 祝贺 天鹅

3. e 与 ei 的分辨

普通话中一部分读 e 的音节，在山东的许多地区读成 ei。如潍坊、淄博、济宁、菏泽、临沂、聊城、滨州等地的“德、格、择、色”等音节。

例如，道德 特别 贵客 色彩 侧面 手册
格式 克服 原则 责任 政策 苦涩

4. o 与 e 的分辨

普通话中一部分读 o 韵母的音节，在山东的许多地区读成了不圆唇的 e，或读成复韵

母 uo。

例如，玻璃　坡地　冷漠　佛祖　破坏　模范　簸箕　驳斥
　　萝卜　粉末　偏颇　摸底　压迫　婆娑　薄荷　笔墨

5．注意 er 韵母的发音

尽管《汉语拼音方案》用两个字母表示卷舌元音 er，但 r 并不代表独立的音素，只是一个表示卷舌动作的描述性符号，也就是说，er 是个单元音韵母。它在普通话中只能自成音节，构成“儿、而、耳”等音节，可是，在山东的淄博、滨州、临沂、潍坊等地却都在 er 前添加了辅音 l。

例如，儿童　耳朵　第二　木耳　而且　二楼　尔后　饵料　洱海

(二)复韵母辨正

1．复韵母的动程问题

复韵母在发音时，舌位、唇形必须有一个逐渐变化移动的过程(这个变化过程，我们把它叫作动程)。山东的许多地区复韵母的发音均存在动程不明显的现象。一般来说，二合的复韵母ɑi、ei、ɑo、ou 等常常发得近似单韵母；三合复韵母 uɑi、uei、iɑo、iou 等则常常被“压缩”掉某个元音，发得近似二合复韵母。

例如，北海　白菜　油菜　美妙　妩媚　备课　面包　泡菜　跑步
　　谋略　怀念　坏人　山丘　踹倒　统帅　威海　快乐　奇怪

2．ou 与ɑo 的分辨

普通话中一部分 ou 韵母的音节，山东许多地区读成了ɑo 或者单韵母 u。

例如，剖析　解剖　阴谋　谋略　否定　牟取　是否　谋划

3．ie 与 iɑi 的分辨

山东的某些地区把普通话的 ie 韵母发成 iɑi。

例如，街道　界限　介绍　解放　皮鞋　和谐　换届

4．ie、üe 发音问题

ie、üe 都是由前元音音素复合而成，且都是从前高元音开始，到ê为止。两者的不同之处在于 ie 的起点元音是 i，而 üe 起点元音是 ü。在山东的许多地区，如泰安、潍坊、淄博、临沂、滨州等地，在发 ie、üe 时，往往止点的元音(即ê)舌位后移，接近后半高元音 e。有的还把 üe 中的ê读成圆唇的 o。

例如，虐杀　忽略　决心　学习　灭亡　爷爷
　　月亮　缺陷　告别　贴切　台阶

5．uei 的韵头不要丢

在山东的烟台、威海、青岛等地区，uei 韵母与 d、t、z、c、s 等声母拼合时，往往丢

失韵头 u，如“队、最、碎、崔”等音节。

例如，堆积　对于　兑换　腿脚　最后　嘴脸
　　　退却　陶醉　摧毁　虽然　脆弱　麦穗

(三)鼻韵母辨正

1. 鼻韵母的动程与鼻韵尾的到位

在鼻韵母的发音过程中，一方面，要注意各音素之间的有机联系，把握由元音音素到辅音音素的过渡，显示出舌位、唇形的变化过程；另一方面，由于鼻韵母必须以鼻音收尾，这就要求不论-n 尾，还是-ng尾都必须到位，否则就无法发好鼻韵母。可是，在山东的许多地区，如济南、济宁、菏泽、泰安、聊城等地，大多数人将鼻韵母读成鼻化音。有类似发音现象的人要注意，在前鼻韵母的发音过程中，当发完主要元音之后，要快速把软腭降下来，打开鼻腔通路，并把舌尖抵住上齿龈发好 n，整个韵母发音完毕才除阻；在后鼻韵母的发音过程中，当发完主要元音之后，要快速把软腭降下来，打开鼻腔通路，并把舌根贴近软腭发好 ng，整个韵母发音完毕才除阻。

例如，天堑　断然　锻炼　饭碗　安然　斩断　展览　根本　亲人
　　　从容　厂长　近亲　长房　堂皇　想象　亮相　强将

2. uɑn、uen 中的韵头

在山东的烟台、威海、青岛等地区，uɑn、uen 韵母与 d、t、n、l、z、c、s 等声母拼合时，往往丢失韵头 u，如“端、团、暖、算、蹲、屯、论”等音节。

例如，端正　了断　团结　长短　温暖　锻炼　钻研　辛酸　果断
　　　理论　尊重　农村　分寸　遵守　牛顿　沦陷　山峦

3. eng与 ong的分辨

在普通话中，eng与 ong是两个不同的韵母，可是在山东的胶州一带，如青岛、即墨、胶州、胶南、高密、平度、安丘、诸城、五莲、日照等地却往往将两者混读，或都读成 eng，或都读成 ong。要解决这个问题，一方面要掌握 eng、ong的规范发音，另一方面要记住一批常用字的读音到底是 eng韵母还是 ong韵母。

例如，电灯　腾飞　能力　冷水　变更　正负
　　　冬天　儿童　农民　隆重　公共　中国

4. ing与 iong的分辨

在山东的青岛、即墨、胶州、胶南、高密、平度、安丘、诸城、五莲、日照等地，常把 ing、iong混读，或都读作 ing，或都读作 iong。要解决这个问题，一方面要掌握 ing、iong的规范发音；另一方面要记住一批常用字的读音到底是 ing韵母还是 iong韵母。

例如，北京　晴天　轻松　清静　兴旺　应该
　　　窘迫　穷困　兄长　熊猫　迥然　琼瑶

第三节 辅 音

一、辅音的特点

辅音也叫“子音”。和元音相比，它有以下五个特点。

(1) 气流在口腔中显著地受阻。气流经过口腔，在通路中有阻碍。气流必须突破、冲过或回避所遇到的各种阻碍。例如，p 是突破两唇的阻碍，f 是冲过唇齿的阻碍，n 是回避舌尖与上牙床之间的阻碍。

(2) 气流较强。多数辅音是用呼出的强烈气流冲激肌肉而形成音波，经过口腔或鼻腔，发生共鸣作用而成声，所以气流较强(元音只是声带震颤形成音波，经过口腔发生共鸣作用而成声)。

(3) 口腔中阻碍气流的部分肌肉紧张，不阻碍气流的部分肌肉不紧张(发元音时，发音器官，由胸腔以上至口腔，都均衡地保持紧张)。

(4) 普通话语音中有一大部分辅音在发音时声带不颤动，声音很不响亮(只有少数几个“浊辅音”是颤动声带的，比较响亮)。

(5) 辅音都是噪音，少数几个是噪音而带乐音成分，如浊辅音(元音都是乐音)。

二、辅音的发音

普通话语音音素里，辅音有 22 个，即：

b	p	m	f
d	t	n	l
g	k	ng	h
j	q	x	
zh	ch	sh	r
z	c	s	

辅音的发音条件比较复杂，下面从“发音部位”和“发音方法”两个方面来讲解。

所谓“发音部位”就是前面所说的气流受到阻碍的地方，也就是发音器官为了让气流变成声音而作出的各种活动的部分。这 22 个辅音的发音部位共有七处，也就是七种“阻”，这些“阻”都是由口腔里的两个部分接触或接近而形成的。

(1) 双唇阻——上唇和下唇。下唇向上动，上唇微动，互相接触，如 b、p、m。

(2) 齿唇阻——上齿和下唇。下唇和上齿靠拢(也叫“唇齿阻”)，如 f。

(3) 舌尖前阻——舌尖和上门齿背。舌尖平伸，向上门齿背接触或接近，如 z、c、s。

(4) 舌尖中阻——舌尖和上牙床。舌尖和上门齿背后的上牙床接触，如 d、t、n、l。

(5) 舌尖后阻——舌尖和前硬腭(硬腭的最前端，硬腭中央从前到后有一道凹槽，前硬腭就是凹入部分的最前端)。舌尖稍后缩，向前硬腭翘起、接触或接近，如 zh、ch、

sh、r。

(6) 舌面阻(或“舌面前阻”)——舌面前部和硬腭前部。舌尖下垂至下门齿背后，舌面向上贴、接触或接近，如 j、q、x。

(7) 舌根阻(或“舌面后阻”)——舌根(即舌面后部)和软腭。舌头后缩，舌根抬起，和软腭接触或接近，如g、k、ng、h。

所谓“发音方法”，就是说这个辅音是怎样发出来的，也就是气流透出过程中所受阻碍的不同情况。

辅音的发音，都可以分为三个阶段：成阻—持阻—除阻。各种发音方法，就由这三步情况的不同而定。普通话语音的辅音音素有五种发音方法。

(1) 塞音——“成阻”时发音部位的两点闭紧；“持阻”时保持着这种阻碍，同时呼出气流，但停蓄在阻碍部位，好像是发音的作势；“除阻”时突然将阻碍开放，气流透出，因爆发、破裂而成声(也称“爆发音”或“破裂音”)。如 b、p、d、t、g、k。

(2) 鼻音——“成阻”时发音部位的两点闭紧，封闭口腔出气的通路；“持阻”时，颤动声带，音波和气流进入口腔，但口腔已被封锁，出不去。同时，软腭、小舌下垂，鼻腔通路开放，气流、音波进入口腔后再转入鼻腔，这时由口腔的形状，再加上鼻腔两重“共鸣”作用，使声带震颤的音波产生变化，最后气流、音波从鼻孔透出，形成纯粹的鼻音；“除阻”时打开口腔的封锁，发音就结束了。如 m、n、ng。

(3) 擦音——“成阻”时发音部位的两点相接近，并不太紧，也可以说是留下一道窄缝；“持阻”时气流由发音部位的两点间挤过，发出摩擦的声音(也称“摩擦音”)；“除阻”时，这种摩擦就结束了。如 f、h、x、sh、r、s。

(4) 边音——普通话语音中只有一个 l 是边音。“成阻”时，发音部位的两点(舌尖和上牙床稍后的部分)接触；“持阻”时，声带震颤，气流和音波从舌头前部两边透出，发音；“除阻”时发音结束。

(5) 塞擦音——是“塞音”和“擦音”两种方法的结合。由“成阻”到“持阻”的前段和“塞音”相同，也如“塞音”的作势，但是到“持阻”的后段把阻碍的部位放松一些，即变为擦音的成阻，使气流透出，变成“擦音”的摩擦，持阻后段实为擦音的持阻成声，直到除阻，发音完毕。透出的音波是“塞”与“擦”的合成体。如 j、q、zh、ch、z、c。

以上五种发音方法当中，还有“清、浊”和“送气、不送气”的区别。

所谓“清、浊”，是指声带的不颤动和颤动。清音不颤动声带(也称“不带音”)，气流较强，如 b、p、f、d、t、g、k、h、j、q、x、zh、ch、sh、z、c、s 都是“清辅音”。浊音颤动声带(也称“带音”)，气流较弱，如 m、n、ng、l、r 都是“浊辅音”。在理论上，某一个发音部位，某一种发音方法，既有清辅音，又有同部位、同方法的浊辅音。但实际上各种发音都不一定完全两两相配。普通话语音清辅音多，有 17 个；浊辅音少，只有 5 个。清浊成一对的只有 sh 和 r。

所谓“送气、不送气”，是区别气流透出时的两种情况。任何音素没有不用气而能发音的，只不过有的气流微弱而短，自然地放出，如 b、d、g、j、zh、z，就叫它“不送气”；有的是用力地喷出一口气，如 p、t、k、q、ch、c，就叫它“送气”。“送气”与“不送气”是汉语普通话中很重要的辨义因素。“兔子跑了”和“肚子饱了”，就是凭这一点来区别的。

下面把发音部位和发音方法结合起来对普通话辅音逐个加以说明。

b——双唇、不送气、清、塞音(是双唇音、不送气音、清音、塞音的简称。以下类推)。发音时，双唇闭合，软腭上升，堵塞鼻腔通路，声带不颤动，较弱的气流冲破双唇的阻碍，迸裂而出，爆发成声。例如，“标兵”biāo bīng里的 b。

p——双唇、送气、清、塞音。发音的情况和 b 相比，只是有一股较强的气流，其余都相同。例如，“批判”pī pàn 里的 p。

m——双唇、浊、鼻音。发音时，双唇闭合软腭下降，鼻腔畅通。气流振动声带，从鼻腔通过形成鼻音。阻碍解除时，余气冲破双唇的阻碍，发出轻微的塞音。例如，“美妙”měi miào 里的 m。

f——唇齿、清、擦音。发音时，下唇接近上齿，形成窄缝，软腭上升，堵塞鼻腔通路，声带不颤动，气流从唇齿间的窄缝中挤出，摩擦成声。例如，“丰富”fēng fù里的 f。

z——舌尖前、不送气、清、塞擦音。发音时，舌尖轻轻抵住上齿背，软腭上升，堵塞鼻腔通路，声带不颤动，较弱的气流把舌尖与上齿背的阻碍冲开一道窄缝，并从中挤出，摩擦成声。例如，“粽子”zòng zi 里的 z。

c——舌尖前、送气、清、塞擦音。发音的情况和 z 相比，只是气流较强，其余都相同。例如，“猜测”cāi cè里的 c。

s——舌尖前、清、擦音。发音时，舌尖接近上齿背，形成窄缝，软腭上升，堵塞鼻腔通路，声带不颤动，气流从舌尖和上齿背的窄缝中擦出而成声。例如，“琐碎”suǒ suì 里的 s。

d——舌尖中、不送气、清、塞音。发音时，舌尖抵住上齿龈，软腭上升，堵塞鼻腔通路，声带不颤动，较弱的气流冲破舌尖的阻碍，迸裂而出，爆裂成声。例如，“电灯”diàn dēng里的 d。

t——舌尖中、送气、清、塞音。发音的情况和 d 相比，只是气流较强，其余都相同。例如，“团体”tuán tǐ 里的 t。

n——舌尖中、浊、鼻音。发音时，舌尖抵住上齿龈，软腭下降，打开鼻腔通路，气流振动声带，从鼻腔通过发音。阻碍解除时，气流冲破舌尖的阻碍，发出轻微的塞音。例如，“奶牛”nǎi niú里的 n。

l——舌尖中、浊、边音。发音时，舌尖抵住上齿龈，软腭上升，堵塞鼻腔通路，气流振动声带，从舌头两边或一边通过。例如，“浏览”liú lǎn 里的 l。

zh——舌尖后、不送气、清、塞擦音。发音时，舌尖上翘，抵住硬腭前部，软腭上升，堵塞鼻腔通路，声带不颤动，较弱的气流把舌尖的阻碍冲开一道窄缝，并从中挤出，摩擦成声。例如，“正直”zhèng zhí 里的 zh。

ch——舌尖后、送气、清、塞擦音。发音的情况和 zh 相比，只是气流较强，其余都相同。例如，“长城”cháng chéng里的 ch。

sh——舌尖后、清、擦音。发音时，舌尖上翘，接近硬腭前部，形成窄缝，软腭上升，堵塞鼻腔通路，声带不颤动，气流从舌尖和硬腭前部形成的窄缝中挤出，摩擦成声。例如，“手术”shǒu shù里的 sh。

r ——舌尖后、浊、擦音。发音的情况和 sh 相近，只是摩擦比 sh 弱，同时声带颤动，气流带音。例如，“柔软”róu ruǎn 里的 r。

j——舌面、不送气、清、塞擦音。发音时，舌面前部抵住硬腭前部，软腭上升，堵塞鼻腔通路，声带不颤动，较弱的气流把舌面的阻碍冲开一道窄缝，并从中挤出，摩擦成声。例如，“结局”jié jú里的 j。

q——舌面、送气、清、塞擦音。发音的情况和 j 相比，只是气流较强，其余都相同。例如，“确切”què qiè里的 q。

x——舌面、清、擦音。发音时，舌面前部接近硬腭前部，留出窄缝，软腭上升，堵塞鼻腔通路，声带不颤动，气流从舌面前和硬腭前部形成的窄缝中挤出，摩擦成声。例如，“雄心”xióng xīn 里的 x。

g——舌根、不送气、清、塞音。发音时，舌根抵住软腭，软腭后部上升，堵塞鼻腔通路，声带不颤动，较弱的气流冲破阻碍，爆发成声。例如，“改革”gǎi gé里的g。

k——舌根、送气、清、塞音。发音的情况和g相比，只是气流较强，其余都相同。例如，“开阔”kāi kuò里的 k。

h——舌根、清、擦音。发音时，舌根接近软腭，留出窄缝，软腭上升，堵塞鼻腔通路，声带不颤动，气流从舌根和软腭形成的窄缝中挤出，摩擦成声。例如，“辉煌”huī huáng 里的 h。

ng——舌根、浊鼻音。发音时软腭下降，打开鼻腔通路，气流振动声带，从鼻腔出来。它是辅音，不作声母。

舌尖前音、舌尖中音和舌尖后音，都是舌尖在起作用，但不是把舌尖分成前、中、后三段，而是把同舌尖相对形成阻碍的部位分为前、中、后，即上齿背、上齿龈、硬腭前部。舌尖对着上齿背形成的音叫舌尖前音，舌尖对着上齿龈形成的音叫舌尖中音，舌尖对着硬腭前部形成的音叫舌尖后音。

三、辅音的辨正

(一)b、m、k

普通话音节中个别字音的声母是 b、m、k，潍坊方言读成 p、n、g，如表 3-1 所示。

表 3-1　辅音的辨正(1)

例　字	胞	庇　痹	哺　捕	谬	弥	括
普通话	bāo	bì	bǔ	miù	mí	kuò
潍坊方言	páo	pì	pú	niú	ní	guó

(二)j、q、x

j、q、x 是一组舌面音。山东地区存在的问题是将舌面接触硬腭前部的“面”变成了“点”，发出的 j、q、x 接近 z、c、s，也接近舌叶音。因此在发音时，应把舌尖控制在下齿背后，舌面前部隆起，形成阻碍，发出正确的 j、q、x。

例如，积极　坚决　讲解　崎岖　齐全　交际　恰巧　现象　弃权　习性　喜讯

(三)z、c、s

在山东地区，有些地方把 z、c、s 这组舌尖前音的发音部位搞错了，发成了齿间音。齿间音是普通话声母里不存在的发音，是发音时舌尖放在两齿之间所形成的。它存在于青岛、日照、临沂、潍坊、淄博、莱芜、泰安等地，涉及面很广。矫正时，应上下齿轻轻咬合，阻止舌尖的外伸，同时注意发音时舌尖在舌身的拉动下轻轻回缩，形成间隙，按照正确的方法发出准确的 z、c、s 来。如果容易发成 zh、ch、sh，就应将舌尖下压，抵住下齿背，从而控制舌尖的上翘。

例如，自在　自尊　罪责　参差　残存　仓促　松散　搜索　诉讼　色素

(四)zh、ch、sh

zh、ch、sh 是一组舌尖后音。在山东的一些方言区容易发成舌叶音，如烟台、威海等地。舌叶音就是发音时将舌面前部抬起，使舌尖脱离硬腭前端，舌面前两侧与上齿接触，中间下凹形成小孔，双唇嘬起，气流从小孔通过，发出舌叶音。普通话的舌尖后音在山东方言区更多的是发成舌尖前音，也就是把翘舌音发成平舌音，如青岛、潍坊、淄博、莱芜、泰安、菏泽、济宁、枣庄等地。将普通话的舌尖后音声母发成舌叶音和舌尖前音地区的人，在学习普通话时，要把握舌尖后音的发音要领，准确地发出 zh、ch、sh 来。要掌握方言和普通话的对应规律，分清楚哪些字读翘舌音，哪些字读平舌音。

例如，真正　政治　主张　乘车　城池　出差　伤势　神圣　声势　专政　驰骋　深水

(五)r

r 是舌尖后浊擦音。在山东的一些方言中，有的将 r 发成 i，如青岛、烟台等地；有的将 r 发成 l，如淄博等地；有的将 r 发成舌尖前浊擦音 z，如济宁等地。学习普通话时，一要把握 r 声母的发音要领，舌尖上抬接近硬腭前部，气流振动声带，从成阻部位的窄缝中摩擦成声；二要掌握方言和普通话的对应规律，分清楚哪些字读 r 声母。如青岛、烟台人不要把“人”读成“银”；淄博人不要把“让”读成“浪”。

(六)d、t

普通话舌尖中音声母 d、t 与 i 或以 i 开头韵母相拼的音节，在山东寿光南部的有些乡镇如潍坊等地习惯读成 j、q 声母的音节，如表 3-2 所示。

表 3-2　辅音的辨正(2)

普通话	潍坊方言	例　字
d	j	低、堤、滴、敌、笛、抵、掂、电、刁、碉、爹、定
t	q	梯、提、田、填、条、笤、贴、铁、厅、听、蜓

第四章 语流音变

第一节 变 调

我们的语言是由音节和音节相连的，常发生声调的变化，这种变化是普通话中的一种自然现象。变调对于语言的表达不起什么主要作用，只有一小部分含有轻声的词有词义、词性的变化。变调现象，一种是“从有变无”，如“轻声”的变调；另一种是“从此变彼”，如“一”“不”的变调；还有一种是在原调本身范围之内的变化，如“上声变半上”等的变调。下面分别加以介绍。

一、轻声

轻声是四声之外的一种特别声调。有人把这种现象称为“丢调子”。例如，“走了”“看着”“我们”“你们”“好吧”等词语的后一个音节就是轻声。《汉语拼音方案》规定：轻声不标调号。

(1) 轻声在非上声(阴、阳、去)后，读短促低降调(调值 31)，如玻璃、头发、豆腐。

(2) 轻声在上声后，读短促的微升调(调值 34)，如我的、好的。

三个音节的词，第二个、第三个音节若都是轻声，第三个则更轻一些，如拉下来、走进去、了不得、剩下的。

二、相同的声调相连而发生的变化

两个相同的声调相连，两个字是一个词，后字重读，即保持原调，前一个稍轻，就要发生变化。

两个阴平相连，如“今天”，前一个字不是 55，而是变成 44 或 33(可叫“半阴”)。

两个阳平相连，如“和平”，前一个字不能再保持 35 的调值，而变得接近 34(可叫“半阳”)。

两个去声相连，如“注意”，前一个字不能再保持51，而变得接近53(可叫“半去”)。

这三种变化都不太显著。两个上声相连，如“美满”，变化就十分显著，前一个变成阳平。普通话上声是个曲折的调型(“曲调”)，而且发音较长，如果相连的两个上声完全念出，声带松紧反复的变化太大，所以把曲调扯成升调 24，很像阳平 35，一般说是“变成阳平”也可以。三个上声相连，词语结构是“双单格”时，前两个上声变阳平，例如，展览馆、勇敢者、考古所等；词语结构是“单双格”时，第一个上声变半上，第二个变阳平，例如，纸老虎、很理想、冷处理等。但是一个三音节的词，说得快时，当中的一个音节常常变得轻一点儿。例如，请你∥往北走，找∥柳组长。“请”“往”“北”“组”等字都变为“阳平”，“你”“走”“长”三个字因为处于停顿时间较长的地位，要读强调的重音，可以读原调。但实际上这还是在一个“语流”中，这三个字都要变“半上”，因“你”与“往”“走”与“找”之间停顿不太长，后一字已经跟上来。而尾字“长”，受到这一句总的“语调”降调的影响，也变成“半上”了。

三、两个不同声调相连而发生的变化

变化显著的是上声。上声在“非上声”(包括阴平、阳平、去声、轻声)前面，变成“半上”，只留前半部分，丢失了后半部分，调值 214 变成了 211。例如，好书、好人、好事、好了的“好”。这是因为上声调子最长，而且中间有曲折，音节进行得很快时，这个长而曲折的调子便被挤掉了后半部分，不容它升上去，后一个音节的声调动作已开始了。参考下面的“调值比较示意”。

好　书　　好　人　　好　事　　好　了

214——55　214——35　214——51　214——34

变化成：

211——55　211——35　211——51　211——34

上声有两种变调，“半上”与“阳平”。“半上”是小变化，一般人会觉得似乎没有变。读完全的上声原调机会很少，但读“半上”的机会却很多。语句中表示强调的重音或停顿处的上声照例不变，但其实并非不变，而是变为“半上”了。例如，“纸老虎”这个词，按规律变为“阳、阳、上”，但重音在“纸”上，那么“纸”就仿佛不变，但并非不变，而是变为“半上”了，末字“虎”如是肯定语气，语调下降，也就变为“半上”。“阳平”是大变化，“上上”相连，前一声调就变为“阳平”了。有一部分词，轻声不太固定，不轻也是可以的，如想起、手里等，前一字不变“半上”为“阳平”；重叠式动词，如走走、洗洗等，前一字也不变“半上”为“阳平”。

以上半阴、半阳、半上、半去、阳平等几种变调，仍是在原调范围之内的变化，所以用拼音字母拼写时仍用原调号。学习普通话，要掌握这些变调的变化规律。

四、叠字形容词的变调

叠字形容词有两种形式：一种是 AA 式，另一种是 ABB 式或 AABB 式。

AA 式，如深深地、大大的、满满的、快快地等，描写当时情况，一般不变调，只是附有“儿尾”，叠字第二个变成“儿化韵”时，这第二个字就变为阴平。如长长儿的、平平儿的、满满儿的、暖暖儿的、快快儿地、慢慢儿地等。这种附“儿尾”的叠字形容词大都表示期望、祈令、要求而又具有温婉的语气。

ABB 式或 AABB 式，如热腾腾、老老实实等，除叠字本身为阴平调即不再变外，其余各调都可把后面两个字变为阴平调。例如，亮堂堂、甜蜜蜜、明晃晃、硬邦邦、清清楚楚、欢欢喜喜、陆陆续续等。如果念得缓慢一些，念清楚它的原调，显得读字清楚，不变也可以。至于一部分书面语言中的叠字形容词，就绝不能变。例如，缓缓地流动、湛湛青天、迟迟不进、呜呜咽咽、闪闪烁烁、轰轰烈烈等。

五、“一、七、八、不”的变调

“一、七、八、不”四个汉字在连读时都有音变规律。“一、七、八、不”这四个字单念时，“一、七、八”都念阴平声，“不”念去声。“一、七、八、不”这四个字用在语句中，就要由后面一个音节的声调而定，变化比较复杂。

(一)“一”的四种声调

(1) 单说，或在语句末尾，都念阴平。

例如，第一、十一、二十一等，看成一个数词，“一”字都读阴平调；表序数的“第一”和简称“一”时，也读阴平原调，不变；“一”夹在一串数字中，看作单说的一个数字时，也不变。例如，一、二、三，一九一一年，一八三五一六，天下第一，五一，北京一中，三营一连，住在南一楼，一不怕苦、二不怕死，统一，始终如一，其说不一，八十一天。

(2) 在去声前念阳平。

例如，一部书、一致、一样、一个人等。其中“个”是由去声变为轻声的，仍按去声看待。“一队”中的“一”如读 yī，表示“第一队”；如读 yí，表示一个队。

(3) 在阴平、阳平、上声(一切“非去声”)前念去声。

例如，一杯茶、一条心、一眼井、一五一十中的“一”是表示数目时的习惯语，“一个五，一个十”地数下去中的“一”是个数，并非“序数”，与一串数字“一九一七”等不同，应按此类变调。“一楼”中的“一”如读 yī，是第一层楼；如读 yì，是满楼。

(4) 夹在叠用动词中间念轻声。

例如，看一看、试一试等。

(二)“七、八”的两种声调

(1) 单说，或在词语末尾，或是“第七、第八”的意思，表“序数”，都念阴平原调。

(2) 在阴平、阳平、上声前也念阴平原调。

(3) 在去声前可念阳平。

例如，七万，八倍，七上八下，七个，八个。

(三)“不”的三种变调

(1) 单说，或在语句末尾念原调去声。

例如，不，还要提高警惕！我偏不！要不，明天再说吧！谁敢说个“不”字？

(2) 在阴平、阳平、上声(一切“非去声”)前也念原调去声。

例如，不多、不成、不理、不约而同、不遗余力、不可思议。

(3) 在去声前念阳平。

例如，不错、不对、不锈钢。

(4) 在动词后的补语中，或夹在词语当中念轻声。

例如，拿不动、了不起、好不好、年不年、节不节。

用拼音字母拼写时，要不要标出变化后的调号，这要视情况而定，如是一般拼音读物，可以仍标原调，变化由读者自己掌握。如果是专门为了指导学习普通话的拼音读物，则以标出变调为好。

第二节　轻　重　音

一、作用

汉语词汇发展到现在，大都为双音节词，也有多音节词，单音节词并不太多。汉语也和其他民族的语言一样，一个词有一个重音。这个重音很有用处，它可以明显地表示这几个音节的密切性，表示这是一个词，或是组织得相当紧密并具有一定意义的词组(已经“词化”了的词组)。同时，增加了语言的清晰度，是一个词还是平行并立的两个词，大致可以从重音上加以辨认。

(一)一个词与两个词

例如：

不许他搬弄是非。(重轻，指口舌争吵。)

我们要明辨是非。(同重，“是”与“非”。)

东西不同，可以比比。(重轻，指物件。)

东西两边都做了安排。(同重，指两个方位。)

(二)运用轻重音还可以区分一部分词的词义

例如：

你太大意了。(重轻，即粗心。)

讲讲这篇文章的大意。(中重，大略的含意。)

新厂子很有生气。(重轻，即朝气。)

请你不要生气。(中重，恼怒。)

(三)运用轻重音还可以区分一部分词的词性

例如：

他已经报告给首长了。(重轻，动词。)

下午听报告。(中重，名词。)

应该经常练习。(重轻，动词。)

第三个练习还没做完呢！(中重，名词。)

下面再举几个动词的补语，因轻重音不同而区分了补语的作用，表示不同的意义。例如：

我一喊，他就站住了。(“住”轻读，是趋向补语。)

船不稳，你要站住了！(“住”重读，是结果补语，站住即站稳。)

把书打开。(“开”轻读，是趋向补语。)

要把这扇门打开才能拿东西。(“开”重读，是结果补语，打得开。)

这条路，我走过。(“过”轻读，是趋向补语。)

可别走过了站！(“过”重读，是结果补语，超过。)

出来一个人。(“来”轻读，是趋向补语。)

这个小门出得来吗？(“来”重读，是结果补语，表示能够实现。)

由以上各例可见，轻重音在普通话的词里，能起到一种积极作用，使语言表达得更准确。

二、“音量”的差别

嘴里发出一串串的音节，这些音节的轻重分量、强弱程度是不同的。这就是所谓“音量”的差别。音量的强度可以分为四等：①重音；②中音；③次轻音；④最轻音。例如，“图章”②②，“安静”②③，“我们”①④，“萝卜”①④，“火车”②①，“参观”②①，“老头子”②①④，“炊事员”②③①，“看得见”②④①，“义不容辞”②③②①。

粗略地讲，“次轻音”与“最轻音”可以合并为一类——轻音，但是实际上两者还是有些不同的。“最轻音”十分短、弱，调值消失。“次轻音”不太短弱，调值还略保持。例如，“子”字和“得”字：“妻子”(次轻)，“麦子”(最轻)，“懂得”(次轻)，“说得对”(最轻)。“次轻音”与“中音”也可以合并为一类——中音。如果自己口头能分，最好分为四等。

三、词的轻重音格式

单音节的词、一些虚词或辅助成分(助词、方位词、趋向动词、词尾等)固定读轻声(最轻音)。例如，子(桌子)，儿(女儿、月儿)，头(石头、外头)，们(我们、人们)，家(人家、女孩子家)，个(一个、那个)，的(大的、你的)，地(用力地)，得(说得对)，着(拿着)，了(看了、要走了)，住(捉住、站住)，上(山上、穿上)，下(底下、放下)，来(出来、想起来)，去(进去)，过(说过)，开(放开)，呀(去呀)，哪(看哪)，吗(对吗)，么(好么)，啊(是啊)等。

多音节的词，按轻、中、重三等音量相配。其配合规律和词的结构有关系，形成种种不同的格式。但是总的来看，轻音不会在词的第一个音节出现。

双音节词的两种格式是重轻、中重。念“重轻”的是下面几种结构的词。

(1) 单纯词，绝大多数，例外的很少。

例如，萝卜、葡萄、蜈蚣、蟑螂、喇叭、玻璃、哆嗦、吩咐、犹豫、伶俐、模糊等。

(2) 叠字名词。

例如，哥哥、妈妈、猩猩、娃娃等。

(3) 重叠式的动词。

例如，看看、试试等。

(4) 动宾结构，是事物的名称(属“次轻音”，有少数例外)。

例如，枕头、扶手、裹腿、兜肚、顶针(缝纫用具)、盖火等。

(5) 附陪衬性词尾、词头。

例如，月亮、云彩、柴火、韭菜、眉毛、耳朵等词后字为陪衬性词尾，刺猬、太阳、甘蔗、石榴、老鼠、老婆等词前字为陪衬性词头。

(6) 对立结构(成为一件事物的代称，属“次轻音”)。

例如，买卖、来往、东西、动静、是非、好歹等。

(7) 联合结构(限于口语常用，是次轻音，但有例外。书面用语、口头不常说的，如“永恒”“碑碣”等不轻读)。

例如，眼睛、兄弟、名誉、机器、衣服、时候、地方、书记、看护、试验、消化、喜欢、沉重、柔和、详细、新鲜等。

(8) 一小部分偏正结构的词(偏正结构的词以“中重”为正则，“重轻”为特例。这些特例是由于习惯，但也是有意按这个词所指事物的特点，或突出其修饰词素的意义，或削弱其中心词素的表意作用。其更大的用处是表示出这个词结构的紧密)。

例如，田鸡(一种青蛙，不是真正的鸡)，马脚(破绽，不是马的脚)，鸡眼(脚上的一种病，是言其形似，并非鸡的眼)，核桃(不是真正的桃)，算盘(不是真的盘)，毛病、手巾、黄瓜、苍蝇(以上四个词例，习惯轻读，表此事物微不足道)。男子、女子、男人、女人、工人、战士、医生、水手(以上八个词例重点在性别和所司职事)，各例都属“次轻音”。

三音节的词，以“中轻重”为主要格式(“轻”属“次轻音”)。单纯词，如滴滴涕、冰激凌、索马里、黑格尔(都是译音)等。偏正结构，如西红柿、打字机、无线电、展览会等。人名、地名，如司马迁、黄继光、扬子江、井冈山等。附带叠音词尾的形容词，如黑乎乎、暖烘烘、喜洋洋等。少数是“中重轻”格式，如老头子、小伙子等。

四音节的词，以“中轻中重”为主要格式(“轻”属“次轻音”)。名词，如拼音字母、标点符号、阿尔泰山、二氧化碳等。形容词，如糊里糊涂、慌里慌张、高高兴兴、稳稳当当等。象声词，如噼里啪啦、嘻嘻哈哈等。成语，如光明正大、一马当先等。

第三节　“啊”

语气词“啊”(ɑ)由于受前面音节末尾一个音素的影响，常常发生语音变化。

(1)　你说的是他呀(tā yɑ)！

快点说呀(shuō yɑ)！

过来整整两辆汽车呀(chē yɑ)！

到底还写不写呀(xiě yɑ)？

原来是老徐呀(xú yɑ)！

时间过得真快呀(kuài yɑ)！

(2)　这是谁的书哇(shū wɑ)？

他的普通话说得真好哇(hǎo wɑ)！

我心里也不好受哇(shòu wɑ)！

一个子也没有哇(yǒu wɑ)！

(3)　这些日子，我是天天盼哪(pàn nɑ)！

可不能忘了本哪(běn nɑ)！

这水可真甜哪(tián nɑ)！

你好狠的心哪(xīn nɑ)！

(4)　实在是忙啊(máng ngɑ)！

那可不行啊(xíng ngɑ)！

真不中用啊(yòng ngɑ)！

今天不太冷啊(lěng ngɑ)！

(5)　他是我家老四啊(sì[zɑ])！

你来过潍坊几次啊(cì[zɑ])！

这是谁写的字啊(zì[zɑ])！

(6)　多好的同志啊(zhì rɑ)！

快点吃啊(chī rɑ)！

二六一十二啊(èr rɑ)！

那儿多好玩儿啊(wánr rɑ)！

“啊”的音变规律是，前面的音素是ɑ、o(ɑo、iɑo 两韵母除外)、e、ê、i、ü 时，读

ya，汉字可写作“呀”，如例(1)；前面的音素是 u(包括ao、iao 韵母)时，读 wa，汉字可写作“哇”，如例(2)；前面的音素是 n 时，读 na，汉字可写作“哪”，如例(3)；前面的音素是 ng时，读 nga，汉字写作“啊”，如例(4)；前面的音素是-i 时，读[za]，汉字写作“啊”，如例(5)；前面的音素是-i、er 或儿化韵母时，读 ra，汉字写作“啊”，如例(6)。

第四节　儿　　化

一、儿化的概念

“儿化”指的是后缀“儿”与它前一音节的韵母结合成一个音节，并使这个韵母带上卷舌音色的一种特殊音变现象，这种卷舌化了的韵母就叫作“儿化韵”。例如，普通话念“花儿”的时候，这个“儿”字不是一个独立的音节，而只表示在念到“花”这个字音的末尾时，加上一个卷舌的动作，使韵母带上卷舌音“儿”的音色。

用汉语拼音字母拼写儿化音节，只需在原来的音节之后加上“r”(表示卷舌作用)就可以了。例如，“芽儿”yár，“馅儿”xiànr，“味儿”wèir。

二、儿化韵的发音

普通话韵母除ê、er 之外都可以“儿化”。儿化时由于舌头上翘(俗称卷舌)，致使舌位较高、较前的韵尾(-i、-n)发不成而丢失，同时使韵腹元音也受影响而“央化”(或把非央元音变成央元音，或增添一个央元音)，还使后鼻音韵尾(-ng)丢失而使韵腹元音“鼻音化”(使元音带鼻音色彩)。儿化音的变化规律如表 4-1 所示。

表 4-1　儿化音变化规律

韵　母	儿化时的变化规律	例　词
无韵尾或有-u 韵尾	只加卷舌动作	小车儿 小鸟儿
有-i、-n 韵尾的	卷舌时使韵尾丢失，有的要改变韵腹	一块儿 一点儿 没准儿 背心儿
有高元音-i、-ü 韵腹的	加央元音 e	小鸡儿 有趣儿
有舌尖元音-i[ü]、-i[i]的	变成 e	瓜子儿 树枝儿
有-ng韵尾的	卷舌时使韵尾丢失，元音鼻化，有 i 韵腹的要加 e	帮忙儿 花瓶儿

三、儿化的作用

儿化这种语音现象，跟词汇、语法有密切的关系，具有区别词义、区分词性和表示感情色彩的作用。

(一)区别词义

有的词儿化后具有比喻义。例如：

头(脑袋)——头儿(领头的)　眼(眼睛)——眼儿(小孔)

(二)区分词性

兼动词、名词两类的词或形容词，儿化后就固定为名词；有的名词、动词儿化后借用为量词。例如：

画(名词、动词)　画儿(名词)

尖(形容词)　尖儿(名词)

手(名词)　一手儿(量词)

堆(动词)　一堆儿(量词)

(三)表示细小、亲切或喜爱的感情色彩

有的词儿化后就带有一定的感情色彩。例如，小皮球儿、小河儿、勺儿、头发丝儿、红嘴唇儿、小王儿。

此外，有些代词、副词、动词和重叠的形容词也有儿化现象。例如，那儿、顺便儿、玩儿、好好儿、慢慢儿。

少数带词尾“儿”的词不读作儿化，或者在文艺作品中起某种修辞作用，“儿”独立为一个音节，读成“次轻音”。例如，女儿、月儿、云儿、蚕儿、蝉儿。在对仗整齐的诗歌或词语的节律中，需要占一个音节的时候，“儿”不读儿化。例如，花儿朵朵向阳开。

第五章　语汇、语法辨正

第一节　语 汇 辨 正

注：以下示例中破折号左边为普通话，右边为方言。

太阳——日头　　月亮——月明　　流星——贼星、飞鼠儿

彗星——扫帚星　　北斗星——勺星　　舒服——舒坦

雪珠——散巴拉子　　冰——冻冻　　冰锥儿——龙锥

风停了——刹了风了　　雨停了——雨住了　　明年——过年

去年——今上年　　今天——今门儿　　马上——赶着

后天——后日　　昨天——夜来　　上午——头晌

下午——下晌　　中午——晌午(头)　　早晨——清起来

白天——白夜　　晚上——后晌　　除夕——年除儿

端午——五月端午　　中秋——八月十五　　女孩儿——妮子

什么——啥嘎　　身体——身子　　眼珠儿——眼珠子

白眼珠——白眼珠子　　口水——斜涎　　黑眼珠——黑眼珠子

鼻涕——鼻子　　鼻孔——鼻子眼儿　　胳肢窝——夹肘窝

拳头——锤　　手掌——手巴掌、夹耳　　手背——手面子

背——脊梁　　肋骨——肋肢骨　　乳房——奶子

肚脐眼儿——布脐　　屁股——腚、腚锤子　　膝盖——波勒盖

不舒服——不熨作　　肺病——痨病　　感冒——冻着了

发炎——发恶陆　　拉肚子——跑茅子、跑栏　　恶心——恶萦

胃疼——心口疼　　发疟疾——发脾寒　　治病——扎裹病

西医——洋大夫　　结痂——长疙渣　　瘸子——瘸巴

傻子、疯子——嘲巴　　瞎子——瞎汉　　聋子——聋汉

秃子——秃厮　　驼背——锅腰子　　豁唇——豁唇子

饿——饥困 毛巾——擦脸布子 顶针——顶指
图章——手戳儿、戳子 手电——电棒子 自行车——骑车子
手杖——拄棒 樟脑丸——臭球儿 裤头——裤衩儿
短裤——半截裤儿 雨鞋——水鞋 围巾——围脖儿
衣兜——布袋 腰带——扎腰带子 枕头——豆枕
耳环——坠子 早饭——清清饭 午饭——晌(午)饭
晚饭——后晌饭 水饺——包子 面条——条子
油条——油炸果子、麻糖 花生油——果子油 粉条——干粉
锅巴——疙渣 农民——下庄户的 下地——上坡
刨地——抓地 饭店——(饭)馆子 理发店——剃头铺儿
浴池——堂子 赚钱——挣钱 上课——上班
放学——散学 别字——白字 瓦匠——窑匠
锔锅匠——锢露子 杂技演员——玩藏掖的 公驴——叫驴
母驴——草驴 公狗——牙狗 重阳——九月九
这时候——天这怎 那时候——天那怎 土丘——埠子
地方——埝儿 野外——坡里 河岸——河涯
路——道儿 角落——旮旯儿 土块——坷垃
中间——当央儿 附近——围近处 舅母——妗子
这一会儿——这一霎儿(里) 什么时候——几儿、多怎
灰尘——[暴]土、尘灰 左边儿——左边儿(音不同)
外甥女、外孙女——外甥闺女 嫂子——嫂
丈夫——汉子、男人、当家的 妻子——老婆、女人
儿子——儿 女儿——闺女 男孩儿——小厮
邻居——邻舍百家 老头儿——老汉子 老婆儿——老婆子
打扮——扎裹 干活——干营生儿 抽烟——吃烟
大便——拉屎 小便——尿尿 打盹儿——打盹
打鼾——打呼噜 躺下——躺下 休息——歇歇儿
闲谈——拉呱儿 串门儿——闯门子 骂——噘
外出谋生——闯外 吵嘴——吵吵 打架——打仗
拍马屁——舔腚 喜欢——稀罕 眼红——眼馋
不知道——知不道 记得——想着 转向——糊迷
婚事——红公事 丧事——白公事 出嫁——做媳妇
怀孕——有喜 小产——掉了 死了——老了
夭折——没了 坟地——老坟、墓田 房子——宅子
厕所——茅子 公猫——牙猫 狼——妈虎
母猫——女猫 黄鼠狼——黄鼬子 蛇——长虫
蝙蝠——檐蝙虎儿 鸭子——扁嘴 猫头鹰——夜猫子

乌鸦——老鸹　　蚕——蚕妹儿　　蚕蛹——蛹子
蚂蚁——蚁蛘　　跳蚤——虼蚤　　苍蝇卵——白渣
壁虎——蝎变虎子　　蟋蟀——促蛰儿[子]、蛐蛐儿
蝗虫——蚂蚱儿　　蝈蝈——蝈子、叫咬、母咬
螳螂——老刀　　玉米——棒子　　高粱——秫秫
辣椒——辣椒(子)　　西红柿——洋柿子　　香椿芽——香芽
漂亮——俊　　脏——窝囊　　笨——拙古
精——鬼　　吝啬——乍古　　累——使
听话——听说　　顽皮——皮　　很——刚、刚着、綦
很多——刚货　　重——沉　　行、好——中

第二节　语法辨正

一、名词、动词后缀

(一)名词后缀

1．子

潍坊方言的名词后缀主要有“子”“头”等，其中由“子”作后缀构成的子尾词十分丰富。全市各地比较通用的有雹子、身子、手背子、鼻孔眼子、奶子、婶子、锢露子(锔锅匠)、豁唇子(裂唇的人)、锅腰子(驼背的人)、杌子、电棒子(手电筒)、裤子(尿布)、扎腰带子(腰带)、擦脸布子(洗脸手布)、胰子(肥皂)、饭馆子、澡堂子、闯门子(串门儿)、黄鼠狼子、蛹子(蚕蛹)。北京方言的名词后缀的“子”“儿”居多。如练家子(练武术的人)、这程子(这一段时间)、掸腰子(要花招)、这会子(这么半天)、南蛮子(南方人)、老家儿(父母)、打漂儿(无职业的人)、发小儿(从小一块长大的)、爵儿(职位)。

2．表示人品词语的后缀

潍坊方言词的后缀以“子”居多。此外还有“汉”“巴”“厮”“的”“蛋子”“婆”等。其中“汉”“巴”“厮”主要用于指有生理缺陷的人，“子”有时也有类似用法。除“的”外，其余后缀构成的人的称谓多带有贬义色彩。“婆”限指女性，其他一般不分性别。

子：妗子(舅母)、姑子(尼姑)、土包子(对乡下人的贬称)、二杆子(很倔的人)、斜眼子。

汉：瞎汉(瞎子)、聋汉(聋子)、疯汉(麻风病人)、胖汉(胖子，指男性)。

巴：痴巴(傻子)、潮巴(统称傻子、白痴、精神病人)。

厮：小厮(小男孩儿)、秃厮(秃子)。

蛋子：伙夫蛋子(伙夫)、夹古蛋子(小气鬼)、庄户蛋子。

(二)动词后缀

潍坊方言动词后缀常用的有“巴”“查”“棱”“拉”“悠”“索”“乎”等，都读轻声。它们具有使动词轻化、小化、动作随便、反复、漫不经心等的意思。

巴：捏巴(反复捏)、搓巴(反复搓)、拉巴(用手拉，辛勤抚养)。

查：扒查(扒拉)、搅查(搅拌)、摆查(随便摆放)。

悠：转悠、晃悠、搓悠(随意地搓)。

乎：贴乎(巴结)、惹乎、嫌乎。

索：摸索、掖索。

二、代词

(一)人称代词

山东人称代词与普通话的主要不同表现在复数的表达方式上。普通话复数表示法是在单数之后加“们”而构成，而山东的烟台、威海等地一般不加“们”字，济南话常常在第一人称后加“这伙”。对照如下：

济南话	普通话
俺、俺们 俺这伙 我们	我们
咱、咱们 咱这伙	咱们
你们 你这伙	你们
他们 他这伙	他们

武汉方言称谓，老特儿(爸爸)、老俩(妈妈)、拐子(哥哥)、外外(外甥)、老亲爷(岳父)、老亲娘(岳母)。

四川人称谓，大爷(对男性老人的尊称)、婆婆(对女性老人的尊称)、老巴子(对男性老人不礼貌的称呼)、老姆姆(对女性老人不礼貌的称呼)、娘娘(对父辈女性的称呼)、幺儿(对子女的爱称)。

河南话的人称代词，表单数的第一人称用“我”，表复数时用“俺”(我们)；表单数的第二人称用“你”，表复数时用“恁”(你们)。

(二)指示代词

潍坊方言指示代词有“这”“捏”“那”三个。“这”是近指；“捏”和“那”都是跟“这”相对而言的，一般都是远指。以下举例说明。

潍坊话：捏里　　捏个　　捏样　　捏些

普通话：那里　　那个　　那样　　那些

(三)疑问代词

潍坊方言疑问代词的说法各地虽有差别，但是问人的用“谁”没有分歧。其他如“哪”“啥”(什么)、“咋”(怎么)、“多怎”或“几儿”(什么时候)等也是基本一致的。

三、量词

总的来说，潍坊多数地方量词“个”的使用范围较之普通话要宽泛一些。普通话里某些用其他量词的场合，潍坊多数县市用“个”。例如：一个手、一个耳朵、一个手表、一个帽子、一个褂子、一个袄、一个方桌、一个杌子、一个镜子、一个门、一个灯、一个炕、一个机器、一个炸弹、一个桥、一个猪、一个牛、一个牲口、一个米粒儿等。

其他较特殊的量词还有块、根、溜、行等。

块——用于戏剧、电影的场次、分段的物品或整个物品的一部分。例如：一块电影、一块戏、一块电池、一块甘蔗、一块甜棒(一段甜玉米秆或高粱秆)、一块卷子等。

根——用于长条形物体。例如：一根袖子、一根裤腿、一根藕、一根烟筒、一根板凳、一根蜡烛、一根鱼、一根街、一根道儿等。

溜——用于成行的物体。例如：一溜墙、一溜座位、一溜屋、一溜人、一溜树等。

行——相当于普通话的“层”。例如：一行皮、一行灰等。

粤语习惯用量词替代指属助词，如“的”“之”等，但这样的量词在句子中起的作用仍然是指示物品所属的。例如：我支笔(我的笔)、你个书包(你的书包)。

四、程度表示法

(一)程度副词

潍坊方言大致与普通话“很”相当的程度副词除有“很”“挺”“真”“极”以外，还有最能反映本地特点，使用频率极高的“綦”“刚”(或刚着、刚里、刚的)等。

(二)对称式形容词生动形式“大 AA”和“精 BB”

寿光、潍城、诸城、五莲、临朐、青州等县市，某些单音节形容词重叠后，前面加上“大”或“精”表示形容程度加深。例如：

大长长　　精短儿短儿　　大厚厚　　精薄儿薄儿

大宽宽　　精窄儿窄儿　　大粗粗　　精细儿细儿

大高高　　精矮儿矮儿　　大胖胖　　精瘦儿瘦儿

大深深　　精浅儿浅儿　　大远远　　精近儿近儿

大贵贵　　精贱儿贱儿

陕西方言则用人的某一器官形容、表示特殊的含义。如顺眼(好看)、训眼(讨厌)、白眼(不讨人爱)、玩心眼(钩心斗角)、死心眼(不灵活)、老手(熟练)、搭手(帮忙)、三只手(小偷)、送脚(下坡)、撇脚(岔路)、精脚(不穿鞋袜)、力脚(能干重活)。

五、疑问句

普通话疑问句中的反复问句用肯定与否定并列的方式表达，例如："去不去？""去没去？""去了没有？"潍坊方言的反复问句较为特殊。

潍坊、寿光等地常用说法是"动词+啊吧"。例如：

中啊吧？(行不行？)　甜啊吧？(甜不甜？)

有啊吧？(有没有？)　去过北京啊吧？(去过北京没有？)

诸城等地反复问句则用"动词+啊不""动词+过没""动词+了没"三种形式表示。例如：

来啊不？(来不来？)　你想去啊不？(你想不想去？)

你上北京去过没？　(你去过没去过北京)

吃了没？(吃了没吃？)　上学了没？(上学了没有？)

第六章　发　　声

人们都希望自己的声音准确、清晰、响亮、圆润，并具有一定的魅力。但在现实生活中，并不是每一个人都能做到这一点，尤其是有些人，说一段话就感到口干舌燥，声音嘶哑，气喘吁吁；有的人，人未老，声先衰，尽管知识丰富，却有口难开。这种现象是不懂得科学地用气发声所造成的。

声带发出的声音既小又不优美，只有在气息的推动下，经过各共鸣腔体扩大音量、美化音色之后，才会传出体外。为此，发声技能训练，将分用气、共鸣和吐字归音三个环节进行。

第一节　用　　气

一、日常一般呼吸方式

“气乃音之本”“气动则声发”，呼吸是发声的动力。口语表达中的亮度、力度、清晰度以及音色的甜润、优美、持久等，主要取决于气息的控制和呼吸的方式。掌握科学的呼吸方法，是发声训练的根本。

我们通常把负责吸气动作的肌肉，称为吸气肌肉群。把负责呼气动作的肌肉，称为呼气肌肉群。当吸气肌肉群活动时，胸腔内部气压小于体外的气压，空气便由口鼻进入肺叶，使肺扩张起来，这就是吸气；当呼气肌肉群活动时，或自然放松胸腔的压力时，胸腔随即变小，肺叶里的气被挤压出来，这就是呼气。

日常生活中，一般呼吸方式是一种不受主观控制的自然神经反射活动，是下意识的，不能满足发声训练的需要。下面介绍几种呼吸方式及其特点。

(一)胸式呼吸

胸式呼吸又称浅呼吸，其表现是抬肩，颈静脉凸起，吸进的气拥塞于胸部，实际吸气量比可能吸气量少得多，又因难以控制，势必束紧喉头(不自觉地)以控制气息外流，因而造成声音挤压、粗糙、有杂音，并损坏声带。

(二)腹式呼吸

腹式呼吸又称单纯横膈式呼吸。其表现是腹部外凸，胸廓没有明显活动，主要靠膈肌的收缩或放松，使腹部一起一伏地进行活动，吸进的气少且弱，不能控制，声音无力，不能持久。

(三)胸腹联合呼吸

胸腹联合呼吸又称深呼吸。它是胸腹两种呼吸方式的结合。由于胸腹联合呼吸时，全面地扩大了胸腔的容积，所以吸气量大，且具有一定的厚度，容易产生坚实的音色。这种呼吸方式比前两种虽有较明显的优越之处，但其最大的缺陷是气息难以控制，吸进快，呼出也快，胸部和腹部大起大落。

二、有控制的胸腹联合呼吸方式

胸腹联合呼吸，其作用如下。

(1) 吸气量大：吸气时，两肋展开，横膈下降，胸腔容量扩大，因而进气快，部位深，气量大。

(2) 便于控制：呼气时，吸气肌肉群仍要持续工作，用两肋展开和小腹内收“拉住”呼出的气流，有控制地将气流均匀、平衡地呼出。这是有控制的胸腹联合呼吸方式训练的关键。

(3) 调节自如：这种呼吸方式可以因情、因景、因实际需要自如地调节用气，使快慢、长短、松紧、上提、下松等多种气息状态，随着思想感情的变化而运动，从而引发出各种不同的声音形式，以达到“以情运气、以气托声、声情并茂”的口语表达效果。

三、用气演练

用气演练要讲究科学性，具体地讲，喉松鼻通，肩部放松，脖颈与下巴颏角度要适中。过于前伸，角度过大，后咽壁会松软无力；过于强直，角度过小，后咽壁会失去弹性，变得僵硬。胸部稍向前倾，小腹自然内收，这是控制呼吸的关键。

(一)吸气

吸气要注意良好的方式方法。

(1) 深呼吸。

仰卧床上，双肩自然并拢，体会呼吸状态。小腹如不会收，可用双手帮助，由两侧向丹田推动。

吸气，数“一”，呼气，数“一”；吸气，数“一”，呼气，数“一、二”；吸气，

数“一”，呼气，数“一、二、三”……依次类推。

(2) 闻花香。

站立，胸自然挺起，两肩下垂，小腹微收。

从容地如闻花香一样地吸气。感觉两肋渐开，气吸进肺底，腰带周围胀满；控制一两秒钟，再缓缓呼出。

(3) 急吸气。

体会用力抬起一件笨重物体之前，先要憋住一口气的感觉：气息自然下沉，腹肌收缩，腰带周围有胀满的感觉。

(4) 半打哈欠。

不张大嘴地打哈欠，体会进气最后一刻的感觉。腰带周围也有明显的胀满的感觉。

(二)呼气

良好的呼气方法如下。

(1) 模仿吹响空瓶。

模仿噘起双唇吹响空瓶。气息要均匀而缓慢地流出，呼气时间逐渐延长，达到 25～30 秒为合格。

(2) 数数字。

一口气从 1 数到 30。声音要规整、圆润，不感到挤压、力竭。

(3) 数葫芦。

边呼气边说“一口气数不了十个葫芦，一个葫芦，两个葫芦，三个葫芦，四个……”一口气能数到二十五个葫芦为合格。

(4) 喊人。

想象喊 80～100 米以外的熟人：

“小——强——”“小——光——”由远渐近，由近渐远地喊名字，由实声较多到逐渐加大回声，并且带着感情色彩喊，使情、气、声自然地融为一体。

(三)有控制的胸腹联合呼吸

有控制的胸腹联合呼吸要经常练习，现介绍几种常用的方法。

(1) 快吸慢呼。

突然发现远处来了一个人，是多年不见的老朋友，惊喜不禁，急吸一口气，停住，然后缓缓呼出。吸气时两肋突然张开。重复此项练习，要逐渐延长呼气时间。

(2) 补气。

快速吸气。

呼气 5～6 秒钟后补气：收小腹，口鼻进气，两肋张开。反复十几次。

呼气时从容发声(“V”为吸气记号)。

V 一二三四 V 五六七八 V

二二三四 V 五六七八 V

三二三四五六七八V

四二三四五六七八

长句子补气练习，吸足气后，一口气将一段话说完，中间采取带进少量气息的方法补气。可用短文进行练习。

(3) 诗词。

床前明月光，疑是地上霜。

举头望明月，低头思故乡。

朗读此诗，体会作者在静静的夜晚，思念故乡的深沉感情。先用一口气读一句，再用一口气读两句，最后用一口气读完全诗。

(4) 长句。

那次作伪证的意图是要从一个贫苦的土著寡妇及其无依靠的儿女手里夺取一块贫瘠的香蕉园，那是他们失去亲人之后的凄凉生活中唯一的依靠和唯一的生活来源。

两个长句，读前的吸气量要大，读时要控制好气息，气要“拉住”，不能随意顿歇和补气，否则，就会破坏语意的完整。

发声训练的根本原则是，声音和意义相比，意义永远占主导地位。必须坚持“以情运气、以气托声、声情并茂”的原则，充分发挥感情在发声过程中的作用。

第二节　共　　鸣

气息是发声的动力，也是共鸣的基础。声带本身发出的声音是很微弱的，必须借助共鸣器官，才能扩大音量，美化音色。

一、共鸣器官

共鸣，从语音角度来讲，是指人体发音器官因共振而发声的现象。人体发音器官能起共鸣作用的有口腔、胸腔、咽腔、喉腔、鼻腔。其中最主要的是口腔、胸腔和鼻腔。

1. 口腔

口腔是语音的制造场，也是人体最主要且灵活多变的共鸣腔体，口腔的开合、舌头的伸缩、软腭的升降等都可以改变口腔的形状，对共鸣有重要的影响。

2. 胸腔

随着声音的高低变化，胸部会感到有一个较为集中的响点。这一“胸腔响点”沿着胸骨的上下移动便产生了胸腔的振动。由这种振动造成的共鸣，可以扩大音量，使声音浑厚有力。

3. 咽腔

咽腔的容积较大，对于扩大音量和美化音色起着重要的作用。

4. 喉腔

喉腔是人体的第一个共鸣腔。如果它被挤扁，声音就会“横”着出来。如果喉部束紧，声音就会“拔高”“单薄”。因此，它的形状变化对音质有着较大的影响。

5. 鼻腔

鼻腔的共鸣是由于腔内空气振动和骨骼的传导而产生的，它对高音的共鸣作用很大。

以上各共鸣器官协调地工作，就能使发出的声音明亮、坚实、丰满、浑厚。

二、共鸣方式

在口语表达中，人们主要运用的是以口腔为主，中、低、高三腔共鸣的方式。中音共鸣就是口腔共鸣，它是指硬、软腭以下，胸腔以上各共鸣腔体。低音共鸣主要是指胸腔共鸣。高音共鸣主要是鼻腔共鸣，它是指硬、软腭以上的共鸣腔体。高音共鸣过多，声音显得单薄、飘浮；低音共鸣过多，会使声音发闷，影响字音清晰。因此。“以口腔为主，三腔共鸣”，才是科学的共鸣方式。

三、共鸣演练

(一)口腔共鸣

1. 牙关练习

做牙关开合的咀嚼练习。

放松下巴。用手扶住放松而微收的下巴缓缓抬头以打开口腔，再缓缓低头以闭上口腔。从容地发复韵母音，如ɑi、ei、ɑo、ou。

打开后槽牙，不是张大嘴；上下槽牙呈∩形。读韵母时体会声束沿上腭中线前滑，挂在前腭的感觉。

2. 竖起后咽壁练习

调节颈部姿势，使后咽壁竖起来，发单韵母音，如 i、u、e、o，体会上下贯通的共鸣感觉。

颈部的角度要适中，不直不僵，不松不软，才能把声音从喉咙中“吊”出来，使声音“站得住”。

3. 声束冲击练习

发较短促的 bɑ、bi、bu、pɑ、pi、pu、mɑ、mi、mu，或学汽笛的长鸣“di——”，体会声束集中冲击硬腭前部的感觉和声音的力度。

(二)胸腔共鸣

1．音高练习

有层次地声音爬高或降低。选一句话，在本人音域范围内，先用低音说，一级一级地升高，然后再一级一级地下降。

一句高，一句低，高低交替。

一句话内由低到高，再由高到低，体会胸腔共鸣的加强。

2．低音读韵母练习

放松胸部，用低音读韵母，产生声音从胸腔透出的感觉，浑厚有力。例如：

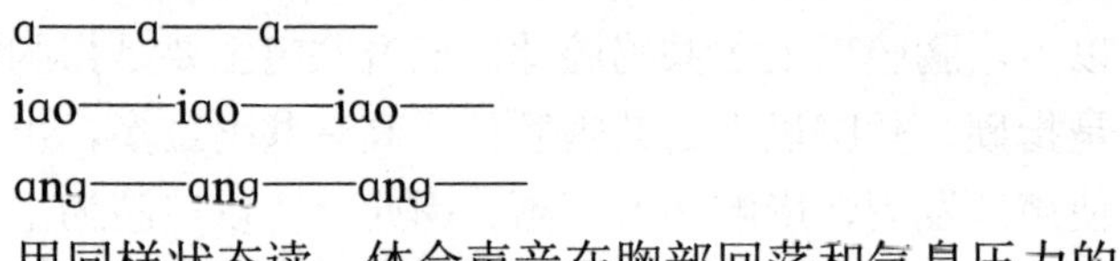

ɑ——ɑ——ɑ——

iɑo——iɑo——iɑo——

ɑng——ɑng——ɑng——

用同样状态读，体会声音在胸部回荡和气息压力的变化。

3．加强胸部响点的练习

用较低的声音弹发音节 hɑ，感觉声音像从胸部发生，体会胸部的响点。由低到高一声声地弹发，体会胸部响点的上移。然后由高到低地弹发，体会胸部响点的下移。

(三)头腔共鸣

1．提腭练习

半打哈欠。做半打哈欠状打开牙关，提起上腭，再缓缓闭拢。软腭升降。先提起软腭，发单元音ɑ、o、e，再垂下软腭发鼻化元音ɑ、o、e，体会发音时软腭的不同状态。

2．口音鼻音交替练习

交替发口音ɑ和鼻音 mɑ。

ɑ——mɑ——ɑ——mɑ——

发口音时软腭上挺，堵住鼻腔通路，体会口腔共鸣；发鼻音时，软腭下垂，打开鼻腔通路，体会头腔共鸣。反复练习，体会软腭上挺和软腭下垂的感觉。

(四)“三腔”共鸣

1．拔音练习

由本人的最低音拔向最高音发ɑ、i、u，体会共鸣状态的变化。

2．绕音练习

上绕音：由低至高螺旋形向上发ɑ、i、u。

下绕音：由高至低螺旋形向下发ɑ、i、u。

3. 夸张四声练习

选择韵母音素较多的成语或词语，运用共鸣技能做夸张四声的训练：山——青——水——秀——，黑——白——分——明——，融——会——贯——通——。

4. 大声呼唤练习

假设一个目标在 80～100 米处，呼唤以下内容：

老——王——等—— 一 ——等——！

苗——苗——，早——点——回——家——！

小——明——，快——回——来——！

呼唤时注意控制气息，并注意体会延长音节时“三腔”共鸣的特点。

第三节　吐 字 归 音

吐字归音是我国传统说唱艺术理论中的咬字运用的一个术语。它把一个音节的发音过程分为出字、立字和归音三个阶段。出字是指声母和韵头(介音)的发音过程，立字是指韵腹(主要元音)的发音过程，归音是指音节的收尾(韵尾)过程。吐字归音对每个发音阶段都提出了具体的要求，以取得字音清晰、声音饱满、弹发有力的效果。有人口齿不清或出现“吃字”“倒字”“丢音”等现象，大都是因为缺乏吐字归音的训练所造成的。

一、唇的练习

1. 噘唇

双唇前噘，再展开；反复进行。

2. 增强唇力练习

噘起嘴，向上、下、左、右动；噘起嘴，转唇。

3. 双唇打响

嘴唇微闭，上唇向中间缩，力量集中于上唇中部，然后反复发 ba，有清晰的爆破声，除阻时能感觉到唇上肌向两侧斜上方的牵动。

4. 四呼发音

面对镜子，按照四呼的口形要求，依次发开口呼、齐齿呼、合口呼、噘口呼韵母，听声音，看口形；声音要准确圆润，口形要自然、美观。

二、舌的练习

1. 弹舌

舌尖上翘，以较快速度来回弹上齿下缘。

2. 刮舌

先将舌尖抵下齿背，上齿缘接触舌叶；然后舌前部逐渐挺起，上齿缘沿舌的中纵线向后刮，口腔好像被撑开，直至不能再张大。

3. 伸卷

用力伸舌出口外，使舌前端呈尖形，向上卷回。

4. 舌左右立

舌在口内翻动 90° ，使左边缘向上立起，再反方向翻动 180° ，使右边缘向上立起。

5. 顶腮接围口转

闭唇，以舌尖用力顶左腮，再用力顶右腮，然后将舌前端置于齿外唇内，舌尖依上—左—下—右的方向转动，再反方向转动。

6. 发音

用短促的声音反复发 di—dɑ。

第七章　朗　　读

第一节　朗读概说

一、定义

朗读是把书面语言转化为发音规范的有声语言的再创作活动。

二、四忌

正确的朗读方式，可以给听者以美的享受；错误的朗读方式，只能给听者以虚假、厌烦之感。现将不科学的朗读方式分述如下，以引起初学朗读者的注意。朗读者要以“使人愿意接受”为准绳。

(一)念字式

念字式是一种单纯念字、照字读音的朗读方式，或有字无词，或有词无句，声调平直或任意高低，顿连位置和时间都差不多，没有重音，没有内在感受，更谈不上语气和色彩，只是机械地把文字变为声音，听者很难听懂朗读的内容。

(二)念经式

念经式朗读方式，其特点是声音小而速度快，没有停顿，没有起伏，没有重音，更谈不上感情和声音上的变化。

(三)八股式

八股式是不从作品内容出发，一味地从声音上刻意追求的朗读方式。其特点是腔调固定，前高后低或前低后高，前紧后松或前松后紧，声音一顿一顿的，没有语气变化。这种“八股式”的朗读方式，初学朗读者一旦形成则很难纠正。

(四)固定式

固定式朗读方式，过分强调作品的体裁，同一体裁的作品，无论内容如何，都用一种腔调去读，以不变的声调格式，去读变化的作品内容，形成千文一腔。这种固定的朗读方式一旦形成，要想摆脱则十分困难。

三、语言

朗读使用的语言，必须是生活语言，但它又不等同于“拉家常”式的自然语言，它比自然语言更规范、更典型、更生动、更具美感。朗读使用的语言，过分夸张会给人虚假的感觉，过分平淡则显得乏味。“不温不火”，才能做到恰到好处。

四、身份

朗读者的任务，是把文字作品的精神实质通过自己的有声语言创造性地传播给听者。因此，朗读者的身份只能是朗读者自己。朗读者既不完全是文字作品的代表或化身，更不能充当演员去扮演作者或作品中的人物(分角色朗读除外)。

五、朗读要忠实于原作品

朗读要忠于原作品，做到不丢字、不添字、不改字、不错读字音；要读得连贯自然、不结巴、不重复。但从朗读目的、作用来要求，仅仅做到这些还是不够的。

第二节　重　　音

着意加重句子中某些词语读音的现象叫重音。重音是表情达意的重要手段之一。戏剧艺术家欧阳予倩先生指出：“轻读重读如果处理得不对，语意就不可能正确。”

语句的重音有三类：意群重音、强调重音、感情重音。

一、意群重音

“意群”就是一口气能说出来的、有比较完整的意义的几个音节，可以是一个短句，也可以是一个词组甚至是一个词。长句子必须分作几个意群说出，一个意群必定有一个词在说话人的意念中是比较重要的，它就成了意群重音。有时意群中包括并列的成分，当然就不止一个重音了。

意群重音都不太重，只是在原来词的重音节上再稍微加重，它绝不会转移词的重音节的位置，使原来非重音的音节变重，因此我们也可以称它为语句的“一般重音”。

意群重音和强调重音不同，它只是出现在平常的说话里，一个意群说完就完，自己独立成一个片段，其中的重音音节并不要突出、显示什么，或和什么相比，以及衬托什么。

它和“感情重音”也不同，这些语句都是在心情平静时说出的。它没有后两类重音那样重的音量。意群重音所表达的语气是最基本的，也可以说是中性的。强调重音和感情重音都要在这个语气的基础上加重。

意群重音和语法的关系较为明显，可按语句成分讲讲它的规律，但是又有些是语句成分约束不住的。成分相同的，可能还需要再从词性上甚至词义上加以区别。本书所讲的强调重音也包括一般所讲的“逻辑重音”。意群重音也是受逻辑支配的，通过语法规律，以一般重音体现思维中的逻辑关系。语法与逻辑两者不可对立起来。

下面按语法结构，分析意群重音所在。

(一)短句中的意群重音

短句自成一个意群(一口气说完)，可分为以下几种情形。

1. 主语+谓语

(1) 谓语稍重，例如：

你来。 今天星期三。

(2) 主语如为指示代词、疑问代词，则主语稍重。例如：

谁知道？ 这里凉快。

(3) 主语虽为指示代词，但谓语是疑问代词或指示代词，谓语重。例如：

这里怎么了？ 那个这样吧！

(4) 谓语前如有能愿动词，主要动词重。例如：

青蛙会跳。 你应该想想。

(5) 谓语为“是”字结构，“是”字不重，后面的词重。例如：

蜻蜓是益虫。 这话是对的。

(6) 谓语为“是”字结构，主语如为疑问代词，则主语重。例如：

谁是值日生？ 什么是正确的？

(7) “把”字句谓语重。例如：

我把水倒了。

2. 主语+谓语+宾语

(1) 宾语重。例如：

农民学文化。 大家看电影。

(2) 宾语为人称代词，则谓语重，宾语反显得轻。例如：

老师告诉他。 人家帮助咱们。

(3) 双宾语，后一宾语重，例如：

大姐送你铅笔。 我问学生问题。

(4) “无主句”中宾语重。例如：

山上有人。 晚上下雪了。

(5) 主语如为疑问代词，则主语重。例如：

谁讲故事呢？ 哪里有困难？

(6) “把”字句谓语后的宾语重。例如：

他把报纸给老王了。

3．主语+谓语+补语

(1) 补语重。例如：

孩子站在门口。 大家坐好。

(2) 结果补语如为“死”，则不重，前面谓语重。例如：

花儿干死了！ 我急死了！

(3) “数量补语”如果是用“一”组成的动量词(年、月、日等表时间的量词除外)多不重，前面的动词重。例如：

弟弟看了一眼。 李师傅讲了一遍。

(他去了一年。“一年”表时间，量词“年”重。)

(4) “把”字句是补语重。例如：

你把衣服晒干。

4．主语+谓语+补语+宾语

(1) 宾语重。例如：

班长跳过了沟。 小刘写完了信。

(2) “无主句”是宾语重。例如：

下透了雨。 昨天砌好墙基。

(3) 主语是疑问代词，主语重。例如：

谁拿不定主意？ 哪个涂上油漆？

5．定语

(1) 一般定语都重。例如：

我们爬上第七层。 这里的方言难懂。

(2) 定语如为人称代词，不重；后面的名词重。例如：

这是你的车票。 你看看我们的稿子。

(3) 疑问代词作定语，如不是希望回答的，而是“某某”一类的泛指，那就不重，而是后面的名词重。例如：

好像听见了什么声音？ 是谁的帽子挂在树上啦？

(4) 以“一”组成的数量词不重，其他数量词都重。(“两”有时表少数，也不重。)例如：

吃了一碗饭。 喝了两碗水。 吃了三碗饭。 喝了六碗水。 一道白光射出。 四道白光射出。

(5) 词组作定语，重音即落到词组中。

① 主谓词组，主语稍重。例如：

李同志作的诗好。 这是张三讲的话。

② 介词结构里名词、代词重。例如：

我们谈谈关于你的事。 他对于体育有兴趣。

(6) 几个词或词组连用作定语，距中心语最近的词(包括偏正式词组)重。但是其中的疑问代词要占优势。(是指要求针对疑问作回答的。如这个疑问代词只是泛指，重点不在它，重音节要退到后面去。)例如：

他穿着呢子短大衣。 姐姐买回三瓶红墨水。

学生们想了什么好方法？ 咱们想个什么好方法！

双音节的偏正词组，如因常说、常用而“词化”了的，如“红旗”“大车”“小鸡”等，已成后重格式；而有些词组，并未“词化”，也常常仿此而变化了一般定语稍重的规律。例如：

他拿着两块新蓝布，本应重在“蓝”，但也有人重在“布”。

(7) 其他成分有用疑问代词的，定语就不重，疑问代词重。例如：

谁有新帽子？ 小同学说什么？

(8) 如果主语、宾语等都有定语修饰，句子就长，读时要分为几个意群，每个意群只是一个词组，再按规律把词组中的重音加以处理。

6．状语

(1) 一般状语都重。例如：

张书记热情地招待。 小李大声地笑。

(2) 数词“一”作状语，不重而轻，后面的动词重读。例如：

我一看(就知道了)。

(3) “否定副词”作状语，不重，后面的动词、形容词重。例如：

苹果没红哪。 他不肯。 时间未到。

(4) 如有宾语，状语即不重，宾语重。例如：

他赶快打开窗户。 我们在寿光参观了蔬菜大棚。

介词结构后有动、宾，有时中间可以稍顿，那么介词后的名词、代词和动词后的宾语可以同重，一句话分为两个意群了。如上第二例，如“在寿光”后稍停顿，“寿光”可重，后半部分“蔬菜大棚”也重。

(5) 宾语如为人称、指示代词，不重读，状语仍重读。例如：

你快告诉我！ 老师傅最喜欢这个。

(6) “无主句”句首状语不重，宾语重。例如：

地里长出草来。 夜间下雪了。

(7) 介词结构作状语，介词不重，后面的名词、代词重读。例如：

他在哪里住？ 你从上海来吗？

(8) 几个词连用作状语，最后的重读。例如：

赵振在教室里高声唱。 奶奶十分高兴地看着。

(9) 有些范围、时间的副词作状语，在这里只起联系作用，原来表范围、时间的意思反而轻微了，那就不重读，和重读的语意有别。例如：

我也不会外语。(和“你不会外语，我也不会外语”不同。)

(雨很大)天又黑了。(和“天又黑了”——是说一天过得快，意思与“昨天天黑了”的连比不同。)

(10) 词组作状语，重音即落到这个词组中。例如：

我拼命地跑。 他十年如一日地工作着。

(11) 如果是既有定语又有状语的长句子或复句，读时要分为两个或几个意群；每个意群就是一个词组，再按规律把词组中的重音加以处理。

7．递系式句子

(1) 兼语后只有谓语，兼语不重，后面的谓语重。例如：

班长坐车走了。 你请他进来。

(2) 如有修饰成分，修饰成分重读。例如：

班长急忙坐车走了。 班长坐头班车走了。

(3) 兼语后有谓语、宾语、补语等，重音即按以上短语各例处理。如稍复杂，可分为几个意群，分别处理。

8．包孕式句子

主谓结构的词组(句子形式的)作为句中某一部分，整个句子长了，就要分开，把包孕的词组以及其余部分按上述短句各例同样处理。例如：

我知道你吃饭呢！ 他这样说不合理。

(二)长句中的意群重音

长句分为几个意群(意群实际上常是一个词组)，每一个意群有下列各种关系，按上述短句各例处理重音。

(1) 主谓关系：见短句中的意群重音格式 1。

(2) 动宾关系：见短句中的意群重音格式 2，不计主语。

(3) 补充关系：

① 见短句中的意群重音格式 3，不计主语。

② 复指成分，“主名”比“加名”重。例如：

工人周力。陈刚总裁。

(4) 联合关系：几个词并列，同重。例如：

早晨晚上。哥哥弟弟妹妹。

(5) 修饰关系：见短句中的意群重音格式 4、5，不计其他成分。

(6) 辅助关系：辅助成分不重读，主要成分重读。例如：

必须注意。 可以进来。 穿上。 跳下去。

四十左右。 三十来岁。 打雷似的。 所认识的。

(三)复句中的意群重音

复句中有连词的，除把复句分为若干单句或意群外，连词不重读。例如：

(虽然)下着雨，(可是)不冷。

(既然)你来了，大家就谈谈吧！

有些意群可能按语法结构不如上述各例完整，其重音位置可参考上述规律而定。例如：“这是(稍顿)……(以下是长长的词组)。”“这是”为一个意群，“是”不重，“这”重。

二、强调重音

强调重音相对意群重音而言，也可称为“特别重音”。其包括一般所说的“逻辑重音”，音量比词的重音、意群重音都要强。它可以重叠在词的、意群的重音之上；也可以在词的“非重音音节”上加强，使原来词的重音受到影响，仿佛把重音转移了。比如说：“我买了两个茶碗。”“碗”是词的重音(“茶碗”是“中重”格式)。但是如果说：“你怎么买了茶碗了？我不是让你买饭碗吗？”这时“茶”“饭”是强调重音。而强调重音后面的“碗”，就显得不重了。强调重音的位置也可能不是意群重音的位置，那么，原来的意群重音就要适当减弱音量，以突出这个强调重音。

强调重音也是不固定的，它的作用有夸张、殊异、肯定、特指、并比、照应。

(1) 夸张，加重语气。例如：

风刮得太大了。

一点儿也不费力。

造得精致极了。

那样地亲切。

伏在那儿纹丝不动。

突然飞来一发子弹。

(2) 殊异，表示稀奇、可贵、特殊、反常，语气虽夸张，但更具体。例如：

连铁都能穿过。

树尖儿快顶天了。

什么也难不倒他。

我一辈子也忘不了。

没吃饭就来了。

(3) 肯定，表示同意、承认、确实、坚决。例如：

一定胜利。

这样做，是能够成功的。

的确不易。

是个好样儿的。

上级的部署就是好!

(4) 特指，表示特别指出，突出某一重点，不同于一般。例如：

为了提高工人文化，让我也上学了。

我小时候的生活哪能跟现在的孩子们比呀?

特别喜欢干重活儿。

一片烈火烧到邱少云同志身边。

这就是计算机。

这趟车，开往广州。

(5) 并比，由此及彼，由彼及此，互相对比、衬托或相提并论。例如：

直走五十里，弯走八十里。

一个人拉不动，三个人还不行吗?

上山跟走路可不一样。

拼音字母比注音字母好。

十个方的，十个圆的，十个扁的。

只会唱歌，不会跳舞。

(6) 照应，前后呼应，紧密联系。例如：

村子里没有井，吃水要到村子外边的小河里去挑，路很远。毛主席就带着村子里的人开了一口井。(“开了一口井”，“开”字重读，与前“没有井”相照应。这里千万不能把重音放在“井”上，因前面都说井的事。)

你去，我就不必去了。

是谁?是老王。

一个男孩子从小树边走过，顺手摘了两片树叶，他想：我为什么要摘树叶呢?他又想：没关系，摘两片树叶算什么?还有那么多树叶呢。

教师又轻轻点了一下头。(“又”与前文“点点头”照应。)

原来斧子没丢，它还在树旁呢!

记住一个，就用红笔划掉一个。

三、感情重音

意群重音、强调重音都体现在一两个有关的音节上，而感情重音常常是一句话、几句话的每个音节都加强音量。有时也只是一个词，或是一个音节。感情重音都是在情绪激动时出现的，情绪激动也许是快乐、兴奋，也许是愤怒、激昂。例如：

(1) 今年高考，又夺了全省第一。

(2) 这些坏人胡说八道，我们就不能容许!

(3) “打!”方志敏忍不住了，对着洋奴才喊起来。

(4) 这是勇敢的海燕，在闪电之间，在愤怒的大海上高傲地飞翔。这是胜利的预言家在叫喊——让暴风雨来得更猛烈些吧!

感情重音，是根据情感的需要，对语句中某些词语加以感情色彩的强调。例如：

他转身朝着黑板，拿起一支粉笔使出全身的力量，写了几个大字：“法兰西万岁！”《最后一课》中的韩麦尔先生以特殊的方式，为这最后一课点出最重要的一句话“法兰西万岁”，这句话凝聚了他对祖国的无限热爱、对普鲁士侵略者的无比仇恨之情，朗读时要加重音节，要一字一顿，把感情推向最高峰。

第三节　语调、停顿、快慢

一、语调

“语调”是指全句的高、低、抑、扬，与“字调”相对而言，同是“音高”的现象。“语调”不只汉语有，各国、各民族的语言都有。汉语的语调，特别显示在语句末尾的音节上。“语调”跟“字调”的关系，是在“字调”的基础上，稍扬或稍抑，但是不能把字调完全改变。例如：

那么做就很难。(“难”字字调原为升调，现在再稍扬。)

这么做就很容易。(“易”字字调原是降调，现在再稍降。)

这么做就很容易。(稍扬，“易”字字调因而降得不太低。)

那么做就很难。(稍抑，“难”字字调因而升得不太高。)

你看书，(稍扬)我写字。(再稍抑)

你写字，(稍扬)我看书。(再稍抑)

明天开什么会？(“会”字字调是“全降”，这里虽是问话语气，但也绝不能过分升高，变成“灰”或“回”的声音。)

确实是他。(“他”字字调是“高平”，这里虽是肯定语气，但也绝不能过分降低。)

语调可分为以下四类。

1. 升调

升调表示情绪激动，或等待回答，或句中暂停有待继续，末字语调上扬。

(1) 疑问。

例：你今天没走呀？　你是谁？

(2) 惊异。

例：是你！　啊？怎么啦？

(3) 命令。

例：快走！　大家到这边来！

(4) 呼唤。

例：同志！回来！　妈！您开门哪！

(5) 句中暂停。

例：我学习了半年(扬)，总不够深入。

学习(扬)、工作(扬)、劳动(扬)、生活(扬)都在一起。

2. 降调

降调表示情绪稳定，或平淡、沉重，或表示坚决、肯定。句末音节短而低，如果是阴平，就不再是高平，可能变为中平；如果是上声，就变短，像“半上”；如果是阳平，也变短；去声就降得更低一些。

(1) 陈述。

例：①今天要下大雨。 ②我姓张，是本校的职工。

(2) 肯定。

例：①应该向人家学习。 ②这样学计算机就是好！

(3) 肯定而反诘。

例：①这不就行了！ ②这点儿道理，谁不知道！

(4) 允许。

例：①好吧！就这样吧！ ②成，你不用来了！

(5) 祈使。

例：①我需要你帮助我。 ②你还得给我点材料。

(6) 感叹。

例：①太可惜啦！ ②这可好啦！

3. 平调

平调表示不明确的意见，或是沉浸在深思中，句末音节拖平延长。

(1) 踌躇。

例：这事我对她说——不说……

(2) 冷淡。

例：你一定要走……

4. 曲调

曲调表示情绪激动，表示复杂的情感，把某一音节加强，拖长声音，中有升降，不一定是句末的音节。

(1) 意外、惊奇。

例：“啊”？这次试验又出问题了！ 可“真”危险哪！

(2) 夸张。

例：这条道路可“长”啦！ 来参观的人哪，可“多”啦！

(3) 特殊感情。

例：他说你又聪“明”，又能“干”，又有文“化”……(轻薄的嘲讽口气)

是我的“错”——，你没“错”！(恼怒，反语)

二、停顿

停顿分为语法停顿、逻辑停顿、气息停顿和心理停顿。

1. 语法停顿

语句中的停顿多种多样。写成文章，重要的停顿处就要加标点符号。朗读时看见句号、问号、感叹号、逗号、顿号、分号、冒号、省略号、破折号，都应当作长短适度的停顿(如。？！>；：>，>、)（“>”符号表示“大于”），这种停顿多属语法关系，可以叫作“语法停顿”。

2. 逻辑停顿

“逻辑停顿”的作用是显示语意，或突出停顿前、后的词语。“语法停顿”之处，暂且不受标点的约束，比如，逗号之后的停顿时间可能超过句号。另外，还有原无标点之处即语法上不必停顿的地方，但是逻辑上有必要停顿，例如：

(1) 这个决议||和今后工作的开展大有关系。

(2) 答案，||先不告诉你。

(3) 在你的帮助鼓励下，||我们打胜了那次阻击战。

(4) 是你||带着全村妇女，穿过炮火硝烟，把弹药、干粮、水给我们送到阵地上。

(5) “须知公社首先要实行社会革命，而社会革命||对我||是最可宝贵的目的。我以此自豪：||我是社会革命的拥护者之一。”(巴黎公社女战士路易丝·米歇尔在法庭上的演说。)

3. 气息停顿

“气息停顿”多用在长句中，完全是为了调节气息，不必拘泥标点，但要找合适的地方，也就是一个“气群”或“意群”的终止处。一口气说出的一串音节，从发音上说，叫作“气群”。这一串音节常是一个比较完整的意思，从意思上说就叫“意群”。“意群”和“气群”事实上是统一的。一个“意群”可能是一句、半句、一个词组，甚至一个词。这也正是为调节气息而停顿的合适之处。例如：

(1) 作文||就是让学生||把自己看到的、||听到的、||想到的、||有意义的内容||用文字表达出来。

(2) 你回来后，||焦急地等待着母亲，||可是等来的||是你母亲拉响了手榴弹||和敌人同归于尽的噩耗。

4. 心理停顿

“心理停顿”是表示复杂而激动的心情的，也可以延长或缩短一般“语法停顿”(有标点处)的时间，或是在特殊情况下，猛然住口，说出的可能是不完备的词句，文字间可以用“……”或“——”表示。也有需要在说话中间多停一停，以便感情的转化。例如：

(1) 老张啊！——你的话，也不错。(中间沉吟，深思)

(2) 这种植物，是一种……隐花植物。

(3) “到卫生连去了一趟……”雷锋说着，从衣袋里掏出医生给他的药让大家看，但他心里却暗自发笑起来，“参加点义务劳动，出了一身透汗，肚子倒不痛了，这药……”(“一趟”后停顿，是不用再说了，取出药来给大家看，就等于说完了这句话。“这药”后停顿，是心里寻思：肚子不痛了，这药吃不吃呢？)

(4) 你丢下自己的小孙孙，把伤员背进防空洞，而当你再回去抢救小孙孙的时候，‖房子已经炸平了。(朝鲜老妈妈为了帮助中国人民志愿军而遭到不幸，因同情、感念、痛心而住口。)

三、快慢

说话时吐字的快慢，就是每个音节念得长或短(属“音长”的现象)，和音节与音节间连续的紧密程度不同。快慢由说话的情况而定，一般是激动时——快乐、急怒、慌乱……就说得快，每个音节都短；在心情平静或沉重的时候——表示从容、沉着，或悲哀、失望，就说得慢，每个音节也就长。

朗读时吐字的快慢必须与作品内容相适应。如一个急速发展变化的场面，就要快读(当然配合上较强的音量)；而一个平静、稳定的场面就要慢读。人物对话，闲谈絮语，就要慢读；争辩、叫喊、欢呼、畅谈，就要快读。作者如有评论、抨击、斥责，有时就要加快。嘲讽，为了批评所作的反语，是委屈的或隐讳的，就不能太快，而以慢些为好，一般的叙述、说明、追忆也不必太快。

朗读时，遇到对话，可以利用快慢的不同来区分人物，如老年人、心思迟钝的人、心情不好的人，他们的说话，一般以读得较低较慢为宜；年轻活泼的人、聪明机警的人、心情愉快的人(或是朗读时要刻画狡猾诡诈的人)，他们的说话，一般以快读较为合适。

快读示例：

(1) 在急流中有一名青年妇女，紧紧抱着一个小孩，忽沉忽现，随时都有被恶浪吞没的危险。

(2) “抱娃儿的那个妇女危险，快去抢救！”

(3) 可喜的消息终于从千里塞外传来了！一天晚上十点钟突然接到内蒙古打来的长途电话，他拿起话筒，耳边响起了一位陌生同志激动的声音：“解放军同志，谢谢你治好了我的病！”那位同志无比兴奋地告诉他出血已经止住了，病痛已经好转，现在正在加强锻炼，恢复体力，准备重返战斗岗位。

慢读示例：

(1) “我们要经常想想过去，比比现在，日子过得越好，越要发扬艰苦奋斗的光荣传统！”

(2) 展览室里。参观的人们在草鞋的前面久久不愿离去，这双鞋启示人们想一想：在胜利面前怎样继续前进。

(3) 一阵风把蜡烛吹灭了，月光照进窗子来，茅屋里的一切好像披上了银纱，显得格外清幽。贝多芬望了望站在他身旁的穷兄妹俩，对着窗外的月亮，按起琴键来。

第四节　特 殊 声 音

生活中人们难免会有喜怒哀乐，在这时说话就会发出一种特殊的声音，把这种声音加以修饰和表现，会收到较好的朗读效果。

一、笑语和泣诉

表现因欢快或嘲讽而发笑的情态时，使声音带上一些笑的色彩叫笑语；表现悲伤的情态时，使声音带上一定的呜咽、哭泣的色彩为泣诉。通过笑语或泣诉，表现人物笑或哭的神态。例如：

(1) 我用手帕擦去母亲腮边的泪水，打趣说："磕破点皮，没关系，这不正好多了个'酒窝'嘛！"母亲破涕为笑，笑声中饱含着诚挚的母爱——至高无上的永恒之爱！

(2) 太阳已经落山。而此时此刻，家里一定开始吃晚餐了，双亲正盼着我回家……想着想着，我不由得背靠着一棵树，伤心地呜呜大哭起来。

上面两例中，"破涕为笑"是由难过变为高兴，"伤心地呜呜大哭起来"，表示十分伤心。在朗读时，要注意把握其情感心态分别用笑语与泣诉表现出来。

二、气音和颤音

表现惊讶、不安、恐惧的感情时，用到一种气大于声的声音叫气音。表现某种激动或愤怒的情绪时，声音稍作颤抖叫颤音。例如：

(1) 她站在那里，呆了一般："天哪，怎么会是这样，怎么会是这样？"

(2) 我心中涌动的河水，激荡起甜美的浪花。我仰望着碧蓝的天，心底轻声呼喊：家乡的桥呀，我梦中的桥！

上面两例分别表现惊恐、激动的心情，朗读时要分别使用气音和颤音。

三、拖音和拟声

表现迟疑、支吾的情态时，有意将声音拖长一些叫拖音。模仿某种声响为拟声，拟声多用拟声词，只求一定的表达效果，不必强求逼真。例如：

"你好，小家伙，"卡廷说，"看天气多美，你是出来散步的吧？" 我怯生生地点点头，答道："我要回家了。"

上面这段文字，写一个小男孩在森林里迷路，见有人问话，为维护自尊心，不愿说自己迷路了，所以，只好含糊、支吾地说"我要回家了"。这时可适当拖音，把这种含糊、支吾状表现出来。

第八章　基础演练

第一节　声　　调

一、同调练习

(一)阴平调

悲观　车间　飞天　分发　丰收　诗歌　攀登　欺压　商标　生息　施工
青春　硝烟　新春　虚惊　烟波　征兵　珍惜　知心　通知　吸收　剥削
谦虚　拼音

(二)阳平调

成为　原则　红旗　文学　白云　敌人　繁杂　蓬勃　纯洁　前途　民族
牛皮　排球　齐全　勤劳　学习　循环　沿袭　游玩　团结　国民　哲学
灵活　和平　农林　昂然　盘旋　临时　由于　篮球

(三)上声调

统统　早晚　整体　尽管　指导　小组　把守　板眼　宝塔　保险　党委
本土　典礼　改口　旅馆　女子　启齿　腿脚　洗手　写法　许久　选举
理想　影响　处理　洗脸　美好　勉强

(四)去声调

技术　上课　下课　再见　训练　政治　教育　按照　暗淡　正式　败坏
报到　阵地　热爱　对立　庆祝　建设　密切　胜利　日记　现在　秀丽
叙事　叫作　社会　事业　艺术　作业　介绍　血液

(五)成语(词组)

春暖花开　江山多娇　忧心忡忡　挖空心思　人民团结　急于求成　名存实亡
穷极无聊　理想美好　岂有此理　永远友好　党委领导　见利忘义　日夜变化
历历在目　自暴自弃

二、异调对比

(一)同音异调字

喝——禾　失——适　合——赫　甲——架　尖——简　篮——览
诗——十　施——矢　师——事　石——使　时——试　始——市
司——死　思——寺　苏——俗　堂——倘　唐——烫　体——替
批——皮　披——匹　摸——末　陵——领　岭——令　膜——茉
功——共　弓——拱　夫——扶　拂——府　福——负　辅——副

(二)同音异调词语

天空——填空　时间——始见　国民——过敏　光大——广大　城市——诚实
东西——洞悉　新城——心诚　副食——浮石　改观——盖棺　高洁——告捷
歌剧——格局　攻破——公婆　关键——管见　好汉——浩瀚　悔过——回国
火星——活性　寄居——急剧　揭露——节录　精华——净化　论争——论证
居家——举架　可观——客观　离职——礼制　老家——劳驾　明智——明知

(三)阴——阳、阴——上、阴——去

阴——阳　升旗　生活　珊瑚　军民　居然　经常　积极　欢迎　公民　中文　科学　施肥　坚持　坚强　批评　英雄　开头　忽然　光荣

阴——上　开展　开始　参考　争取　休养　标点　歌曲　方法　播种　发表　艰苦　铅笔　多少　根本　标准　清理　阴险　公尺

阴——去　刊物　军队　今后　希望　相信　开会　推动　分配　拥护　需要　接受　交际　说话　装作　经济　雕刻　音乐　深刻

(四)阳——阴、阳——上、阳——去

阳——阴　菊花　决心　提高　读书　集中　文章　直接　原因　邻居　神经　图章　房间　围巾　难吃　年轻　原先　重新　别说　除夕　滑冰

阳——上　即使　集体　培养　图纸　平等　没有　而且　如此　停止　传统　成果　门口　茶馆　牛奶　竹笋　明显　残忍　愚蠢　传染　滑雪

阳——去　觉悟　能够　结束　回忆　实验　成立　合作　答复　谈话　农业　责任　城市　节目　前后　强壮　平静　明确　学校　全部　绝对

(五)上——阴、上——阳、上——去

上——阴　广播　启发　老师　首都　小说　主观　眼光　打针　委托　始终　火车　损失　体操　水晶　整天　恐慌　首先　打击　海天

上——阳　旅行　表扬　改革　表格　语文　水平　解决　理由　感觉　典型　以及　可能　本来　果然　简直　语言　小时　水泥

上——去　考试　请假　比赛　改善　表示　讨论　感谢　比例　左右　普遍　主要　所谓　好看　朴素　品质　马上　柳树　礼貌　反对　此处

(六)去——阴、去——阳、去——上

去——阴　上操　用功　唱歌　录音　据说　画家　客观　办公　众多　认真　电灯　至多　大家　教师　卫生　健康　跳高　背心　桂花　杏花

去——阳　进行　继承　证明　自习　教学　道德　范围　爱国　幸福　调查　对于　固然　自由　药房　赛球　豆油　钻石　电流　动员　作为

去——上　记者　禁止　跳舞　逮捕　办法　地理　字典　特点　动手　敬礼　痛苦　历史　会场　地主　电影　或者　到底　诱拐　政党　驾驶

三、词组拼读

(一)四声顺序

山河锦绣　千锤百炼　精诚所至　鞍前马后　挑肥拣瘦　经纶满腹　山盟海誓
身强力壮　风狂雨骤　中流砥柱　山明水秀　风调雨顺　英明果断　争前恐后
花团锦簇　灯红酒绿　中华语调　诸如此类　非常好记　山鸣谷应

(二)阴平起点

(1) **阴阳去上**　粗眉大眼　冰壶玉尺　哀鸿遍野　枪林弹雨　班门弄斧　多愁善感　分庭抗礼　高抬贵手　虚怀若谷　周而复始

(2) **阴上阳去**　心领神会　吃里爬外　卓有成效　肝脑涂地　高枕而卧　双管齐下

(3) **阴上去阳**　充耳不闻　身体力行　敷衍塞责　卓尔不群　花好月圆　金口玉言　挥洒自如　鸡犬不宁

(4) **阴去上阳**　三教九流　轻重缓急　金玉满堂　孤陋寡闻　车载斗量　天道好还　堤溃蚁穴　车殆马乏

(5) **阴去阳上**　挥汗如雨　积重难返　先入为主　精卫填海　积厚流广　相去无几　身不由己　先意承志

(三)阳平起点

(1) **阳阴上去**　龙争虎斗　集思广益　残羹冷炙　长吁短叹　随心所欲

答非所问　回心转意　流芳百世　眉开眼笑　南腔北调

(2) **阳阴去上**　和风细雨　跋山涉水　长生不老　浮光掠影　银装素裹　仇深似海　残篇断简

(3) **阳上阴去**　别有天地　名满天下　如虎添翼　佛眼相看　桴鼓相应

(4) **阳上去阴**　别有用心　昂首望天　言简意赅　惶恐不安　如蚁附膻　原始要终

(5) **阳去阴上**　隔岸观火　明目张胆　无价之宝　梁上君子　如梦初醒　十步芳草　恬不知耻

(6) **阳去上阴**　排难解纷　革故鼎新　同庆普天　十室九空　时不可失　头重脚轻

(四)上声起点

(1) **上阴阳去**　百花齐放　草菅人命　广开言路　海枯石烂　普天同庆　挑拨离间　眼花缭乱　九霄云外　损兵折将　五光十色

(2) **上阴去阳**　处之泰然　感恩戴德　滚瓜烂熟　老奸巨猾　美中不足　以一当十　趾高气扬　满腔热情　以身作则　指桑骂槐

(3) **上阳阴去**　饱食终日　改邪归正　古为今用　感同身受　解囊相助　举足轻重　满园春色　统筹兼顾　哑然失笑　老谋深算

(4) **上阳去阴**　取而代之　引而不发　有言在先　蚁穴溃堤　整齐划一　稳如泰山　惘然若失　羽毛未丰　等闲视之　粉白黛黑

(5) **上去阳阴**　老态龙钟　等量齐观　蛊惑人心　好自为之　火树银花　老气横秋　锦绣河山　举目无亲　苦大仇深　老弱残兵

(6) **上去阴阳**　火上加油　苦尽甘来　柳暗花明　满腹经纶　藕断丝连　雨过天晴　语重心长　朗目疏眉　膀阔腰圆　惨淡经营

(五)去声起点

(1) **去阴阳上**　傍花随柳　落花流水　落荒而走　素车白马　聚沙成塔　不堪回首　卧薪尝胆　论功行赏　痛心疾首　见多识广

(2) **去阴上阳**　不知所云　不拘小节　大吹法螺　救经引足　困知勉行　卖刀买牛

(3) **去阳上阴**　大醇小疵　抱残守缺　祸从口出　剑拔弩张　敬而远之　泰然处之　画龙点睛

(4) **去上阴阳**　壁垒森严　万紫千红　不此之图　不可多得　不可收拾　姹紫嫣红　赤手空拳　瑞雪丰年　触景生情　地角天涯

(5) **去阳阴上**　宁为鸡口　岁寒三友　害群之马　浩如烟海　化为乌有　四平八稳　教学相长　镂尘吹影　豁然开朗　慢条斯理

(6) **去上阳阴**　视死如归　一马平川　奋起直追　大显神通　妙手回春

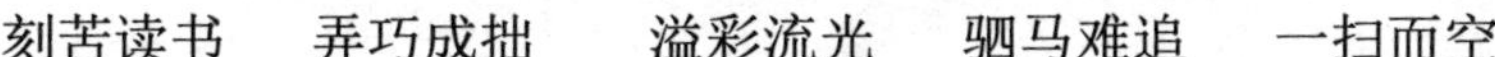

刻苦读书　　弄巧成拙　　溢彩流光　　驷马难追　　一扫而空

四、故事练习

给下列一段文字注音并朗读。

石室诗士施氏，嗜狮，誓食十狮。氏时时适市视狮。十时适十狮适市。是时，适施氏适市。氏视是十狮，恃矢势，使是十狮逝世。氏拾十狮尸，适石室。石室湿，氏使侍试石室。石室试，氏始试食是十狮尸。食时。始识是十狮尸，实十石狮尸，试释是事。

第二节　元　　音

一、o　e

(一)音节练习

o　bo——po——mo——fo

e　de——te——ne——le　ge——ke——he　zhe——che——she——re　ze——ce——se

(二)词语练习

o　勃勃　伯伯　婆婆　漠漠　默默　脉脉　薄膜　磨破　广播　电波　萝卜　压迫　观摩　渊博　规模　胳膊

e　各个　苛刻　客车　合辙　合格　赫赫　折射　这么　这个　舍得　塞责　色泽　隔阂　特色　割舍

(三)辨读练习

帛画　柏林　糟粕　魄力　墨汁　陌生　哥哥　歌曲　戈壁　鸽子　盒子　阁楼
科学　蝌蚪　可以　河水　何以　荷花　一棵　颗颗　课间　窠臼　禾苗　和平
祝贺　白鹤　罪恶　咳嗽　核心　疙瘩　瞌睡　磕头　渴望　葛家　呵斥　坷垃
革命　下颌　阻阂　克服　险恶　扼要　品德　得到　勒令　法则　责成　策略

(四)拗口练习

(1)　可可磨了墨，却没有墨盒，我有新墨盒，还没磨好墨。可可把磨好的墨倒进我的新墨盒，我把新墨盒让可可倒进墨，我和可可合用一个墨盒。你说我们会不会合作？

(2)　伯伯养了一群大白鹅，哥哥喂了两只小白鸽。伯伯教哥哥训鸽，哥哥帮伯伯放鹅。白鹅、白鸽长得好，乐坏了伯伯和哥哥。

(3)　哥哥拿个圆核桃，刻成一个核桃壳；哥哥又用泥，捏了一只鹅，放进核桃壳里漂过河。泥鹅伸着脖："é——é——é，我不坐核桃壳，也能游过河。"哥哥笑着说："有核桃壳，泥鹅能过河！"

二、ie üe

(一)音节练习

ie bie——pie——mie die——tie——nie——lie jie——qie——xie
üe nüe——lüe jue——que——xue

(二)词语练习

ie 结业 贴切 铁鞋 斜街 特别 折叠 这些 解决 热烈 歇业 谢谢 切切 姐姐 爹爹 爷爷 节约 协约
üe 约略 雪月 隔绝 血液 确切 哲学 掠夺 决裂 侵略 决绝 雀跃

(三)拗口练习

(1) 南边来了个瘸子，手里托着个碟子，碟子里装着茄子，地上钉着个橛子。地上的橛子绊倒了瘸子，洒了碟子里的茄子，气得瘸子撇了碟子，拔了橛子，踩了茄子。

(2) 爹穿鞋，姐穿靴，一同下海抓螃蟹。蟹夹鞋，靴踩蟹，姐学爹爹抓螃蟹。螃蟹满筐心欢悦。

(3) 杰杰、岳岳和聂聂，花园里面捉蝴蝶。彩蝶、粉蝶和凤蝶，一只一只像树叶，杰杰用针把蝶别，聂聂将蝶墙上贴。杰杰、聂聂找岳岳，岳岳还在园里捉蝴蝶。

(4) 爷爷试鞋为买鞋，姐姐买靴先试靴。爷爷买双灰棉鞋，姐姐买双白皮靴。爷爷穿鞋不费鞋，穿靴费靴的是姐姐。

(5) 昨夜下雪，雪没鞋靴。爷爷早起扫雪，推门望街，街上不见雪。只见月月正扫鞋上雪。不用问月月，爷爷就知道谁扫了昨夜的雪。

三、ai uai ei uei

(一)音节练习

ai bai——pai——mai dai——tai——nai——lai gai——kai——hai
zhai——chai——shai zai——cai——sai
uai guai——kuai——huai zhuai——chuai——shuai
ei bei——pei——mei——fei dei——nei——lei gei——kei——hei
zhei——shei——zei
uei dui——tui gui——kui——hui zhui——chui——shui——rui
zui——cui——sui

(二)词语练习

ai 买卖 择菜 奶奶 拆台 彩排 开采 买菜 爱戴 海带 灾害 卖菜 白菜 晒台 摆开 外来 白皑皑

uai　外快　乖乖　怀揣　摔坏　徘徊　意外　奇怪　凉快　坦率　元帅
ei　每每　蓓蕾　肥美　黑煤　北非　配备　违背　北纬　退赔　劳累　浪费　流泪
uei　微微　追随　汇兑　水位　回味　回归　溃退　归队　摧毁　碎嘴子　鬼祟
灰堆　崔嵬　会水　推诿　醉鬼　未遂　魁伟　归罪

(三)组合练习

败类　败北　排雷　牌位　带累　栽培　在位　爱美　暧昧　拐带　淮北　快慰
衰微　外财　外带　背带　北温带　胚胎　佩戴　非得　飞白　内海　内外　内债
擂台　黑白　黑麦　堆肥　对白　对待　对开　推戴　颓废　腿带　鬼魅　鬼胎
鬼怪　柜台　贵妃　灰白　悔改　追肥　追怀　吹擂　水彩　水灾　危害　爽快
随带　为非作歹　吹灰之力

(四)拗口练习

(1) 奶奶说择菜，艾艾听摘菜，奶奶说采菜，艾艾听再来。不知是奶奶说不清择、摘、采、再、来，还是艾艾分不清来、再、采、摘、择？

(2) 兰兰和欢欢，一对双胞胎。欢欢帮奶奶摆白菜，奶奶当着妈妈的面夸欢欢，欢欢说做好事的是兰兰，兰兰说做好事的是欢欢，这可急坏了奶奶，不知是谢欢欢，还是谢兰兰。

(3) 小艾和小戴，一起来买菜。小艾把一斤菜给小戴，小戴有比小艾多一倍的菜；小戴把一斤菜给小艾，小艾、小戴就有一样多的菜。请你想想猜猜，小艾、小戴各买了多少菜？

(4) 贝贝端杯水，去喂小乌龟。拍拍硬龟背，让龟快喝水。乌龟不伸头，不张嘴，不伸龟腿和龟尾。小贝贝让龟自己张嘴去喝水。

(五)辨读练习

麦苗——脉搏　宽窄——采摘　雷锋——劳累　眼泪——类别
打擂——花蕾　堆积——摔碎　拍照——松柏——柏油

四、ao　iao　ou　iou

(一)音节练习

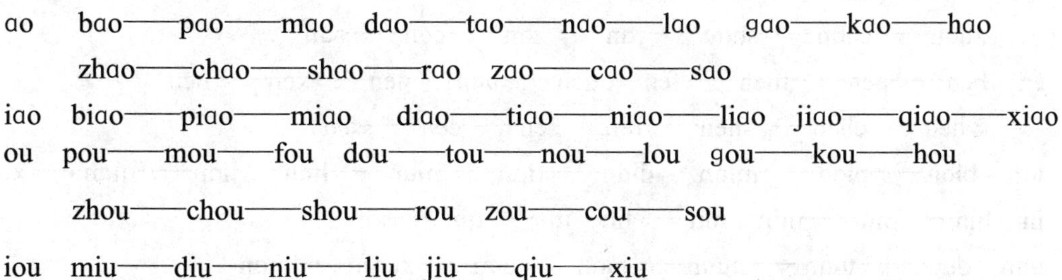

ao　bao——pao——mao　dao——tao——nao——lao　gao——kao——hao
zhao——chao——shao——rao　zao——cao——sao
iao　biao——piao——miao　diao——tiao——niao——liao　jiao——qiao——xiao
ou　pou——mou——fou　dou——tou——nou——lou　gou——kou——hou
zhou——chou——shou——rou　zou——cou——sou
iou　miu——diu——niu——liu　jiu——qiu——xiu

(二)词语练习

ao 报告 高潮 吵闹 逃跑 早操 招考 冒号 劳保 号召 照抄 高超 高烧 操劳 报到 毛桃 糟糕 牢靠 祷告 告老 告饶 骚扰 毫毛 抛锚 茅草

iao 巧妙 教条 吊桥 逍遥 飘摇 苗条 小鸟 小巧 袅袅 疗效 料峭 调笑 迢迢 渺小 挑脚

ou 口头 丑陋 抖擞 够受 收购 漏斗 守候 喉头 走漏 后头 透露 佝偻 叩头

iou 优秀 牛油 琉球 求救 久留 悠久 绣球

(三)组合练习

包票 包销 保镖 保苗 报表 报效 咆哮 跑表 碉堡 调号 调包 稻草
跳高 跳蚤 叨教 滔滔 陶陶 讨教 讨饶 脑桥 牢骚 老小 潦倒 高手
高校 膏药 稿酬 好笑 号角 浩渺 操守 扫帚 遨游 奥妙 周到 凑巧

(四)辨读练习

剥花生 剥削 冰雹 薄饼 烙印 酪酸 某年 谋划 牟利 妯娌 轴承 脚步
角度 药材 钥匙 害羞 咳嗽

(五)拗口练习

(1) 巧巧爱吃年糕，小小爱吃元宵。巧巧请妈妈做年糕，小小请妈妈做元宵。妈妈做了年糕又做元宵，煮了元宵又蒸年糕。乐得巧巧跳又笑，笑得小小说：“好，好，好！”

(2) 高高山上有座庙，庙里住着俩老道，一个年纪老，一个年纪小。庙前长着许多药，有时候老老道采药，小老道煮药；有时候小老道采药，老老道煮药。

(3) 六个油篓盛着油，地上漏了一片油。牛牛妞妞来回瞅，看看哪个油篓漏了油。

(4) 手心、手背、手指头，手背、手心手碰手；勾勾手，点点头，头手头，手头手，拉个圆圈走一走。

五、复合前鼻尾音(前鼻韵母)

(一)音节练习

an ban——pan——man——fan dan——tan——nan——lan gan——kan——han zhan——chan——shan——ran zan——can——san

en ben——pen——men——fen den——nen gen——ken——hen zhen——chen——shen——ren zen——cen——sen

ian bian——pian——mian dian——tian——nian——lian jian——qian——xian

in bin——pin——min nin——lin jin——qin——xin

uan duan——tuan——nuan——luan guan——kuan——huan

zhuan——chuan——shuan——ruan　zuan——cuan——suan

un　dun——tun——lun　gun——kun——hun　zhun——chun——shun——run

zun——cun——sun

üan　juan——quan——xuan

ün　jun——qun——xun

(二)词语练习

an　展览　汗衫　散漫　感叹　难堪　勘探　漫谈　繁难　淡蓝　坦然　反感　感染　橄榄　舢板　盘缠

en　根本　认真　沉闷　愤恨　深沉　振奋　本分　深圳　人参

ian　连绵　简便　偏见　电线　天边　变迁　天仙　显眼　减免　棉线

in　拼音　亲近　尽心　金银　亲信

uan　宛转　贯穿　酸软　转弯　专断　宽缓　官宦　喜欢　四川　开端

uen　论文　昆仑　困顿　温存　温顺　青春　山村　语文　见闻　矛盾

üan　源泉　圆圈　全权　渊源　团员　田园　支援　齐全　永远

ün　军训　均匀　音韵　遵循　白云　幸运　英俊　教训　探询

(三)拗口练习

(1) 今晨近邻宾临门，门人文臣勤问辛；秦浸陈本温申贞，君问音信尽贫民；怎肯忍心分金银，隐身林阴甚愤恨；臣引新宾进君门，因宾频引寝枕巾；臣刃珍禽任宾分，人君人品真瘆人。

(2) 小温端着洗脸盆，小陈忙去帮开门。小温谢小陈帮他开门，小陈谢小温为大家端脸盆。

(3) 彦彦媛媛看大雁，为啥大雁飞向南。媛媛说，雁喜南方暖；彦彦说，雁怕冬天寒。雁群向南迁，彦彦媛媛愿大雁早飞还。

(4) 石板砖，真难钻，弟弟说，用钻钻砖，哥哥说，砖用钻钻，你说是砖用钻钻还是用钻钻砖？

(5) 田田说坐汽车前面颠，建建说坐汽车后边颠。到底前面颠还是后边颠？请你告诉田田和建建。

(6) 有个圆圆，爱画圈圈。圆圆睡了，圈圈很想圆圆，滚进了圆圆梦里面。圆圆眨眨眼，躲到枕头边。

(7) 树林边住着林小琴，竹林边住着秦小林，林小琴来找秦小林，送他一个玉麒麟，秦小林欢迎林小琴教秦小林吹口琴。

(8) 采雪莲，采雪莲。雪山冰川紧相连，石岩缝里绽雪莲。雪莲雪莲白花瓣，采雪容易采莲难。

六、eng——ong　ing——iong

(一)音节练习

eng　beng——peng——meng——feng　deng——teng——neng——leng
geng——keng——heng　zheng——cheng——sheng——reng
zeng——ceng——seng

ong　dong——tong——nong——long　gong——kong——hong
zhong——chong——shong——rong　zong——cong——song

ing　bing——ping——ming　ding——ting——ning——ling　jing——qing——xing

iong　jiong——qiong——xiong

(二)词语练习

eng　更冷　生成　风筝　风声　更正　猛增　丰盛　省城

ong　洪钟　送终　隆重　空洞　红松　从容　中东　中统　童工　动工　共同
工农　通融　总统　轰动　公众

ing　宁静　伶仃　灵性　领情　庆幸　轻盈　平行　英明　冰凌　菱形　情形
倾听　明星　兵营　清明　蜻蜓　情景

iong　汹涌　雄鹰　附庸　炯炯　蜂拥　兄弟　行凶　歌咏　英勇　运用　穷凶

(三)辨读练习

eng——ong　蓬松　朦胧　丰功　灯笼　等同　东风　通称　通风　童声　同盟
腾空　能动　冷冻　公升　工程　工蜂　红灯　整容　郑重　正统
纵横　赠送　从生　终生　中锋

ing——iong　英雄　英勇　雄性　雄兵　应用　用兵　零用　竞争　琼浆　晴空
雍容　精诚

(四)拗口练习

(1) 童子打桐子，桐子落，童子乐。

(2) 岭顶鹰鸣，酩酊兵丁停艇听。

(3) 楼上钉铜钉，楼下挂铜灯。钉铜钉，震动铜灯，钉了铜钉，掉了铜灯。

(4) 小勇放风筝，风筝倒栽葱；小晶放风筝，风筝升高空。小晶帮小勇修风筝，小勇帮小晶扯线绳。两个风筝随风起，高高飘在半空中。

(5) 李平、李明同姓不同名，齐京、季京同名不同姓。不论同姓不同名，还是同名不同姓，李平、李明、齐京、季京常通信，从没错过名和姓，也没错过姓和名。

(6) 莹莹、明明逛冰城，冰城里面看冰灯。冰灯、冰灯亮晶晶，就像进了水晶宫。水晶宫里尽是灯，莹莹、明明数冰灯。上有灯，下有灯，左有灯，右有灯，冰城里面多少灯？无数冰灯放光明。

七、综合练习

(一)韵母诗练习

捕　鱼　歌

人远江空夜，浪滑一舟轻。网罩波心月，竿穿水面云。
儿咏矣唷调，橹和嗳啊声。鱼虾留瓮内，快活四时春。

(二)辨读练习

绿化　氯气　山崖　天涯　飞跃　迸发　谄媚　支撑　鞭笞　玷污　讹误　拂晓
束缚　暴戾　褴褛　愤懑　分娩　抨击　瀑布　要挟　混淆　按捺

第三节　辅　　音

一、j　q　x

(一)音节练习

ji——qi——xi　jia——qia——xia　jie——qie——xie　jiao——qiao——xiao
jiu——qiu——xiu　jian——qian——xian　jin——qin——xin
jiang——qiang——xiang　jing——qing——xing　ju——qu——xu
jue——que——xue　juan——quan——xuan　jun——qun——xun
jiong——qiong——xiong

(二)词语练习

j　经济　坚决　进军　紧急　借鉴　交界　家具　激进　究竟　讲价　拘禁　机井
　军舰　炯炯　即将　举荐　季节
q　轻巧　亲切　恰巧　请求　齐全　崎岖　乞求　强权　铅球　缺勤
x　下乡　虚心　行星　喜讯　相信　细心　习性　先行　小写　玄学　些许　校训
　新鲜　休息

(三)辨读练习

下列词语由尖音字和团音字组合而成，注意分辨及朗读。

j　鸡心　集训　即席　酒家　九泉　精细　军权　绝迹　居家　就绪
　简写　坚强　奸笑　假想　价钱　记性　急需　俊杰　捐躯
q　七绝　奇袭　起先　器械　气节　汽油　牵线　千秋　前进　浅见　欠缺　乔迁

巧取　清新　轻信　请柬　曲线　屈就　全权　鹊桥

x　西经　席卷　下贱　鲜血　显学　险峻　限界　详细　消极　辛勤　兴修　性情　凶险　胸腔　虚惊　许久　选区　寻机

(四)拗口练习

(1) 小徐下乡向乡下新星小学虚心学习。

(2) 京剧叫京剧。警句叫警句。京剧不能叫警句，警句不能叫京剧。

(3) 西边有条小溪，溪边住着小奇。细声唱的是小溪，玩游戏的是小奇。小溪边小奇洗细米，小奇在小溪边戏小鱼。

(4) 稀奇稀奇真稀奇，麻雀踩死老母鸡。蚂蚁身长三尺七，七十岁的老七躺在摇篮里。

(5) 七加一，再减一，加完减完等于几？七加一，再减一，加完减完还是七。

二、zh　ch　sh

(一)音节练习

zhi——chi——shi　zha——cha——sha　zhe——che——she　zhai——chai——shai

zhao——chao——shao　zhou——chou——shou　zhan——chan——shan

zhen——chen——shen　zhang——chang——shang　zheng——cheng——sheng

zhong——chong　zhu——chu——shu　zhua——chua——shua

zhuo——chuo——shuo　zhuai——chuai——shuai　zhui——chui——shui

zhuan——chuan——shuan　zhun——chun——shun　zhuang——chuang——shuang

(二)词语练习

zh　专政　庄重　政治　战争　种植　谆谆　真正　挣扎　周折　制止　扎针　主张　招致　追逐　壮志　茁壮

ch　车床　超产　城池　查抄　拆除　长城　唇齿　抽查　出差　重唱　穿插

sh　上山　双手　声势　事实　受伤　双身　说书　山水　少数　伤势　设施　伸手　省事　硕士　顺利　手术

(三)辨读练习

侦察　招生　扎实　支持　至诚　战士　终身　着手　专长　中暑　装饰　篆书

直率　传说　纯正　出生　充实　城市　潮水　尝试　查照　仇视　船只　首创

时常　市场　书桌　收支　适中　甚至　慎重　上市　受宠　食指

(四)拗口练习

(1) 株洲站站长注重政治抓整治。

(2) 长春车床厂褚处长。

(3) 时事是近时事实，史实指历史实事。时事最重视适时，史实忌欺世失实。

(4) 书橱被虫蛀，胡叔修书橱。钉块木板把洞堵，修好书橱装图书。

(5) 长虫围着砖堆转，转完砖堆钻砖堆。

(6) 张超学指书，先用拇指，再用食指，后用中指、无名指、小指，最适用的是食指。

(7) 柿子树妈妈，心肠真好，它怕秋公公晚上摔跤，把红红的小灯笼，挂在了树梢。

三、z　c　s

(一)音节练习

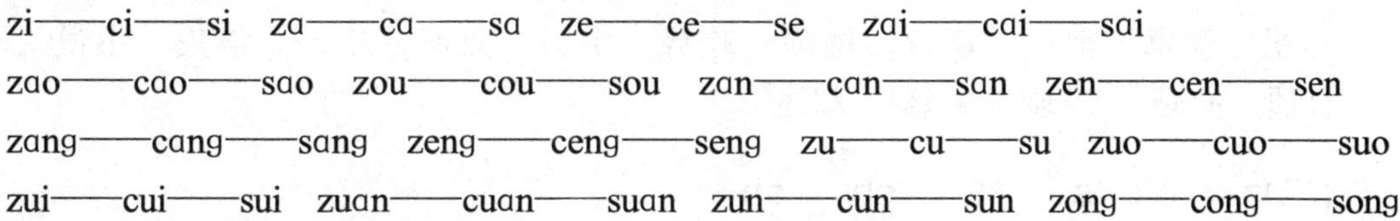

zi——ci——si　za——ca——sa　ze——ce——se　zai——cai——sai

zao——cao——sao　zou——cou——sou　zan——can——san　zen——cen——sen

zang——cang——sang　zeng——ceng——seng　zu——cu——su　zuo——cuo——suo

zui——cui——sui　zuan——cuan——suan　zun——cun——sun　zong——cong——song

(二)词语练习

z　宗族　在座　栽赃　祖宗　自作　罪责　最早　自尊　藏族　总则　曾祖

c　草丛　苍翠　参差　层次　从此　摧残　仓促　催促　猜测　残存　粗糙　措辞

s　洒扫　色素　思索　诉讼　松散　琐碎　僧俗　搜索

(三)组合练习

遭罪　凿子　再三　枣子　杂草　早操　赠送　姿色　孜孜　子孙　自从　自在

总算　租子　阻塞　座次　彩色　蚕丝　沧桑　操作　厕所　词组　私自　塑造

素材　随从　所在　素菜　梭子

(四)辨读练习

责成　辎重　负责　细则　诈语　啧啧　沼泽　光泽　选择　平仄　测量　测试

恻隐　森林　压缩　飕飕　僧人　侧记　侧目　政策　画册　艰涩　淄博　塞音

瑟瑟　吝啬　颜色

(五)拗口练习

(1) 宗泽责在搓草，孙松思忖辞藻，曹素造锁则错，蔡祖所司采桑，崔四遂唆索财，参赞猝挫贼子，曾慈斯次窜散，尊叟从此色苍。

(2) 四十三个词和子，组成一首子词绕口令。桃子、李子、梨子、栗子、橘子、柿子、榛子栽满院子、村子和寨子。名词、动词、数词、量词、代词、副词、助词、连词，造成语词和唱词。

(3) 字纸裹着细银丝，细银丝上趴着四千四百四十四个似死非死的死虱子。

(4) 操场前面有三十三棵桑树，操场后面有四十四棵枣树。慈三把三十三棵桑树认作枣树，慈四把四十四棵枣树认作桑树。

四、舌面、平翘舌音

(一)zh ch sh j q x

政权 崭新 章节 执行 战线 照相 真相 直接 整齐 周旋 珍惜 知趣
长进 晨夕 城墙 抽象 产销 陈旧 赤脚 重新 触角 春季 成绩 程序
诚心 澄清 主席 撤销 出息 除夕 深秋 摄像 世界 升迁 水星 双全
数学 受惊 事迹 世纪 社交 尚且 嘲笑 首先 实习 失信 实际 盛情
伤心 深切 申请 收集 设想 教室 就职 精神 简单 建筑 精致 进展
尽职 奖章 前程 切身 清除 趋势 小肠 象征 相处 消失 小说 写照
性质 心肠 羞耻 袖珍 叙述

(二)z c s zh ch sh

自传 纵使 总是 总之 钻床 祖传 罪状 尊重 阻止 作诗 做事 宗旨
资产 草率 草纸 从事 次数 村庄 措施 财产 残杀 搜查 随时 指责
仲裁 种子 庄子 准则 祝词 桌子 创造 创作 初次 纯粹 掺杂 勺子
生存 肾脏 史册 蔬菜 水彩 顺从

(三)拗口练习

(1) 张仁升和江银星，二人上场说相声。先说一个《招厂长》，再说一个《绕口令》：“真主珍珠真珍珠，出城出证出入证。”

(2) 财主要柴主挑木柴，财主不买柴主的木柴；柴主要财主买木柴，柴主不挑财主的木柴。

(3) 要想说对四和十，得靠舌头加齿背。谁说四十是戏习，就是舌头没放对；谁说四是事，那是舌头没伸直。

(4) 小槐树结樱桃，杨柳树上结辣椒，吹着鼓，打着号，拉着大车抬着轿。

(5) 隔着窗户撕字纸，先撕白字纸，再撕紫字纸。

五、r

(一)音节练习

ri——re——rao——rou——ran——ren——reng——ru——ruo——rui——ruan——run——rong

(二)词语练习

忍让　仍然　融融　软弱　柔软　容忍　荣辱　冉冉

(三)辨读练习

r——l　烈日　燃料　扰乱　猎人　热烈　老人　认领　人类　日历　凌辱　落日
鹿茸　利润　冰霜　来日　冷若冰霜　了如指掌　若即若离

r——y　鱼肉　佣人　容易　日月　圆润　软硬　仁义　热源　如意　任劳任怨
夜以继日　优柔寡断　一尘不染

(四)拗口练习

(1) 仁人饶人让人容忍人。

(2) 一个任大仁，一个任小仁，闹闹嚷嚷真烦人。任小仁说任大仁老不让人，任大仁说任小仁老不饶人。不知是任小仁老不饶人，还是任大仁老不让人。

(3) 老饶下班去染布，染出布来做棉褥。楼口儿有人拦住路，只许出来不许入。如若急着做棉褥，明日上午来送布。离开染店去买肉，回家热锅炖豆腐。

六、零声母

(一)音节练习

a——o——e　ai——ei——ao——ou　an——en　ang——eng　er
yi——ya——ye——yao——you——yan——yin——yang——ying
wu——wa——wo——wai——wei——wan——wen——wang——weng
yu——yue——yuan——yun——yong

(二)词语练习

安稳　暗暗　额外　恩爱　偶尔　玩味　莞尔　晚安　万恶　万物　忘我　妄为
威武　慰问　问安　巍峨　无为　瓦屋　外文　威望　文物　无畏

(三)辨读练习

ai　狭隘　阻碍　方兴未艾　和蔼　挨近　尘埃
ou　欧洲　殴打　海鸥　讴歌　呕吐　怄气
an　安全　鞍马　桉树　氨水　按照　黯然　黑暗　河岸
e　阿谀　婀娜　峨冠　俄顷　企鹅　讹传　恶心　噩耗　厄运　遏止　愕然　挨饿
ao　遨游　棉袄　拗口　骄傲　奥妙　山坳　懊悔
ang　高昂　盎然　肮脏

(四)拗口练习

(1) 恩爱夫妻恩爱重，夫妻恩爱情意浓。佳偶恩爱得安乐，恩爱美德人称赞。

(2) 月亮圆圆，像个盘盘，我要上去找你玩玩。

(3) 安二哥家一群鹅，二哥放鹅爱唱歌。鹅有二哥不挨饿，没有二哥鹅挨饿，大鹅、小鹅伸长脖儿“嗷嗷喔喔”找二哥。

七、综合练习

(一)声母诗

采 桑 歌

春日起每早，采桑惊啼鸟。
风过扑鼻香，花落知多少。

太 平 歌

子夜久难明，喜报东方亮。
此日笙歌颂太平，众口齐欢唱。

(二)辨读练习

捕捉 逮捕 哺育 弥补 同胞 孢子 鲍鱼 包庇 刨床 秕糠 彼此 婢女
裨益 麻痹 媲美 濒临 谬论 端倪 比拟 逆风 凝结 虐待 酝酿 诺言

第四节 语 流 音 变

一、上声相连

(一)两个上声

表演 举止 采访 彼此 管理 友好 粉笔 引导 讲演 舞蹈 理解 允许
爽朗 组长 左手 整理 展览 语法 永远 勇敢 洗澡 水桶 手表 晌午
美满 了解 检讨 鼓掌 敢想 辅导 腐朽 产品 保姆 口语 保守 本领
厂长 打倒 顶点 祖母

(二)三个上声

管理组 展览馆 碾米厂 草稿纸 手写体 始祖鸟 选举法 苦水井 手表厂
举手礼 总统府 讲演稿 索马里

(三)读准以下词语

想起　讲讲　本领　打扫　小姐　许久　手脚　小鬼　打手　老鼠　水里　手里
脑海里

二、半上练习

(一)上声——阴平

摆脱　板车　北方　补充　顶端　海军　好听　紧张　可惜　老乡　普通　取消
早操　指挥　转弯　总归　总之　写生　手工　首先　统一　许多　左边　指出
演出　强逼

(二)上声——阳平

表决　处罚　打雷　党员　主席　点头　反而　改良　感情　敢于　紧急　举行
老人　脸盆　马达　旅行　敏捷　品格　请求　企鹅　取得　伟人　五十　小学
野蛮　以前　隐瞒　羽毛　早晨　整洁

(三)上声——去声

百货　柏树　榜样　宝贵　保护　表现　比较　采购　草地　产量　吵架　丑陋
打仗　等待　抵抗　法律　反复　感动　赶快　广泛　果树　火箭　解放　谨慎
考试　可靠　口号　苦闷　理发　满意　美术

(四)三个上声相连

纸老虎　厂党委　小雨雪　小组长　小拇指　老保守　老祖母　孔乙己　好产品
很勇敢

(五)读准以下词语

椅子　本子　铲子　胆子　领子　管子　矮子　姐姐　嫂嫂　奶奶　姥姥　宝宝
耳朵　马虎　抖搂　痒痒

(六)一串上声相连

(1) 岂有此理！
(2) 选举领导。
(3) 我也很少想你俩。
(4) 请你赶紧找组长补考口语。
(5) 整理演讲稿。
(6) 脸、嘴、眼、耳、手、腿、脚。
(7) 小老虎比老老虎友好。

(8) 种马场养有五百匹好母马。
(9) 本产品属我厂所有。
(10) 请李首长指导我。
(11) 我请蒋小颖买铁锁。

三、“一、不”变调练习

(一)读阳平

一度　一定　一半　一致　一样　一带　一个　一件　一律　一贯
不论　不错　不对　不必　不要　不幸　不怕　不至于　不锈钢

(二)读去声

(1) 一边　一端　一天　一些　一生　一般　一经　一身　一发　一杯　一窝蜂
不消　不惜　不多　不禁　不光　不妨　不屈　不单　不规则
(2) 一直　一齐　一连　一如　一同　一言堂　一场空　一席话　一团糟
不及　不曾　不乏　不成　不独　不和　不祥　不行　不平凡
(3) 一体　一口　一走　一统　一早　一举　一手　一点儿　一把手　一眼井
不理　不久　不免　不齿　不比　不管　不满　不朽　不许　不等式

(三)读原调(“一”为阴平，“不”为去声)

一二三　六一　一十一　第一　一九一一年一月一日　一等奖　一不做二不休
同一　一年级一班　一楼一号　始终如一　说一不二　举一反三
不　偏不　要不　我不　绝不　好不　谁敢说个“不”字

(四)读轻声

1．阴(中)

说一说　听一听　拼一拼　抄一抄　称一称　争一争
高不高　亲不亲　多不多　清不清　缺不缺　酸不酸

2．阳(中)

聊一聊　瞧一瞧　读一读　谈一谈　评一评　答一答　玩一玩
难不难　能不能　忙不忙　读不读　谈不谈　答不答

3．上(中)

写一写　跑一跑　补一补　数一数　洗一洗　挤一挤　好不好
苦不苦　搞不搞　打不打　想不想　暖不暖　买不买　响不响

4．去(中)

算一算　念一念　练一练　做一做　望一望　笑一笑　跳一跳
乱不乱　快不快　热不热　干不干　看不看　去不去　认不认

5．非叠字(中)

拿不动　用不着　关不住　走不了　了不起　数不清　差不多　累不垮　难不倒

(五)综合练习

一半　一家　一概　一统　一准　五一　一面　一斤　一切　一头　一组
不敏　不堪　不济　不由　不止　不会　不利　不足道
一心一意　一唱一和　一尘不染　一去不返　一言不发　一穷二白　一成不变
一年一度　一蹶不振　一模一样　一五一十　一朝一夕　一字一板　一分为二
杀一儆百
不卑不亢　不伦不类　不名一文　不一而足　不三不四　不拘一格　不屑一顾

(六)诗句练习

一　字　诗

一帆一桨一渔舟，一个渔翁一钓钩。
一俯一仰一场笑，一江明月一江秋。

四、叠字形容词的变调练习

(一)AA 式，第二个音节读阴平

好好儿地　快快儿地　慢慢儿地　满满儿地　长长儿地　平平儿地　甜甜儿地

(二)ABB 式，后面两个音节读阴平

热腾腾　热辣辣　热乎乎　沉甸甸　明晃晃　亮堂堂　硬邦邦　甜津津　甜丝丝

(三)AABB 式，后面两个音节读阴平

清清楚楚　欢欢喜喜　陆陆续续　热热闹闹　漂漂亮亮

五、轻声基础练习

(一)轻声的高低度练习

(1)　桌子　他们　风筝　称呼　折腾　帮手　跟头　烧吧
(2)　裙子　人们　合同　毛病　云彩　留下　停下　学过　馒头　床上

(3) 暖和 你们 腼腆 晚上
(4) 椅子 老实 讲究 比方 马虎 补丁
(5) 帽子 味道 客气 事情 意思 利索 这么 月亮 嫁妆

(二)通常读轻声的语法成分组词练习

(1) 坐着 拿着 来了 算了 去过 问过 站住 抓住 行吧 停吧 值吗 她呢 你呀 唱戏的 干活的 读书的 用力地 谦虚地 粗心地 说得对 走得快 敏捷吗 放心吧 热情吗 怎么呢 什么呢 怎样啊
(2) 爷爷 奶奶 姥姥 爸爸 妈妈 哥哥 姐姐 妹妹 弟弟 叔叔 姑姑 舅舅 公公 婆婆 娃娃 读读 想想 讲讲 看看 试试 说说 研究研究 考虑考虑 休息休息 讨论讨论 调查调查
(3) 台子 炉子 孩子 胖子 屋子 石头 舌头 鸟儿 月儿 花儿 我们 她们 李家 人家 老头子 小伙子 同志们 孩子们 老人家
(4) 山上 肩上 墙上 地下 这里 那里 村里 外边 后边 这边
(5) 穿上 放下 打下 拿来 回来 进来 起来 出去 热起来 红起来 走下去 做下去 夺回来 跑出去
(6) 这个 那个 三个 这些 写封信 好一些

(三)下列词语有轻声和非轻声两种读音，注意比较

1. 爱人

àiren——丈夫或妻子。
àirén——爱护别人。

2. 是非

shìfei——口舌。
shìfēi——事理的正确与错误。

3. 东西

dōngxi——泛指各种事物。
dōngxī——东边和西边。

4. 大意

dàyi——疏忽。
dàyì——主要意思。

5. 对头

duìtou——仇敌、对手。
duìtóu——正确、合适。

6. 利害

lìhai——剧烈、凶猛。
lìhài——利益和损害。

7. 地道

dìdao——真正的。
dìdào——地下交通坑道。

8. 大方

dàfang——不吝啬。
dàfāng——指专家学者；内行。

9. 精神

jīngshen——指活力。
jīngshén——指人的意识等。

六、轻声词辨正练习

下列词语在方言里多属轻声词，而在普通话里则属非轻声词。

时间 正月 腊月 卫星 蜜蜂 蝴蝶 翅膀 槐树 豆角 茶叶 肥皂 稻草
蜡烛 足球 肥料 木料 性命 出身 农业 画家 翻译 政策 政治 形势
局部 前途 机关 路线 教条 命令 经济 劳动 计划 事故 武器 城市
传统 礼貌 算术 乐器 玩具 印象 爱情 意义 荣誉 条件 项目 水平
形式 情况 范围

七、儿化基础练习

(一)儿化韵发音

刀把儿 人家儿 开花儿 山坡儿 干活儿 文格儿 台阶儿 眼珠儿 面条儿
小孩儿 药方儿 花瓶儿 树枝儿 没空儿 笔尖儿 书本儿 脚印儿 没准儿
金鱼儿 瓜子儿

(二)儿化拗口练习

有这么一个人儿，扛着袋面粉儿，拿着个面盆儿，还举着根擀面棍儿。到了家进不去门儿，急坏了这个人儿。放下面粉儿、面盆儿、擀面棍儿，打开门儿，抱起面粉儿，扛起面盆儿却忘了那根擀面棍儿。你说逗人儿不逗人儿？

八、语气词“啊”的音变练习

(一)发音练习

(1) 这里需要进一步开发啊!
(2) 同学们要早起啊!
(3) 这是你的鞋啊!
(4) 他跳得多高啊!
(5) 请不要吸烟啊!
(6) 要实事求是啊!

(二)拗口练习

菜市场里的货真多啊，什么鸡啊、鱼啊、肉啊、虾啊、粉丝啊、盐啊、酱啊、辣椒啊，应有尽有啊!

(三)对话练习

练习1:

甲：这些孩子啊，真可爱啊!
乙：是啊，他们在这儿多幸福啊!
甲：你看啊，他们多高兴啊!
乙：是啊！他们又作诗，又画画儿，老师教得多好啊!
甲：你还没见啊，下了课，他们唱啊、跳啊，简直像一群小鸟啊!
乙：那你快回去把孩子送来啊!

练习2:

甲：请问，到图书馆怎么走啊?
乙：咳！原来是你啊！我也正想去图书馆，一块儿走啊。
甲：好的。哟！那儿怎么那么多人啊?
乙：买书的呗。什么诗歌啊、小说啊、报告文学啊，全有!
甲：那么多啊，那咱们也去看看啊!
乙：行！快跑啊!

第九章　朗读演练

作品 1 号

那是力争上游的一种树，笔直的干，笔直的枝。它的干呢，通常是丈把高，像是加以人工似的，一丈以内，绝无旁枝；它所有的丫枝呢，一律向上，而且紧紧靠拢，也像是加以人工似的，成为一束，绝无横斜逸出；它的宽大的叶子也是片片向上，几乎没有斜生的，更不用说倒垂了；它的皮，光滑而有银色的晕圈，微微泛出淡青色。这是虽在北方的风雪的压迫下却保持着倔强挺立的一种树！哪怕只有碗来粗细罢，它却努力向上发展，高到丈许，两丈，参天耸立，不折不挠，对抗着西北风。

这就是白杨树，西北极普通的一种树，然而绝不是平凡的树！

它没有婆娑的姿态，没有屈曲盘旋的虬枝，也许你要说它不美丽——如果美是专指“婆娑”或“横斜逸出”之类而言，那么白杨树算不得树中的好女子；但是它却是伟岸，正直，朴质，严肃，也不缺乏温和，更不用提它的坚强不屈与挺拔，它是树中的伟丈夫！当你在积雪初融的高原上走过，看见平坦的大地上傲然挺立这么一株或一排白杨树，难道你就只觉得树只是树，难道你就不想到它的朴质，严肃，坚强不屈，至少也象征了北方的农民；难道你竟一点儿也不联想到，在敌后的广大土地上，到处有坚强不屈，就像这白杨树一样傲然挺立的守卫他们家乡的哨兵！难道你又不更远一点想到这样枝枝叶叶靠紧团结，力求上进的白杨树，宛然象征了今天在华北平原纵横决荡用血写出新中国历史的那种精神和意志。

（节选自茅盾《白杨礼赞》）

语音提示

(1) 干 gàn	(2) 似的 shìde	(3) 丫枝 yāzhī	(4) 片 piàn
(5) 晕圈 yùnquān	(6) 挠 náo	(7) 婆娑 pósuō	(8) 虬 qiú
(9) 女子 nǚzǐ	(10) 丈夫 zhàngfu	(11) 一点儿 yìdiǎnr	(12) 血 xuè

作品2号

两个同龄的年轻人同时受雇于一家店铺，并且拿同样的薪水。

可是一段时间后，叫阿诺德的那个小伙子青云直上，而那个叫布鲁诺的小伙子却仍在原地踏步。布鲁诺很不满意老板的不公正待遇。终于有一天他到老板那儿发牢骚了。老板一边耐心地听着他的抱怨，一边在心里盘算着怎样向他解释清楚他和阿诺德之间的差别。

“布鲁诺先生，”老板开口说话了，“您现在到集市上去一下，看看今天早上有什么卖的。”

布鲁诺从集市上回来向老板汇报说，今早集市上只有一个农民拉了一车土豆在卖。

“有多少？”老板问。

布鲁诺赶快戴上帽子又跑到集上，然后回来告诉老板一共四十袋土豆。

“价格是多少？”

布鲁诺又第三次跑到集上问来了价格。

“好吧，”老板对他说，“现在请您坐到这把椅子上一句话也不要说，看看阿诺德怎么说。”

阿诺德很快就从集市上回来了。向老板汇报说到现在为止只有一个农民在卖土豆，一共四十口袋，价格是多少多少，土豆质量很不错，他带回来一个让老板看看。这个农民一个钟头以后还会弄来几箱西红柿，据他看价格非常公道。昨天他们铺子的西红柿卖得很快，库存已经不多了。他想这么便宜的西红柿，老板肯定会要进一些的，所以他不仅带回了一个西红柿做样品，而且把那个农民也带来了，他现在正在外面等回话呢。

此时老板转向了布鲁诺，说：“现在您肯定知道为什么阿诺德的薪水比您高了吧！”

(节选自张健鹏、胡足青主编《故事时代》中《差别》)

语音提示

(1) 店铺 diànpù　(2) 那儿 nàr　(3) 盘算 pánsuan　(4) 怎样 zěnyàng
(5) 清楚 qīngchu　(6) 什么 shénme　(7) 质量 zhìliàng　(8) 钟头 zhōngtóu
(9) 弄 nòng　(10) 便宜 piányi

作品3号

我常常遗憾我家门前那块丑石：它黑黝黝地卧在那里，牛似的模样；谁也不知道是什么时候留在这里的，谁也不去理会它。只是麦收时节，门前摊了麦子，奶奶总是说：这块丑石，多占地面呀，抽空把它搬走吧。

它不像汉白玉那样的细腻，可以凿下刻字雕花，也不像大青石那样的光滑，可以供来浣纱捶布。它静静地卧在那里，院边的槐荫没有庇覆它，花儿也不再在它身边生长。荒草便繁衍出来，枝蔓上下，慢慢地，它竟锈上了绿苔、黑斑。我们这些做孩子的，也讨厌起它来，曾合伙要搬走它，但力气又不足；虽时时咒骂它，嫌弃它，也无可奈何，只好任它留在那里去了。

终有一日，村子里来了一个天文学家。他在我家门前路过，突然发现了这块石头，眼光立即就拉直了。他再没有离开，就住了下来；以后又来了好些人，都说这是一块陨石，从天上落下来已经有二三百年了，是一件了不起的东西。不久便来了车，小心翼翼地将它运走了。

这使我们都很惊奇，这又怪又丑的石头，原来是天上的啊！它补过天，在天上发过热、闪过光，我们的先祖或许仰望过它，它给了他们光明、向往、憧憬；而它落下来了，在污土里，荒草里，一躺就是几百年了？

我感到自己的无知，也感到了丑石的伟大！我甚至怨恨它这么多年竟会默默地忍受着这一切？而我又立即深深地感到它那种不屈于误解、寂寞的生存的伟大。

（节选自贾平凹《丑石》）

语音提示

(1) 似的 shìde　(2) 模样 múyàng　(3) 什么 shénme　(4) 细腻 xìnì
(5) 浣纱 huànshā　(6) 庇覆 bìfù　(7) 花儿 huā'ér　(8) 繁衍 fányǎn
(9) 绿苔 lǜtái　(10) 咒骂 zhòumà　(11) 立即 lìjí　(12) 陨石 yǔnshí
(13) 啊 ya　(14) 憧憬 chōngjǐng

作品 4 号

在达瑞八岁的时候，有一天他想去看电影。因为没有钱，他想是向爸妈要钱，还是自己挣钱。最后他选择了后者。他自己调制了一种汽水，向过路的行人出售。可那时正是寒冷的冬天，没有人买，只有两个人例外——他的爸爸和妈妈。

他偶然有一个和非常成功的商人谈话的机会。当他对商人讲述了自己的“破产史”后，商人给了他两个重要的建议：一是尝试为别人解决一个难题；二是把精力集中在你知道的、你会的和你拥有的东西上。

这两个建议很关键。因为对于一个八岁的孩子而言，他不会做的事情很多。于是他穿过大街小巷，不停地思考：人们会有什么难题，他又如何利用这个机会？

一天，吃早饭时父亲让达瑞去取报纸。美国的送报员总是把报纸从花园篱笆的一个特制的管子里塞进来。假如你想穿着睡衣舒舒服服地吃早饭和看报纸，就必须离开温暖的房间，冒着寒风，到花园去取。虽然路短，但十分麻烦。

当达瑞为父亲取报纸的时候，一个主意诞生了。当天他就按响邻居的门铃，对他们说，每个月只需付给他一美元，他就每天早上把报纸塞到他们的房门底下。大多数人都同意了，很快他有了七十多个顾客。一个月后，当他拿到自己赚的钱时，觉得自己简直是飞上了天。

很快他又有了新的机会，他让他的顾客每天把垃圾袋放在门前，然后由他早上运到垃圾桶里，每个月加一美元。之后他还想出了许多孩子赚钱的办法，并把它集结成书，书名为《儿童挣钱的二百五十个主意》。为此，达瑞十二岁时就成了畅销书作家，十五岁有了自己的谈话节目，十七岁就拥有了几百万美元。

(节选自[德]博多·舍费尔《达瑞的故事》，刘志明译)

语音提示

(1) 时候 shíhou (2) 因为 yīnwèi (3) 调制 tiáozhì (4) 东西 dōngxi
(5) 事情 shìqing (6) 什么 shénme (7) 篱笆 líba (8) 塞 sāi

作品5号

这是入冬以来，胶东半岛上第一场雪。

雪纷纷扬扬，下得很大。开始还伴着一阵儿小雨，不久就只见大片大片的雪花，从彤云密布的天空中飘落下来。地面上一会儿就白了。冬天的山村，到了夜里就万籁俱寂，只听得雪花簌簌地不断往下落，树木的枯枝被雪压断了，偶尔咯吱一声响。

大雪整整下了一夜。今天早晨，天放晴了，太阳出来了。推开门一看，嗬！好大的雪啊！山川、河流、树木、房屋，全都罩上了一层厚厚的雪，万里江山，变成了粉妆玉砌的世界。落光了叶子的柳树上挂满了毛茸茸亮晶晶的银条儿；而那些冬夏常青的松树和柏树上，则挂满了蓬松松沉甸甸的雪球儿。一阵风吹来，树枝轻轻地摇晃，美丽的银条儿和雪球儿簌簌地落下来，玉屑似的雪末儿随风飘扬，映着清晨的阳光，显出一道道五光十色的彩虹。

大街上的积雪足有一尺多深，人踩上去，脚底下发出咯吱咯吱的响声。一群群孩子在雪地里堆雪人，掷雪球儿。那欢乐的叫喊声，把树枝上的雪都震落下来了。

俗话说，“瑞雪兆丰年”。这个话有充分的科学根据，并不是一句迷信的成语。寒冬大雪，可以冻死一部分越冬的害虫；融化了的水渗进土层深处，又能供应庄稼生长的需要。我相信这一场十分及时的大雪，一定会促进明年春季作物，尤其是小麦的丰收。有经验的老农把雪比作是“麦子的棉被”。冬天“棉被”盖得越厚，明春麦子就长得越好，所以又有这样一句谚语：“今冬麦盖三层被，来年枕着馒头睡。”

我想，这就是人们为什么把及时的大雪称为“瑞雪”的道理吧。

(节选自峻青《第一场雪》)

语音提示

(1) 一阵儿 yízhènr (2) 彤云 tóngyún (3) 一会儿 yíhuìr
(4) 万籁俱寂 wànlàijùjì (5) 簌簌 sùsù (6) 啊 ya
(7) 银条儿 yíntiáor (8) 柏树 bǎishù (9) 雪球儿 xuěqiúr
(10) 玉屑 yùxiè (11) 似的 shìde (12) 雪末儿 xuěmòr
(13) 掷 zhì (14) 渗 shèn (15) 供应 gōngyìng
(16) 庄稼 zhuāngjia (17) 馒头 mántou (18) 为什么 wèishénme

作品 6 号

我常想读书人是世间幸福人，因为他除了拥有现实的世界之外，还拥有另一个更为浩瀚也更为丰富的世界。现实的世界是人人都有的，而后一个世界却为读书人所独有。由此我想，那些失去或不能阅读的人是多么的不幸，他们的损失是不可补偿的。世间有诸多的不平等，财富的不平等，权力的不平等，而阅读能力的拥有或丧失却体现为精神的不平等。

一个人的一生，只能经历自己拥有的那一份欣悦，那一份苦难，也许再加上他亲自闻知的那一些关于自身以外的经历和经验。然而，人们通过阅读，却能进入不同时空的诸多他人的世界。这样，具有阅读能力的人，无形间获得了超越有限生命的无限可能性。阅读不仅使他多识了草木虫鱼之名，而且可以上溯远古下及未来，饱览存在的与非存在的奇风异俗。

更为重要的是，读书加惠于人们的不仅是知识的增广，而且还在于精神的感化与陶冶。人们从读书学做人，从那些往哲先贤以及当代才俊的著述中学得他们的人格。人们从《论语》中学得智慧的思考，从《史记》中学得严肃的历史精神，从《正气歌》中学得人格的刚烈，从马克思学得人世的激情，从鲁迅学得批判精神，从托尔斯泰学得道德的执着。歌德的诗句刻写着睿智的人生，拜伦的诗句呼唤着奋斗的热情。一个读书人，一个有机会拥有超乎个人生命体验的幸运人。

(节选自谢冕《读书人是幸福人》)

语音提示

(1) 因为 yīnwèi　(2) 浩瀚 hàohàn　(3) 为 wéi
(4) 丧失 sàngshī　(5) 获得 huòdé　(6) 溯 sù
(7) 更为 gèngwéi　(8) 执着 zhízhuó　(9) 睿智 ruìzhì

作品 7 号

一天，爸爸下班回到家已经很晚了，他很累也有点儿烦，他发现五岁的儿子靠在门旁正等着他。

“爸，我可以问您一个问题吗？”

“什么问题？”“爸，您一小时可以赚多少钱？”“这与你无关，你为什么问这个问题？”父亲生气地说。

“我只是想知道，请告诉我，您一小时赚多少钱？”小孩儿哀求道。“假如你一定要知道的话，我一小时赚二十美金。”

“哦，”小孩儿低下了头，接着又说，“爸，可以借我十美金吗？”父亲发怒了：“如果你只是要借钱去买毫无意义的玩具的话，给我回到你的房间睡觉去。好好想想为什么你会那么自私。我每天辛苦工作，没时间和你玩儿小孩子的游戏。”

小孩儿默默地回到自己的房间关上门。

父亲坐下来还在生气。后来，他平静下来了。心想他可能对孩子太凶了？或许孩子真的很想买什么东西，再说他平时很少要过钱。

父亲走进孩子的房间："你睡了吗？""爸，还没有，我还醒着。"孩子回答。

"我刚才可能对你太凶了，"父亲说，"我不应该发那么大的火儿？这是你要的十美金。""爸，谢谢您。"孩子高兴地从枕头下拿出一些被弄皱的钞票，慢慢地数着。

"为什么你已经有钱了还要？"父亲不解地问。

"因为原来不够，但现在凑够了。"孩子回答："爸，我现在有二十美金了，我可以向您买一个小时的时间吗？明天请早一点儿回家——我想和您一起吃晚餐。"

(节选自唐继柳编译《二十美金的价值》)

语音提示

(1) 有点儿 yóudiǎnr　(2) 儿子 érzi　(3) 什么 shénme　(4) 与 yǔ
(5) 小孩儿 xiǎoháir　(6) 小孩子 xiǎoháizi　(7) 火儿 huǒr　(8) 枕头 zhěntou
(9) 因为 yīnwèi　(10) 一点儿 yìdiǎnr

作品8号

我爱月夜，但我也爱星天。从前在家乡七八月的夜晚在庭院里纳凉的时候，我最爱看天上密密麻麻的繁星。望着星天，我就会忘记一切，仿佛回到了母亲的怀里似的。

三年前在南京我住的地方有一道后门，每晚我打开后门，便看见一个静寂的夜。下面是一片菜园，上面是星群密布的蓝天。星光在我们的肉眼里虽然微小，然而它使我们觉得光明无处不在。那时候我正在读一些天文学的书，也认得一些星星，好像它们就是我的朋友，它们常常在和我谈话一样。

如今在海上，每晚和繁星相对，我把它们认得很熟了。我躺在舱面上，仰望天空。深蓝色的天空里悬着无数半明半昧的星。船在动，星也在动，它们是这样低，真是摇摇欲坠呢！渐渐地我的眼睛模糊了，我好像看见无数萤火虫在我的周围飞舞。海上的夜是柔和的，是静寂的，是梦幻的。我望着许多认识的星，我仿佛看见它们在对我眨眼，我仿佛听见它们在小声说话。这时我忘记了一切。在星的怀抱中我微笑着，我沉睡着。我觉得自己是一个小孩子，现在睡在母亲的怀里了。

有一夜，那个在哥伦波上船的英国人指给我看天上的巨人。他用手指着：那四颗明亮的星是头，下面的几颗是身子，这几颗是手，那几颗是腿和脚，还有三颗星算是腰带。经他这一番指点，我果然看清楚了那个天上的巨人。看，那个巨人还在跑呢！

(节选自巴金《繁星》)

语音提示

(1) 仿佛 fǎngfú　(2) 似的 shìde　(3) 地方 dìfang　(4) 认得 rènde
(5) 朋友 péngyou　(6) 熟 shú　(7) 昧 mèi　(8) 模糊 móhu

(9) 认识 rènshi　(10) 眨眼 zhǎyǎn　(11) 清楚 qīngchu

作品 9 号

假日到河滩上转转，看见许多孩子在放风筝。一根根长长的引线，一头系在天上，一头系在地上，孩子同风筝都在天与地之间悠荡，连心也被悠荡得恍恍惚惚了，好像又回到了童年。

儿时放的风筝，大多是自己的长辈或家人编扎的，几根削得很薄的篾，用细纱线扎成各种鸟兽的造型，糊上雪白的纸片，再用彩笔勾勒出面孔与翅膀的图案。通常扎得最多的是“老雕”“美人儿”“花蝴蝶”等。

我们家前院就有位叔叔，擅扎风筝，远近闻名。他扎得风筝不只体形好看，色彩艳丽，放飞得高远，还在风筝上绷一叶用蒲苇削成的膜片，经风一吹，发出“嗡嗡”的声响，仿佛是风筝的歌唱，在蓝天下播扬，给开阔的天地增添了无尽的韵味，给驰荡的童心带来几分疯狂。

我们那条胡同的左邻右舍的孩子们放的风筝几乎都是叔叔编扎的。他的风筝不卖钱，谁上门去要，就给谁，他乐意自己贴钱买材料。

后来，这位叔叔去了海外，放风筝也渐与孩子们远离了。不过年年叔叔给家乡写信，总不忘提起儿时的放风筝。香港回归之后，他在家信中说到，他这只被故乡放飞到海外的风筝，尽管飘荡游弋，经沐风雨，可那线头儿一直在故乡和亲人手中牵着，如今飘得太累了，也该要回归到家乡和亲人身边来了。

是的。我想，不光是叔叔，我们每个人都是风筝，在妈妈手中牵着，从小放到大，再从家乡放到祖国最需要的地方去啊！

(节选自李恒瑞《风筝畅想曲》)

语音提示

(1) 假日 jiàrì　(2) 风筝 fēngzheng　(3) 系 jì　(4) 编扎 biānzā　(5) 削 xiāo
(6) 薄 báo　(7) 人儿 rénr　(8) 仿佛 fǎngfú　(9) 胡同 hútòng
(10) 几乎 jīhū　(11) 游弋 yóuyì　(12) 线头儿 xiàntóur　(13) 啊 ya

作品 10 号

爸不懂得怎样表达爱，使我们一家人融洽相处的是我妈。他只是每天上班下班，而妈则把我们做过的错事开列清单，然后由他来责骂我们。

有一次我偷了一块糖果，他要我把它送回去，告诉卖糖的说是我偷来的，说我愿意替他拆箱卸货作为赔偿。但妈妈却明白我只是个孩子。

我在运动场打秋千跌断了腿，在前往医院途中一直抱着我的，是我妈。爸把汽车停在急诊室门口，他们叫他驶开，说那空位是留给紧急车辆停放的。爸听了便叫嚷道：“你以为这是什么车？旅游车？”

在我生日会上，爸总是显得有些不大相称。他只是忙于吹气球，布置餐桌，做杂务。把插着蜡烛的蛋糕推过来让我吹的，是我妈。

我翻阅照相册时，人们总是问："你爸爸是什么样子的？"天晓得！他老是忙着替别人拍照。妈和我笑容可掬地一起拍的照片，多得不可胜数。

我记得妈有一次叫他教我骑自行车。我叫他别放手，但他却说是应该放手的时候了。我摔倒之后，妈跑过来扶我，爸却挥手要她走开。我当时生气极了，决心要给他点儿颜色看。于是我马上爬上自行车，而且自己骑给他看。他只是微笑。

我念大学时，所有的家信都是妈写的。他除了寄支票外，还寄过一封短柬给我，说因为我不在草坪上踢足球了，所以他的草坪长得很美。

每次我打电话回家，他似乎都想跟我说话，但结果总是说："我叫你妈来接。"

我结婚时，掉眼泪的是我妈。他只是大声擤了一下鼻子，便走出房间。

我从小到大都听他说："你到哪里去？什么时候回家？汽车有没有汽油？不，不准去。"爸完全不知道怎样表达爱。除非……

会不会是他已经表达了，而我却未能察觉？

(节选自[美]艾尔玛·邦贝克《父亲的爱》)

语音提示

(1) 融洽 róngqià　(2) 相处 xiāngchǔ　(3) 告诉 gàosu　(4) 卸货 xièhuò
(5) 妈妈 māma　(6) 明白 míngbai　(7) 孩子 háizi　(8) 室 shì
(9) 空位 kòngwèi　(10) 什么 shénme　(11) 相称 xiāngchèn　(12) 爸爸 bàba
(13) 笑容可掬 xiàoróngkějū　(14) 照片 zhàopiàn
(15) 不可胜数 bùkěshèngshǔ　(16) 教 jiāo　(17) 时候 shíhou
(18) 点儿 diǎnr　(19) 短柬 duǎnjiǎn　(20) 因为 yīnwèi　(21) 似乎 sìhū
(22) 结果 jiéguǒ　(23) 结婚 jiéhūn　(24) 擤 xǐng　(25) 鼻子 bízi

作品 11 号

一个大问题一直盘踞在我脑袋里：

世界杯怎么会有如此巨大的吸引力？除去足球本身的魅力之外，还有什么超乎其上而更伟大的东西？

近来观看世界杯，忽然从中得到了答案：是由于一种无上崇高的精神情感——国家荣誉感！

地球上的人都会有国家的概念，但未必时时都有国家的感情。往往人到异国，思念家乡，心怀故国，这国家概念就变得有血有肉，爱国之情来得非常具体。而现代社会，科技昌达，信息快捷，事事上网，世界真是太小太小，国家的界限似乎也不那么清晰了。再说足球正在快速世界化，平日里各国球员频繁转会，往来随意，致使越来越多的国家联赛都具有国际的因素。球员们不论国籍，只效力于自己的俱乐部，他们比赛时的激情中完全没有爱国主义的因子。

然而，到了世界杯大赛，天下大变。各国球员都回国效力，穿上与光荣的国旗同样色彩的服装。在每一场比赛前，还高唱国歌以宣誓对自己祖国的挚爱与忠诚。一种血缘情感开始在全身的血管里燃烧起来，而且立刻热血沸腾。

在历史时代，国家间经常发生对抗，好男儿戎装卫国。国家的荣誉往往需要以自己的生命去换取。但在和平时代，唯有这种国家之间大规模对抗性的大赛，才可以唤起那种遥远而神圣的情感，那就是：为祖国而战！

(节选自冯骥才《国家荣誉感》)

语音提示

(1) 脑袋 nǎodai　(2) 怎么 zěnme　(3) 东西 dōngxi　(4) 血 xiě　(5) 似乎 sìhū
(6) 转会 zhuǎnhuì　(7) 因子 yīnzǐ　(8) 挚爱 zhì'ài　(9) 血缘 xuèyuán

作品 12 号

夕阳落山不久，西方的天空，还燃烧着一片橘红色的晚霞。大海，也被这霞光染成了红色，而且比天空的景色更要壮观。因为它是活动的，每当一排排波浪涌起的时候，那映照在浪峰上的霞光，又红又亮，简直就像一片片霍霍燃烧着的火焰，闪烁着，消失了。而后面的一排，又闪烁着，滚动着，涌了过来。

天空的霞光渐渐地淡下去了，深红的颜色变成了绯红，绯红又变为浅红。最后，当这一切红光都消失了的时候，那突然显得高而远了的天空，则呈现出一片肃穆的神色。最早出现的启明星，在这深蓝色的天幕上闪烁起来了。它是那么大，那么亮，整个广漠的天幕上只有它在那里放射着令人注目的光辉，活像一盏悬挂在高空的明灯。

夜色加浓，苍空中的“明灯”越来越多了。而城市各处的真的灯火也次第亮了起来，尤其是围绕在海港周围山坡上的那一片灯光，从半空倒映在乌蓝的海面上，随着波浪，晃动着，闪烁着，像一串流动着的珍珠，和那一片片密布在苍穹里的星斗互相辉映，煞是好看。

在这幽美的夜色中，我踏着软绵绵的沙滩，沿着海边，慢慢地向前走去。海水，轻轻地抚摸着细软的沙滩，发出温柔的唰唰声。晚来的海风，清新而又凉爽。我的心里，有着说不出的兴奋和愉快。

夜风轻飘飘地吹拂着，空气中飘荡着一种大海和田禾相混合的香味儿，柔软的沙滩上还残留着白天太阳炙晒的余温。那些在各个工作岗位上劳动了一天的人们，三三两两地来到这软绵绵的沙滩上，他们浴着凉爽的海风，望着那缀满了星星的夜空，尽情地说笑，尽情地休憩。

(节选自峻青《海滨仲夏夜》)

语音提示

(1) 因为 yīnwèi　(2) 时候 shíhou　(3) 绯红 fēihóng　(4) 为 wéi
(5) 围绕 wéirào　(6) 苍穹 cāngqióng　(7) 星斗 xīngdǒu　(8) 煞 shà

(9) 兴奋 xīngfèn　(10) 吹拂 chuīfú　(11) 混合 hùnhé　(12) 炙晒 zhìshài
(13) 休憩 xiūqì

作品 13 号

生命在海洋里诞生绝不是偶然的，海洋的物理和化学性质，使它成为孕育原始生命的摇篮。

我们知道，水是生物的重要组成部分，许多动物组织的含水量在百分之八十以上，而一些海洋生物的含水量高达百分之九十五。水是新陈代谢的重要媒介，没有它，体内的一系列生理和生物化学反应就无法进行，生命也就停止。因此，在短时期内动物缺水要比缺少食物更加危险。水对今天的生命是如此重要，它对脆弱的原始生命，更是举足轻重了。生命在海洋里诞生，就不会有缺水之忧。

水是一种良好的溶剂。海洋中含有许多生命所必需的无机盐，如氯化钠、氯化钾、碳酸盐、磷酸盐，还有溶解氧，原始生命可以毫不费力地从中吸取它所需要的元素。

水具有很高的热容量，加之海洋浩大，任凭夏季烈日曝晒，冬季寒风扫荡，它的温度变化却比较小。因此，巨大的海洋就像是天然的“温箱”，是孕育原始生命的温床。

阳光虽然为生命所必需，但是阳光中的紫外线却有扼杀原始生命的危险。水能有效地吸收紫外线，因而又为原始生命提供了天然的“屏障”。

这一切都是原始生命得以产生和发展的必要条件。

(节选自童裳亮《海洋与生命》)

语音提示

(1) 氯 lǜ　(2) 曝晒 pùshài　(3) 比较 bǐjiào　(4) 为 wéi　(5) 屏障 píngzhàng

作品 14 号

路过乡间一座三合院，看见一个孩子正在放声大哭，妈妈心疼地在旁边安慰。

妈妈一手慈爱地搂着孩子，一手用力地拍打地板，对孩子说：

“哎呀！都是这个土脚不平，害宝贝仔仆倒，妈妈替你拍土脚，哎呀！”

妈妈拍地的动作非常滑稽夸张，使那哭闹不停的孩子也忍不住破涕为笑了。

我站在一旁看着这一幕，心里感到十分温馨，想到从前我的妈妈也曾如此安慰过我。不只是我的妈妈，从前乡间的父母几乎都是这样安慰孩子。

跑的时候被树枝绊倒了，就把树枝折断，说是：“坏树枝！怎么可以绊倒我的好孩子。”走路不小心跌倒了，就打骂土地，说是：“歹土地，怎么可以害我的乖孩子跌倒。”甚至完全没有原因跌倒，找不到什么东西可以责备，就骂风，说：“都是风吹得让我的心肝仔跌倒。”

我们小的时候都会信以为真，以为跌倒是因为风、土地或树枝的缘故，我们也会像父母亲一样，找借口安慰自己，却没意识到是自己走路不小心。

记得有一次，我在门口庭前跑步，不小心摔了一跤，头破血流。妈妈从灶间跑出来，左看右看，找不到可以打骂的东西，因为庭前的土地非常平，既没有树枝，也没有小石子。

妈妈怔了好长一段时间，我已经站起来了，她还怔在那里，手里拿着一支锅铲，样子有点滑稽。

妈妈看我望着她，以为我要放声哭出来，突然大声地骂天："都是这么恶的风，吹得阿玄仔仆倒！"

我抚着自己头上的伤口，对妈妈说："妈，不是因为风，是我自己不小心仆倒的。"

那时，庭前确实只有阳光，一丝风也无。

妈妈这时笑得像阳光一样灿烂，过来检视我的伤口，欣慰地说："你大汉了！"

妈妈的意思是我长大了，可以承担自己的错误与失败。当我们发现到，无论任何形式的跌倒，都是由于自己的不小心，而不是去找借口，这时我们就像我们在情感与姻缘上跌倒的时候，也像孩子时一样……即使地不平、荆棘横路、风狂雨暴，都不应该是我们跌倒的借口。最应该检视的是错误与失败。

孩子的跌倒顶多是皮肉受伤，姻缘挫败也顶多是锥心刺骨，并不会伤到情感的本质。因此，一个人不应该在爱中受伤，就失去爱的勇气；一个人也不应因痛苦，就失去承担的心。要寻找到生命最内在的本质，是不能有任何借口的。当我们还有借口，本质就不会显露出来。

我对自己过去情感的受伤，姻缘的挫败也没有任何借口，这都是我生命的必然之路。我也愿意承担任何的批评，并把这些批评当成石阶，走向更高的位置来回看自己的人生。

在风中跌倒，在爱中流泪，这都是人生不可避免的旅程。如果我们在每一段旅程，都能学习到更广大的胸怀，都能不失去真爱的勇气、美好的追求，一切挫折不也都有深刻的意义吗？我站着看那拍打土地安慰孩子的母亲图像，一面忆起往事，一面想到我们人生可能永无平静之日，但我们要使心安宁，只在当下的转念之间。

(节选自(台湾)林清玄《风中跌倒不为风》)

语音提示

(1) 妈妈 māmɑ　(2) 仆倒 pūdǎo　(3) 时候 shíhou　(4) 温馨 wēnxīn
(5) 滑稽 huájī　(6) 这么 zhème　(7) 抚着 fǔzhe

作品 15 号

三十年代初，胡适在北京大学任教授。讲课时他常常对白话文大加称赞，引起一些只喜欢文言文而不喜欢白话文的学生的不满。

一次，胡适正讲得得意的时候，一位姓魏的学生突然站了起来，生气地问："胡先生，难道说白话文就毫无缺点吗？"胡适微笑着回答说："没有。"那位学生更加激动了："肯定有！白话文废话太多，打电报用字多，花钱多。"胡适的目光顿时变亮了，轻声地解释说："不一定吧！前几天有位朋友给我打来电报，请我去政府部门工作，我决定不去，就回电拒绝了。复电是用白话写的，看来也很省字。请同学们根据我这个意思，用文言文写一个回电，看看究竟是白话文省字，还是文言文省字？”胡教授刚说完，同学们立刻认真地写了起来。

十五分钟过去，胡适让同学举手，报告用字的数目，然后挑了一份用字最少的文言电报稿，电文是这样写的：“才疏学浅，恐难胜任，不堪从命。”白话文的意思是：学问不深，恐怕很难担任这个工作，不能服从安排。

胡适说，这份写得确实不错，仅用了十二个字。但我的白话电报却只用了五个字：

“干不了，谢谢！”

胡适又解释说，“干不了”就有才疏学浅、恐难胜任的意思；“谢谢”既对朋友的介绍表示感谢，又有拒绝的意思。所以，废话多不多，并不看它是文言文还是白话文，只要注意选用字词，白话文是可以比文言文更省字的。

(节选自陈灼主编《实用汉语中级教程》(上)中《胡适的白话电报》)

语音提示

(1) 称赞 chēngzàn　(2) 学生 xuésheng　(3) 时候 shíhou　(4) 朋友 péngyou
(5) 意思 yìsi　(6) 谢谢 xièxie

作品16号

很久以前，在一个漆黑的秋天的夜晚，我泛舟在西伯利亚一条阴森森的河上。船到一个转弯处，只见前面黑黢黢的山峰下面一星火光蓦地一闪。

火光又明又亮，好像就在眼前……

“好啦，谢天谢地！”我高兴地说，“马上就到过夜的地方啦！”

船夫扭头朝身后的火光望了一眼，又不以为然地划起桨来。

“远着呢！”

我不相信他的话，因为火光冲破朦胧的夜色，明明在那儿闪烁。不过船夫是对的，事实上，火光的确还远着呢。

这些黑夜的火光的特点是：驱散黑暗，闪闪发亮，近在眼前，令人神往。乍一看，再划几下就到了……其实却还远着呢！……

我们在漆黑如墨的河上又划了很久。一个个峡谷和悬崖，迎面驶来，又向后移去，仿佛消失在茫茫的远方，而火光却依然停在前头，闪闪发亮，令人神往——依然是这么近，又依然是那么远……

现在，不论是这条被悬崖峭壁的阴影笼罩的漆黑的河流，还是那一星明亮的火光，都经常浮现在我的脑际，在这以前和在这以后，曾有许多火光，似乎近在咫尺，不止使我一人心驰神往。可是生活之河却仍然在那阴森森的两岸之间流着，而火光也依旧非常遥远。因此，必须加劲划桨……

然而，火光啊……毕竟……毕竟就在前头！……

(节选自[俄]柯罗连科《火光》，张铁夫译)

语音提示

(1) 黑黢黢 hēiqūqū　(2) 蓦地 mòdì　(3) 马上 mǎshàng　(4) 地方 dìfang
(5) 朦胧 ménglóng　(6) 闪烁 shǎnshuò　(7) 的确 díquè　(8) 仿佛 fǎngfú
(9) 峭壁 qiàobì　(10) 似乎 sìhū　(11) 咫尺 zhǐchǐ　(12) 啊 nga
(13) 前头 qiántou

作品 17 号

对于一个在北平住惯的人，像我，冬天要是不刮风，便觉得是奇迹；济南的冬天是没有风声的。对于一个刚由伦敦回来的人，像我，冬天要能看得见日光，便觉得是怪事；济南的冬天是响晴的。自然，在热带的地方，日光永远是那么毒，响亮的天气，反有点叫人害怕。可是，在北方的冬天，而能有温晴的天气，济南真得算个宝地。

设若单单是有阳光，那也算不了出奇。请闭上眼睛想：一个老城，有山有水，全在天底下晒着阳光，暖和安适地睡着，只等春风来把它们唤醒，这是不是理想的境界？小山整把济南围了个圈儿，只有北边缺着点口儿。这一圈小山在冬天特别可爱，好像是把济南放在一个小摇篮里，它们安静不动地低声地说："你们放心吧，这儿准保暖和。"真的，济南的人们在冬天是面上含笑的。他们一看那些小山，心中便觉得有了着落，有了依靠。他们由天上看到山上，便不知不觉地想起：明天也许就是春天了吧？这样的温暖，今天夜里山草也许就绿起来了吧？就是这点儿幻想不能一时实现，他们也并不着急，因为这样慈善的冬天，干什么还希望别的呢！

最妙的是下点儿小雪呀。看吧，山上的矮松越发的青黑，树尖儿上顶着一髻儿白花，好像日本看护妇。山尖儿全白了，给蓝天镶上一道银边。山坡上，有的地方雪厚点，有的地方草色还露着；这样，一道儿白，一道儿暗黄，给山们穿上一件带水纹的花衣；看着看着，这件花衣好像被风儿吹动，叫你希望看见一点更美的山的肌肤。等到快日落的时候，微黄的阳光斜射在山腰上，那点儿薄雪好像忽然害羞，微微露出点粉色。就是下小雪吧，济南是受不住大雪的，那些小山太秀气。

（节选自老舍《济南的冬天》）

语音提示

(1) 觉得 juéde　(2) 奇迹 qíjì　(3) 济南 jǐ'nán　(4) 地方 dìfang
(5) 那么 nàme　(6) 有点 yǒudiǎn　(7) 得 děi　(8) 眼睛 yǎnjing
(9) 暖和 nuǎnhuo　(10) 圈儿 quānr　(11) 口儿 kǒur　(12) 这儿 zhèr
(13) 着落 zhuóluò　(14) 着急 zháojí　(15) 因为 yīnwèi　(16) 什么 shénme
(17) 尖儿 jiānr　(18) 髻儿 jìr　(19) 看护 kānhù　(20) 镶 xiāng
(21) 露 lòu　(22) 水纹 shuǐwén　(23) 风儿 fēng'ér　(24) 时候 shíhou
(25) 薄 báo　(26) 秀气 xiùqi

作品18号

纯朴的家乡村边有一条河，曲曲弯弯，河中架起一弯石桥，弓样的小桥横跨两岸。

每天，不管是鸡鸣晓月，日丽中天，还是月华泻地，小桥都印下串串足迹，洒落串串汗珠。那是乡亲为了追求多棱的希望，兑现美好的遐想。弯弯小桥，不时荡过轻吟低唱，不时露出舒心的笑容。

因而，我稚小的心灵，曾将心声献给小桥：你是一弯银色的新月，给人间普照光辉；你是一把闪亮的镰刀，割刈着欢笑的花果；你是一根晃悠悠的扁担，挑起了彩色的明天！哦，小桥走进我的梦中。

我在飘泊他乡的岁月，心中总涌动着故乡的河水，梦中总看到弓样的小桥。当我访南疆探北国，眼帘闯进座座雄伟的长桥时，我的梦变得丰满了，增添了赤橙黄绿青蓝紫。

三十多年过去，我带着满头霜花回到故乡，第一紧要的便是去看望小桥。

啊！小桥呢？小桥躲起来了？河中一道长虹，浴着朝霞熠熠闪光。哦，雄浑的大桥敞开胸怀，汽车的呼啸、摩托的笛音、自行车的叮铃，合奏着进行交响乐；南来的钢筋、花布，北往的柑橙、三鸟，绘出交流欢跃图……

满桥豪笑满桥歌啊！蜕变的桥，传递了家乡进步的消息，透露了家乡富裕的声音。时代的春风，美好的追求，我蓦地记起儿时唱给小桥的歌，哦，明艳艳的太阳照耀了，芳香甜蜜的花果捧来了！

我心中涌动的河水，激荡起甜美的浪花。我仰望一碧蓝天，心底轻声呼喊：家乡的桥啊，我梦中的桥！

(节选自郑莹《家乡的桥》)

语音提示

(1) 曲 qū	(2) 足迹 zújì	(3) 乡亲 xiāngqīn	(4) 棱 léng
(5) 兑现 duìxiàn	(6) 遐想 xiáxiǎng	(7) 露 lù	(8) 稚小 zhìxiǎo
(9) 割刈 gēyì	(10) 扁担 biǎndan	(11) 挑起 tiāoqǐ	(12) 漂泊 piāobó
(13) 涌动 yǒngdòng	(14) 熠熠 yìyì	(15) 蜕变 tuìbiàn	(16) 消息 xiāoxi
(17) 蓦地 mòdì	(18) 斑斓 bānlán	(19) 啊 wa	

作品19号

三百多年前，建筑设计师莱伊恩受命设计了英国温泽市政府大厅。他运用工程力学的知识，依据自己多年的实践，巧妙地设计了只用一根柱子支撑的大厅天花板。一年以后，市政府权威人士进行工程验收时，却说只用一根柱子支撑天花板太危险，要求莱伊恩再多加几根柱子。

莱伊恩自信只要一根坚固的柱子足以保证大厅安全，他的“固执”惹恼了市政官员，险些被送上法庭。他非常苦恼，坚持自己原先的主张吧，市政官员肯定会另找人修改设计；不坚持吧，又有悖自己为人的准则。矛盾了很长一段时间，莱伊恩终于想出了一条妙计，他在大厅里增加了四根柱子，不过这些柱子并未与天花板接触，只不过是装装样子。

三百多年过去了，这个秘密始终没有被人发现。直到前两年，市政府准备修缮大厅的天花板，才发现莱伊恩当年的“弄虚作假”。消息传出后，世界各国的建筑专家和游客云集，当地政府对此也不加掩饰，在新世纪到来之际，特意将大厅作为一个旅游景点对外开放，旨在引导人们崇尚和相信科学。

作为一名建筑师，莱伊恩并不是最出色的。但作为一个人，他无疑非常伟大，这种伟大表现在他始终恪守着自己的原则，给高贵的心灵一个美丽的住所：哪怕是遭遇到最大的阻力，也要想办法抵达胜利。

（节选自游宇明《坚守你的高贵》）

语音提示

(1) 知识 zhīshi (2) 支撑 zhīchēng (3) 惹恼 rě'nǎo (4) 悖 bèi
(5) 为人 wéirén (6) 样子 yàngzi (7) 秘密 mìmì (8) 修缮 xiūshàn
(9) 消息 xiāoxi (10) 掩饰 yǎnshì (11) 旨 zhǐ (12) 崇尚 chóngshàng
(13) 恪守 kèshǒu

作品 20 号

自从传言有人在萨文河畔散步时无意发现了金子后，这里便常有来自四面八方的淘金者。他们都想成为富翁，于是寻遍了整个河床，还在河床上挖出很多大坑，希望借助它们找到更多的金子。的确，有一些人找到了，但另外一些人因为一无所得而只好扫兴归去。

也有不甘心落空的，便驻扎在这里，继续寻找。彼得·弗雷特就是其中一员。他在河床附近买了一块没人要的土地，一个人默默地工作。他为了找金子，已把所有的钱都押在这块土地上。他埋头苦干了几个月，直到土地全变成了坑坑洼洼，他失望了——他翻遍了整块土地，但连一丁点儿金子都没看见。

六个月后，他连买面包的钱都没有了。于是他准备离开这儿到别处去谋生。

就在他即将离去的前一个晚上，天下起了倾盆大雨，并且一下就是三天三夜。雨终于停了，彼得走出小木屋，发现眼前的土地看上去好像和以前不一样：坑坑洼洼已被大水冲刷平整，松软的土地上长出一层绿茸茸的小草。

“这里没找到金子，”彼得忽有所悟地说，“但这土地很肥沃，我可以用来种花，并且拿到镇上去卖给那些富人，他们一定会买些花装扮他们华丽的客厅。如果真是这样的话，那么我一定会赚许多钱，有朝一日我也会成为富人……”

于是他留了下来。彼得花了不少精力培育花苗，不久田地里长满了美丽娇艳的各色鲜花。

五年以后，彼得终于实现了他的梦想——成了一个富翁。“我是唯一的一个找到真金的人！”他时常不无骄傲地告诉人，“别人在这儿找不到金子后便远远地离开，而我的

‘金子’是在这块土地里，只有诚实的人用勤劳才能采集到。”

(节选自陶猛译《金子》)

语音提示

(1) 河畔 hépàn (2) 金子 jīnzi (3) 的确 díquè (4) 因为 yīnwèi
(5) 驻扎 zhùzhā (6) 默默 mòmò (7) 一丁点儿 yìdīngdiǎnr
(8) 这儿 zhèr (9) 即将 jíjiāng (10) 晚上 wǎnshang (11) 倾盆 qīngpén
(12) 富人 fùrén (13) 那么 nàme (14) 告诉gàosu

作品21号

我在加拿大学习期间遇到过两次募捐，那情景至今使我难以忘怀。

一天，我在渥太华的街上被两个男孩子拦住去路。他们十来岁，穿得整整齐齐，每人头上戴着个做工精巧、色彩鲜艳的纸帽，上面写着“为帮助患小儿麻痹的伙伴募捐”。其中的一个，不由分说就坐在小凳上给我擦起皮鞋来，另一个则彬彬有礼地发问：“小姐，您是哪国人？喜欢渥太华吗？”“小姐，在你们国家有没有小孩儿患小儿麻痹？谁给他们医疗费？”一连串的问题，使我这个有生以来头一次在众目睽睽之下让别人擦鞋的异乡人，从近乎狼狈的窘态中解脱出来。我们像朋友一样聊起天儿来……

几个月之后，也是在街上。一些十字路口处或车站坐着几位老人。他们满头银发，身穿各种老式军装，上面布满了大大小小形形色色的徽章、奖章，每人手捧一大束鲜花，有水仙、石竹、玫瑰及叫不出名字的，一色雪白。匆匆过往的行人纷纷止步，把钱投进这些老人身旁的白色木箱内，然后向他们微微鞠躬，从他们手中接过一朵花。我看了一会儿，有人投一两元，有人投几百元，还有人掏出支票填好后投进木箱。那些老军人毫不注意人们捐多少钱，一直不停地向人们低声道谢。同行的朋友告诉我，这是为纪念第二次世界大战中参战的勇士，募捐救济残废军人和烈士遗孀，每年一次；认捐的人可谓踊跃，而且秩序井然，气氛庄严。有些地方，人们还耐心地排着队。我想，这是因为他们都知道：正是这些老人们的流血牺牲换来了包括他们信仰自由在内的许许多多。

我两次把那微不足道的一点儿钱捧给他们，只想对他们说声“谢谢”。

(节选自青白《捐诚》)

语音提示

(1) 渥太华 wòtàihuá (2) 孩子 háizi (3) 麻痹 mábì (4) 不由分说 bùyóufēnshuō
(5) 小孩儿 xiǎoháir (6) 睽睽 kuíkuí (7) 窘态 jiǒngtài (8) 朋友 péngyou
(9) 天儿 tiānr (10) 银发 yínfà (11) 名字 míngzi (12) 一色 yísè
(13) 一会儿 yíhuìr (14) 同行 tóngxíng (15) 遗孀 yíshuāng (16) 踊跃 yǒngyuè
(17) 气氛 qìfēn (18) 地方 dìfang (19) 流血 liúxuè (20) 一点儿 yìdiǎnr
(21) 谢谢 xièxie

作品 22 号

没有一片绿叶，没有一缕炊烟，没有一粒泥土，没有一丝花香，只有水的世界，云的海洋。

一阵台风袭过，一只孤单的小鸟无家可归，落到被卷到洋里的木板上，乘流而下，姗姗而来，近了，近了！……

忽然，小鸟张开翅膀，在人们头顶盘旋了几圈儿，“噗啦”一声落到了船上。许是累了？还是发现了“新大陆”？水手撵它，它不走，抓它，它乖乖地落在掌心。可爱的小鸟和善良的水手结成了朋友。

瞧，它多美丽，娇巧的小嘴，啄理着绿色的羽毛，鸭子样的扁脚，呈现出春草的鹅黄。水手们把它带到舱里，给它“搭铺”，让它在船上安家落户，每天，把分到的一塑料筒淡水匀给它喝，把从祖国带来的鲜美的鱼肉分给它吃，天长日久，小鸟和水手的感情日趋笃厚。清晨，当第一束阳光射进舷窗时，它便敞开美丽的歌喉，唱啊唱，嘤嘤有韵，宛如春水淙淙。人类给它以生命，它毫不悭吝地把自己的艺术青春奉献给了哺育它的人。可能都是这样？艺术家们的青春只会献给尊敬他们的人。

小鸟给远航生活蒙上了一层浪漫色调。返航时，人们爱不释手，恋恋不舍地想把它带到异乡。可小鸟憔悴了，给水，不喝！喂肉，不吃！油亮的羽毛失去了光泽。是啊，我们有自己的祖国，小鸟也有它的归宿，人和动物都是一样啊，哪儿也不如故乡好！

慈爱的水手们决定放开它，让它回到大海的摇篮去，回到蓝色的故乡去。离别前，这个大自然的朋友与水手们留影纪念。它站在许多人的头上，肩上，掌上，胳膊上，与喂养过它的人们，一起融进那蓝色的画面……

(节选自王文杰《可爱的小鸟》)

语音提示

(1) 一缕 yìlǚ　(2) 袭 xí　(3) 乘 chéng　(4) 姗姗 shānshān
(5) 翅膀 chìbǎng　(6) 盘旋 pánxuán　(7) 噗啦 pūlā　(8) 撵 niǎn
(9) 结成 jiéchéng　(10) 朋友 péngyou　(11) 啄 zhuó　(12) 搭铺 dāpù
(13) 笃厚 dǔhòu　(14) 舷窗 xiánchuāng　(15) 啊 nga　(16) 嘤嘤 yīngyīng
(17) 淙淙 cóngcóng　(18) 悭吝 qiānlìn　(19) 哺育 bǔyù　(20) 色调 sèdiào
(21) 憔悴 qiáocuì　(22) 啊 ra　(23) 哪儿 nǎr　(24) 胳膊 gēbo
(25) 人们 rénmen

作品 23 号

纽约的冬天常有大风雪，扑面的雪花不但令人难以睁开眼睛，甚至呼吸都会吸入冰冷的雪花。有时前一天晚上还是一片晴朗，第二天拉开窗帘，却已经积雪盈尺，连门都推不开了。

遇到这样的情况，公司、商店常会停止上班，学校也通过广播，宣布停课。但令人不解的是，唯有公立小学，仍然开放。只见黄色的校车，艰难地在路边接孩子，老师则一大早就口中喷着热气，铲去车子前后的积雪，小心翼翼地开车去学校。

据统计，十年来纽约的公立小学只因为超级暴风雪停过七次课。这是多么令人惊讶的事。犯得着在大人都无须上班的时候让孩子去学校吗？小学的老师也太倒霉了吧？

于是，每逢大雪而小学不停课时，都有家长打电话去骂。妙的是，每个打电话的人，反应全一样——先是怒气冲冲地责问，然后满口道歉，最后笑容满面地挂上电话。原因是，学校告诉家长：

在纽约有许多百万富翁，但也有不少贫困的家庭。后者白天开不起暖气，供不起午餐，孩子的营养全靠学校里免费的中饭，甚至可以多拿些回家当晚餐。学校停课一天，穷孩子就受一天冻，挨一天饿，所以老师们宁愿自己苦一点儿，也不能停课。

或许有家长会说：何不让富裕的孩子在家里，让贫穷的孩子去学校享受暖气和营养午餐呢？

学校的答复是：我们不愿让那些穷苦的孩子感到他们是在接受救济，因为施舍的最高原则是保持受施者的尊严。

(节选自(台湾)刘墉《课不能停》)

语音提示

(1) 眼睛 yǎnjing	(2) 因为 yīnwèi	(3) 惊讶 jīngyà
(4) 犯得着 fàndezháo	(5) 时候 shíhou	(6) 供 gōng
(7) 挨 ái	(8) 宁愿 nìngyuàn	(9) 施舍 shīshě

作品24号

十年，在历史上不过是一瞬间。只要稍加注意，人们就会发现：在这一瞬间里，各种事物都悄悄经历了自己的千变万化。

这次重新访日，我处处感到亲切和熟悉，也在许多方面发觉了日本的变化。就拿奈良的一个角落来说吧，我重游了为之感受很深的唐招提寺，在寺内各处匆匆走了一遍，庭院依旧，但意想不到还看到了一些新的东西。其中之一，就是近几年从中国移植来的“友谊之莲”。

在存放鉴真遗像的那个院子里，几株中国莲昂然挺立，翠绿的宽大荷叶正迎风而舞，显得十分愉快。开花的季节已过，荷花朵朵已变为莲蓬累累。莲子的颜色正在由青转紫，看来已经成熟了。

我禁不住想：“因”已转化为“果”。

中国的莲花开在日本，日本的樱花开在中国，这不是偶然。我希望这样一种盛况延续不衰。可能有人不欣赏花，但绝不会有人欣赏落在自己面前的炮弹。

在这些日子里，我看到了不少多年不见的老朋友，又结识了一些新朋友。大家喜欢涉及的话题之一，就是古长安和古奈良。那还用得着问嘛，朋友们缅怀过去，正是瞩望未来。瞩目于未来的人们必将获得未来。

我不例外，也希望一个美好的未来。

为了中日人民之间的友谊，我将不浪费今后生命的每一瞬间。

(节选自严文井《莲花和樱花》)

语音提示

(1) 一瞬间 yíshùnjiān　(2) 奈良 nàiliáng　(3) 角落 jiǎoluò　(4) 为之 wèizhī
(5) 东西 dōngxi　(6) 友谊 yǒuyì　(7) 累累 léiléi　(8) 莲子 liánzǐ
(9) 成熟 chéngshú　(10) 禁不住 jīnbúzhù　(11) 日子 rìzi
(12) 朋友 péngyou　(13) 结识 jiéshí　(14) 用得着 yòngdezháo
(15) 缅怀 miǎnhuái　(16) 瞩望 zhǔwàng　(17) 获得 huòdé

作品 25 号

梅雨潭闪闪的绿色招引着我们，我们开始追捉她那离合的神光了。揪着草，攀着乱石，小心探身下去，又鞠躬过了一个石穹门，便到了汪汪一碧的潭边了。

瀑布在襟袖之间，但是我的心中已没有瀑布了。我的心随潭水的绿而摇荡。那醉人的绿呀，仿佛一张极大极大的荷叶铺着，满是奇异的绿呀。我想张开两臂抱住她，但这是怎样一个妄想啊。

站在水边，望到那面，居然觉着有些远呢！这平铺着、厚积着的绿，着实可爱。她松松地皱缬着，像少妇拖着的裙幅；她滑滑的明亮着，像涂了“明油”一般，有鸡蛋清那样软，那样嫩；她又不杂些尘滓，宛然一块温润的碧玉，只清清的一色——但你却看不透她！

我曾见过北京什刹海拂地的绿杨，脱不了鹅黄的底子，似乎太淡了。我又曾见过杭州虎跑寺近旁高峻而深密的“绿壁”，丛叠着无穷的碧草与绿叶的，那又似乎太浓了。其余呢，西湖的波太明了，秦淮河的也太暗了。可爱的，我将什么来比拟你呢？我怎么比拟得出呢？大约潭是很深的，故能蕴蓄着这样奇异的绿；仿佛蔚蓝的天融了一块在里面似的，这才这般的鲜润啊。

那醉人的绿呀！我若能裁你以为带，我将赠给那轻盈的舞女，她必能临风飘举了。我若能挹你以为眼，我将赠给那善歌的盲妹，她必明眸善睐了。我舍不得你，我怎舍得你呢？我用手拍着你，抚摩着你，如同一个十二三岁的小姑娘。我又掬你入口，便是吻着她了。我送你一个名字，我从此叫你“女儿绿”，好吗？

第二次到仙岩的时候，我不禁惊诧于梅雨潭的绿了。

(节选自朱自清《绿》)

语音提示

(1) 揪 jiū　(2) 石穹门 shíqióngmén　(3) 瀑布 pùbù　(4) 襟袖 jīnxiù
(5) 仿佛 fǎngfú　(6) 啊 nga　(7) 觉着 juézhe　(8) 铺 pū

(9) 着实 zhuóshí (10) 皱缬 zhòuxié (11) 尘滓 chénzǐ (12) 宛然 wǎnrán
(13) 什刹海 shíchàhǎi (14) 拂地 fúdì (15) 似乎 sìhū (16) 虎跑 hǔpáo
(17) 丛叠 cóngdié (18) 比拟 bǐnǐ (19) 怎么 zěnme (20) 蕴蓄 yùnxù
(21) 蔚蓝 wèilán (22) 似的 shìde (23) 啊 na (24) 轻盈 qīngyíng
(25) 挹 yì (26) 明眸 míngmóu (27) 善睐 shànlài (28) 抚摩 fǔmó
(29) 姑娘 gūniang (30) 掬 jū (31) 名字 míngzi (32) 不禁 bùjīn
(33) 惊诧 jīngchà

作品 26 号

我们家的后园有半亩空地，母亲说："让它荒着怪可惜的，你们那么爱吃花生，就开辟出来种花生吧。"我们姐弟几个都很高兴，买种，翻地，播种，浇水，没过几个月，居然收获了。

母亲说："今晚我们过一个收获节，请你们父亲也来尝尝我们的新花生，好不好？"我们都说好。母亲把花生做成了好几样食品，还吩咐就在后园的茅亭里过这个节。

晚上天色不太好，可是父亲也来了，实在很难得。

父亲说："你们爱吃花生吗？"

我们争着答应："爱！"

"谁能把花生的好处说出来？"

姐姐说："花生的味美。"

哥哥说："花生可以榨油。"

我说："花生的价钱便宜，谁都可以买来吃，都喜欢吃。这就是它的好处。"

父亲说："花生的好处很多，有一样最可贵：它的果实埋在地里，不像桃子、石榴、苹果那样，把鲜红嫩绿的果实高高地挂在枝头上，使人一见就生爱慕之心。你们看它矮矮地长在地上，等到成熟了，也不能立刻分辨出来它有没有果实，必须挖出来才知道。"

我们都说是，母亲也点点头。

父亲接下去说："所以你们要像花生，它虽然不好看，可是很有用，不是外表好看而没有实用的东西。"

我说："那么，人要做有用的人，不要做只讲体面，而对别人没有好处的人了。"

父亲说："对。这是我对你们的希望。"

我们谈到夜深才散。花生做的食品都吃完了，父亲的话却深深地印在我的心上。

（节选自许地山《落花生》）

语音提示

(1) 空地 kòngdì (2) 那么 nàme (3) 买种 mǎizhǒng (4) 播种 bōzhǒng
(5) 尝尝 chángchang (6) 晚上 wǎnshang (7) 难得 nándé (8) 姐姐 jiějie
(9) 哥哥 gēge (10) 便宜 piányi (11) 喜欢 xǐhuan (12) 桃子 táozi
(13) 石榴 shíliu (14) 枝头 zhītóu (15) 成熟 chéngshú (16) 分辨 fēnbiàn

(17) 东西 dōngxi

作品 27 号

我打猎归来，沿着花园的林阴路走着。狗跑在我前边。

突然，狗放慢脚步，蹑足潜行，好像嗅到了前边有什么野物。

我顺着林荫路望去，看见了一只嘴边还带黄色、头上生着柔毛的小麻雀。风猛烈地吹打着林荫路上的白桦树，麻雀从巢里跌落下来，呆呆地伏在地上，孤立无援地张开两只羽毛还未丰满的小翅膀。

我的狗慢慢向它靠近。忽然，从附近一棵树上飞下一只黑胸脯的老麻雀，像一颗石子似的落到狗的跟前。老麻雀全身倒竖着羽毛，惊恐万状，发出绝望、凄惨的叫声，接着向露出牙齿、大张着的狗嘴扑去。

老麻雀是猛扑下来救护幼雀的。它用身体掩护着自己的幼儿……但它整个小小的身体因恐怖而战栗着，它小小的声音也变得粗暴嘶哑，它在牺牲自己！

在它看来，狗该是多么庞大的怪物啊！然而，它还是不能站在自己高高的、安全的树枝上……一种比它的理智更强烈的力量，使它从那儿扑下身来。

我的狗站住了，向后退了退……看来，它也感到了这种力量。

我赶紧唤住惊慌失措的狗，然后我怀着崇敬的心情，走开了。

是啊，请不要见笑。我崇敬那只小小的、英勇的鸟儿，我崇敬它那种爱的冲动和力量。

爱，我想，比死和对死的恐惧更强大。只有依靠它，依靠这种爱，生命才能维持下去，发展下去。

(节选自[俄]屠格涅夫《麻雀》，巴金译)

语音提示

(1) 蹑足潜行 nièzúqiánxíng　(2) 嗅 xiù　(3) 什么 shénme
(4) 桦 huà　(5) 巢 cháo　(6) 翅膀 chìbǎng　(7) 石子儿 shízǐr
(8) 似的 shìde　(9) 凄惨 qīcǎn　(10) 掩护 yǎnhù　(11) 战栗 zhànlì
(12) 嘶哑 sīyǎ　(13) 庞大 pángdà　(14) 啊 wa　(15) 那儿 nàr
(16) 啊 ra　(17) 鸟儿 niǎor

作品 28 号

那年我六岁。离我家仅一箭之遥的小山坡旁，有一个早已被废弃的采石场，双亲从来不准我去那儿，其实那儿风景十分迷人。

一个夏季的下午，我随着一群小伙伴偷偷上那儿去了。就在我们穿越了一条孤寂的小路后，他们却把我一个人留在原地，然后奔向“更危险的地带”了。

等他们走后，我惊慌失措地发现，再也找不到要回家的那条孤寂的小道了。像只无头的苍蝇，我到处乱钻，衣裤上挂满了芒刺。太阳已经落山，而此时此刻，家里一定开始吃晚餐了，双亲正盼着我回家……想着想着，我不由得背靠着一棵树，伤心地呜呜大哭起来……

突然，不远处传来了声声柳笛。我像找到了救星，急忙循声走去。一条小道边的树桩上坐着一位吹笛人，手里还正削着什么。走近细看，他不就是被大家称为“乡巴佬”的卡廷吗？

“你好，小家伙儿，”卡廷说，“看天气多美，你是出来散步的吧？”

我怯生生地点点头，答道：“我要回家了。”

“请耐心等上几分钟，”卡廷说，“瞧，我正在削一支柳笛，差不多就要做好了，完工后就送给你吧！”

卡廷边削边不时把尚未成形的柳笛放在嘴里试吹一下。没过多久，一支柳笛便递到我手中。我俩在一阵阵清脆悦耳的笛音中，踏上了归途……

当时，我心中只充满感激，而今天，当我自己也成了祖父时，却突然领悟到他用心之良苦！那天当他听到我的哭声时，便判定我一定迷了路，但他并不想在孩子面前扮演“救星”的角色，于是吹响柳笛以便让我能发现他，并跟着他走出困境！就这样，卡廷先生以乡下人的纯朴，保护了一个小男孩儿强烈的自尊。

(节选自唐若水译《迷途笛音》)

语音提示

(1) 那儿 nàr　(2) 奔 bēn　(3) 惊慌失措 jīnghuāngshīcuò
(4) 苍蝇 cāngying　(5) 循 xún　(6) 削 xiāo　(7) 什么 shénme
(8) 小家伙儿 xiǎojiāhuor　(9) 怯生生 qièshēngshēng
(10) 角色 juésè　(11) 先生 xiānsheng　(12) 乡下 xiāngxia　(13) 男孩儿 nánháir

作品 29 号

在浩瀚无垠的沙漠里，有一片美丽的绿洲，绿洲里藏着一颗闪光的珍珠。这颗珍珠就是敦煌莫高窟。它坐落在我国甘肃省敦煌市三危山和鸣沙山的怀抱中。

鸣沙山东麓是平均高度为十七米的崖壁。在一千六百多米长的崖壁上，凿有大小洞窟七百余个，形成了规模宏伟的石窟群。其中四百九十二个洞窟中，共有彩色塑像两千一百余尊，各种壁画共四万五千多平方米。莫高窟是我国古代无数艺术匠师留给人类的珍贵文化遗产。

莫高窟的彩塑，每一尊都是一件精美的艺术品。最大的有九层楼那么高，最小的还不如一个手掌大。这些彩塑个性鲜明，神态各异。有慈眉善目的菩萨，有威风凛凛的天王，还有强壮勇猛的力士……

莫高窟壁画的内容丰富多彩，有的是描绘古代劳动人民打猎、捕鱼、耕田、收割的情景，有的是描绘人们奏乐、舞蹈、演杂技的场面，还有的是描绘大自然的美丽风光。其中最引人注目的是飞天。壁画上的飞天，有的臂挎花篮，采摘鲜花；有的反弹琵琶，轻拨银弦；有的倒悬身子，自天而降；有的彩带飘拂，漫天遨游；有的舒展着双臂，翩翩起舞。

看着这些精美动人的壁画，就像走进了灿烂辉煌的艺术殿堂。

莫高窟里还有一个面积不大的洞窟——藏经洞。洞里曾藏有我国古代的各种经卷、文书、帛画、刺绣、铜像等共六万多件。由于清朝政府腐败无能，大量珍贵的文物被外国强盗掠走。仅存的部分经卷，现在陈列于北京故宫等处。

莫高窟是举世闻名的艺术宝库。这里的每一尊彩塑、每一幅壁画、每一件文物，都是中国古代人民智慧的结晶。

(节选自小学《语文》第六册中《莫高窟》)

语音提示

(1) 浩瀚无垠 hàohànwúyín　(2) 敦煌 dūnhuáng　(3) 窟 kū
(4) 麓 lù　(5) 凿 záo　(6) 菩萨 púsà
(7) 威风凛凛 wēifēnglǐnlǐn　(8) 挎 kuà　(9) 弹 tán
(10) 琵琶 pípa　(11) 弦 xián　(12) 倒悬 dàoxuán
(13) 飘拂 piāofú　(14) 经卷 jīngjuàn　(15) 帛画 bóhuà

作品 30 号

其实你在很久以前并不喜欢牡丹，因为它总被人作为富贵膜拜。后来你目睹了一次牡丹的落花，你相信所有的人都会为之感动：一阵清风徐来，娇艳鲜嫩的盛期牡丹忽然整朵整朵地坠落，铺撒一地绚丽的花瓣。那花瓣落地时依然鲜艳夺目，如同一只奉上祭坛的大鸟脱落的羽毛，低吟着壮烈的悲歌离去。

牡丹没有花谢花败之时，要么烁于枝头，要么归于泥土，它跨越委顿和衰老，由青春而死亡，由美丽而消遁。它虽美却不吝惜生命，即使告别也要展示给人最后一次的惊心动魄。

所以在这阴冷的四月里，奇迹不会发生。任凭游人扫兴和诅咒，牡丹依然安之若素。它不苟且、不俯就、不妥协、不媚俗，甘愿自己冷落自己。它遵循自己的花期自己的规律，它有权利为自己选择每年一度的盛大节日。它为什么不拒绝寒冷？

天南海北的看花人，依然络绎不绝地涌入洛阳城。人们不会因牡丹的拒绝而拒绝它的美。如果它再被贬谪十次，也许它就会繁衍出十个洛阳牡丹城。

于是你在无言的遗憾中感悟到，富贵与高贵只是一字之差。同人一样，花儿也是有灵性的，更有品位之高低。品位这东西为气为魂为筋骨为神韵，只可意会。你叹服牡丹卓尔不群之姿，方知品位是多么容易被世人忽略或是漠视的美。

(节选自张抗抗《牡丹的拒绝》)

语音提示

(1) 牡丹 mǔdān　(2) 膜拜 móbài　(3) 目睹 mùdǔ
(4) 为 wèi　(5) 坠落 zhuìluò　(6) 铺撒 pūsǎ
(7) 绚丽 xuànlì　(8) 低吟 dīyín　(9) 烁 shuò

(10) 枝头 zhītóu　(11) 委顿 wěidùn　(12) 消遁 xiāodùn
(13) 吝惜 lìnxī　(14) 奇迹 qíjì　(15) 扫兴 sǎoxìng
(16) 诅咒 zǔzhòu　(17) 安之若素 ānzhīruòsù　(18) 苟且 gǒuqiě
(19) 妥协 tuǒxié　(20) 络绎不绝 luòyìbùjué　(21) 媚俗 mèisú
(22) 贬谪 biǎnzhé　(23) 花儿 huāér　(24) 东西 dōngxi
(25) 卓尔不群 zhuó'ěrbùqún　(26) 漠视 mòshì

作品 31 号

森林涵养水源，保持水土，防止水旱灾害的作用非常大。据专家测算，一片十万亩面积的森林，相当于一个两百万立方米的水库，这正如农谚所说的："山上多栽树，等于修水库。雨多它能吞，雨少它能吐。"

说起森林的功劳，那还多得很。它除了为人类提供木材及许多种生产、生活的原料之外，在维护生态环境方面也是功劳卓著。它用另一种"能吞能吐"的特殊功能孕育了人类。因为地球在形成之初，大气中的二氧化碳含量很高，氧气很少，气温也高，生物是难以生存的。大约在四亿年之前，陆地才产生了森林。森林慢慢将大气中的二氧化碳吸收，同时吐出新鲜氧气，调节气温，这才具备了人类生存的条件，地球上才最终有了人类。

森林，是地球生态系统的主体，是大自然的总调度室，是地球的绿色之肺。森林维护地球生态环境的这种"能吞能吐"的特殊功能是其他任何物体都不能取代的。然而，由于地球上的燃烧物增多，二氧化碳的排放量急剧增加，使得地球生态环境急剧恶化，主要表现为全球气候变暖，水分蒸发加快，改变了气流的循环，使气候变化加剧，从而引发热浪、飓风、暴雨、洪涝及干旱。

为了使地球的这个"能吞能吐"的绿色之肺恢复健壮，以改善生态环境，抑制全球变暖，减少水旱等自然灾害，我们应该大力造林、护林，使每一座荒山都绿起来。

(节选自《中考语文课外阅读试题精选》中《"能吞能吐"的森林》)

语音提示

(1) 涵养 hányǎng　(2) 农谚 nóngyàn　(3) 卓著 zhuózhù　(4) 因为 yīnwèi
(5) 循环 xúnhuán　(6) 飓风 jùfēng　(7) 抑制 yìzhì

作品 32 号

朋友即将远行。

暮春时节，又邀了几位朋友在家小聚。虽然都是极熟的朋友，却是终年难得一见，偶尔电话里相遇，也无非是几句寻常话。一锅小米稀饭，一碟大头菜，一盘自家酿制的泡菜，一只巷口买回的烤鸭，简简单单，不像请客，倒像家人团聚。

其实，友情也好，爱情也好，久而久之都会转化为亲情。

说也奇怪，和新朋友会谈文学、谈哲学、谈人生道理等等，和老朋友却只话家常，柴米油盐，细细碎碎，种种琐事。很多时候，心灵的契合已经不需要太多的言语来表达。

朋友新烫了个头，不敢回家见母亲，恐怕惊骇了老人家，却欢天喜地来见我们，老朋友颇能以一种趣味性的眼光欣赏这个改变。

年少的时候，我们差不多都在为别人而活，为苦口婆心的父母活，为循循善诱的师长活，为许多观念、许多传统的约束力而活。年岁逐增，渐渐挣脱外在的限制与束缚，开始懂得为自己活，照自己的方式做一些自己喜欢的事，不在乎别人的批评意见，不在乎别人的诋毁流言，只在乎那一份随心所欲的舒坦自然。偶尔，也能够纵容自己放浪一下，并且有一种恶作剧的窃喜。

就让生命顺其自然，水到渠成吧，犹如窗前的乌桕，自生自落之间，自有一份圆融丰满的喜悦。春雨轻轻落着，没有诗，没有酒，有的只是一份相知相属的自在自得。

夜色在笑语中渐渐沉落，朋友起身告辞，没有挽留，没有送别，甚至也没有问归期。

已经过了大喜大悲的岁月，已经过了伤感流泪的年华，知道了聚散原来是这样的自然和顺理成章，懂得这点，便懂得珍惜每一次相聚的温馨，离别便也欢喜。

(节选自(台湾)杏林子《朋友和其他》)

语音提示

(1) 朋友 péngyou　(2) 即将 jíjiāng　(3) 熟 shú　(4) 难得 nándé
(5) 偶尔 óu'ěr　(6) 寻常 xúncháng　(7) 酿制 niàngzhì　(8) 泡菜 pàocài
(9) 倒 dào　(10) 琐事 suǒshì　(11) 时候 shíhou　(12) 契合 qìhé
(13) 惊骇 jīnghài　(14) 欢天喜地 huāntiānxǐdì　(15) 年少 niánshào
(16) 循循善诱 xúnxúnshànyòu　(17) 挣脱 zhèngtuō　(18) 束缚 shùfù
(19) 在乎 zàihu　(20) 诋毁 dǐhuǐ　(21) 舒坦 shūtan　(22) 乌桕 wūjiù

作品 33 号

我们在田野散步：我，我的母亲，我的妻子和儿子。

母亲本不愿出来的。她老了，身体不好，走远一点儿就觉得很累。我说，正因为如此，才应该多走走。母亲信服地点点头，便去拿外套。她现在很听我的话，就像我小时候很听她的话一样。

这南方初春的田野，大块小块的新绿随意地铺着，有的浓，有的淡，树上的嫩芽也密了，田里的冬水也咕咕地起着水泡。这一切都使人想着一样东西——生命。

我和母亲走在前面，我的妻子和儿子走在后面。小家伙突然叫起来："前面是妈妈和儿子，后面也是妈妈和儿子。"我们都笑了。

后来发生了分歧：母亲要走大路，大路平顺；我的儿子要走小路，小路有意思。不过，一切都取决于我。我的母亲老了，她早已习惯听从她强壮的儿子；我的儿子还小，他还习惯听从他高大的父亲；妻子呢，在外面，她总是听我的。一霎时我感到了责任的重大。我想找一个两全的办法，找不出；我想拆散一家人，分成两路，各得其所，终不愿意。我决定委屈儿子，因为我伴同他的时日还长。我说："走大路。"

但是母亲摸摸孙儿的小脑瓜，变了主意：“还是走小路吧。”她的眼随小路望去：那里有金色的菜花，两行整齐的桑树，尽头一口水波粼粼的鱼塘。“我走不过去的地方，你就背着我。”母亲对我说。

这样，我们在阳光下，向着那菜花、桑树和鱼塘走去。到了一处，我蹲下来，背起了母亲；妻子也蹲下来，背起了儿子。我和妻子都是慢慢地，稳稳地，走得很仔细，好像我背上的同她背上的加起来，就是整个世界。

(节选自莫怀戚《散步》)

语音提示

(1) 妻子 qīzi　(2) 儿子 érzi　(3) 一点儿 yìdiǎnr　(4) 因为 yīnwèi
(5) 铺 pū　(6) 东西 dōngxi　(7) 分歧 fēnqí　(8) 意思 yìsi
(9) 霎时 shàshí　(10) 拆散 chāisàn　(11) 委屈 wěiqu　(12) 主意 zhǔyi
(13) 尽头 jìntóu　(14) 粼粼 línlín　(15) 背起了 bēiqǐle　(16) 背上 bèishàng

作品 34 号

地球上是否真的存在“无底洞”？按说地球是圆的，由地壳、地幔和地核三层组成，真正的“无底洞”是不应存在的，我们所看到的各种山洞、裂口、裂缝，甚至火山口也都只是地壳浅部的一种现象。然而中国一些古籍却多次提到海外有个深奥莫测的无底洞。事实上地球上确实有这样一个“无底洞”。

它位于希腊亚各斯古城的海滨。由于濒临大海，大涨潮时，汹涌的海水便会排山倒海般地涌入洞中，形成一股湍湍的急流。据测，每天流入洞内的海水量达三万多吨。奇怪的是，如此大量的海水灌入洞中，却从来没有把洞灌满。曾有人怀疑，这个“无底洞”，会不会就像石灰岩地区的漏斗、竖井、落水洞一类的地形。然而从二十世纪三十年代以来，人们就做了多种努力企图寻找它的出口，却都是枉费心机。

为了揭开这个秘密，一九五八年美国地理学会派出一支考察队，他们把一种经久不变的带色染料溶解在海水中，观察染料是如何随着海水一起沉下去。接着又察看了附近海面以及岛上的各条河、湖，满怀希望地寻找这种带颜色的水，结果令人失望。难道是海水量太大把有色水稀释得太淡，以致无法发现？

至今谁也不知道为什么这里的海水会没完没了地“漏”下去，这个“无底洞”的出口又在哪里，每天大量的海水究竟都流到哪里去了？

(节选自罗伯特·罗威尔《神秘的“无底洞”》)

语音提示

(1) 地壳 dìqiào　(2) 地幔 dìmàn　(3) 古籍 gǔjí　(4) 海滨 hǎibīn
(5) 濒临 bīnlín　(6) 涨潮 zhǎngcháo　(7) 湍 tuān
(8) 枉费心机 wǎngfèixīnjī　(9) 稀释 xīshì
(10) 为什么 wèishénme　(11) 没完没了 méiwánméiliǎo

作品 35 号

我在俄国见到的景物再没有比托尔斯泰墓更宏伟、更感人的。

完全按照托尔斯泰的愿望，他的坟墓成了世间最美的，给人印象最深刻的坟墓。它只是树林中的一个小小的长方形土丘，上面开满鲜花——没有十字架，没有墓碑，没有墓志铭，连托尔斯泰这个名字也没有。

这位比谁都感到受自己的声名所累的伟人，却像偶尔被发现的流浪汉，不为人知的士兵，不留名姓地被人埋葬了。谁都可以踏进他最后的安息地，围在四周稀疏的木栅栏是不关闭的——保护列夫·托尔斯泰得以安息的没有任何别的东西，唯有人们的敬意；而通常，人们却总是怀着好奇，去破坏伟人墓地的宁静。

这里，逼人的朴素禁锢住任何一种观赏的闲情，并且不容许你大声说话。风儿俯临，在这座无名者之墓的树木之间飒飒响着，和暖的阳光在坟头嬉戏；冬天，白雪温柔地覆盖这片幽暗的圭土地。无论你在夏天或冬天经过这儿，你都想象不到，这个小小的、隆起的长方体里安放着一位当代最伟大的人物。

然而，恰恰是这座不留姓名的坟墓，比所有挖空心思用大理石和奢华装饰建造的坟墓更扣人心弦。在今天这个特殊的日子里，到他的安息地来的成百上千人中间，没有一个有勇气，哪怕仅仅从这幽暗的土丘上摘下一朵花留作纪念。人们重新感到，世界上再没有比托尔斯泰最后留下的、这座纪念碑式的朴素坟墓，更打动人心的了。

(节选自[奥]茨威格《世间最美的坟墓》，张厚仁译)

语音提示

(1) 累 lěi	(2) 偶尔 ǒu’ěr	(3) 为 wéi	(4) 稀疏 xīshū
(5) 好奇 hàoqí	(6) 禁锢 jìngù	(7) 风儿 fēng’ér	(8) 俯临 fǔlín
(9) 飒飒 sàsà	(10) 和暖 hé’nuǎn	(11) 坟头 féntóu	(12) 嬉戏 xīxì
(13) 圭 guī	(14) 这儿 zhèr	(15) 恰恰 qiàqià	(16) 心思 xīnsi
(17) 奢华 shēhuá	(18) 心弦 xīnxián	(19) 安息地 ānxīdì	

作品 36 号

我国的建筑，从古代的宫殿到近代的一般住房，绝大部分是对称的，左边怎么样，右边怎么样。苏州园林可绝不讲究对称，好像故意避免似的。东边有了一个亭子或者一道回廊，西边绝不会来一个同样的亭子或者一道同样的回廊。这是为什么？我想，用图画来比方，对称的建筑是图案画，不是美术画，而园林是美术画，美术画要求自然之趣，是不讲究对称的。

苏州园林里都有假山和池沼。

假山的堆叠，可以说是一项艺术而不仅是技术。或者是重峦叠嶂，或者是几座小山配合着竹子花木，全在乎设计者和匠师们生平多阅历，胸中有丘壑，才能使游览者攀登的时候忘却苏州城市，只觉得身在山间。

至于池沼，大多引用活水。有些园林池沼宽敞，就把池沼作为全园的中心，其他景物配合着布置。水面假如成河道模样，往往安排桥梁。假如安排两座以上的桥梁，那就一座一个样，绝不雷同。

池沼或河道的边沿很少砌齐整的石岸，总是高低屈曲任其自然。还在那儿布置几块玲珑的石头，或者种些花草。这也是为了取得从各个角度看都成一幅画的效果。池沼里养着金鱼或各色鲤鱼，夏秋季节荷花或睡莲开放，游览者看“鱼戏莲叶间”，又是入画的一景。

(节选自叶圣陶《苏州园林》)

语音提示

(1) 对称 duìchèn (2) 怎么 zěnme (3) 似的 shìde (4) 亭子 tíngzi
(5) 为什么 wèishénme (6) 比方 bǐfang (7) 池沼 chízhǎo (8) 堆叠 duīdié
(9) 重峦叠嶂 chóngluándiézhàng (10) 竹子 zhúzi (11) 在乎 zàihu
(12) 匠师们 jiàngshīmen (13) 丘壑 qiūhè (14) 时候 shíhou (15) 觉得 juéde
(16) 宽敞 kuānchǎng (17) 模样 múyàng (18) 屈曲 qūqū (19) 那儿 nàr
(20) 玲珑 línglóng (21) 石头 shítou (22) 取得 qǔdé

作品 37 号

一位访美中国女作家，在纽约遇到一位卖花的老太太。老太太穿着破旧，身体虚弱，但脸上的神情却是那样祥和兴奋。女作家挑了一朵花说：“看起来，你很高兴。”老太太面带微笑地说：“是的，一切都这么美好，我为什么不高兴呢？”“对烦恼，你倒真能看得开。”女作家又说了一句。没料到，老太太的回答更令女作家大吃一惊：“耶稣在星期五被钉上十字架时，是全世界最糟糕的一天，可三天后就是复活节。所以，当我遇到不幸时，就会等待三天，这样一切就恢复正常了。”

“等待三天”，多么富于哲理的话语，多么乐观的生活方式。它把烦恼和痛苦抛下，全力去收获快乐。

沈从文在“文革”期间，陷入了非人的境地。可他毫不在意，他在咸宁时给他的表侄，画家黄永玉写信说：“这里的荷花真好，你若来……”身陷苦难却仍为荷花的盛开欣喜赞叹不已，这是一种趋于澄明的境界，一种旷达洒脱的胸襟，一种面临磨难坦荡从容的气度，一种对生活童子般的热爱和对美好事物无限向往的生命情感。

由此可见，影响一个人快乐的，有时并不是困境及磨难，而是一个人的心态。如果把自己浸泡在积极、乐观、向上的心态中，快乐必然会占据你的每一天。

(节选自韩如意《态度创造快乐》)

语音提示

(1) 太太 tàitai (2) 穿着 chuānzhuó (3) 兴奋 xīngfèn (4) 这么 zhème
(5) 为什么 wèishénme (6) 倒 dào (7) 钉 dìng (8) 快乐 kuàilè

(9) 澄明 chéngmíng　(10) 胸襟 xiōngjīn　(11) 磨难 mónàn　(12) 从容 cóngróng
(13) 童子 tóngzǐ　(14) 浸泡 jìnpào　(15) 占据 zhànjù

作品 38 号

泰山极顶看日出，历来被描绘成十分壮观的奇景。有人说：登泰山而看不到日出，就像一出大戏没有戏眼，味儿终究有点寡淡。

我去爬山那天，正赶上个难得的好天，万里长空，云彩丝儿都不见。素常烟雾腾腾的山头，显得眉目分明。同伴们都欣喜地说："明天早晨准可以看见日出了。"我也是抱着这种想头，爬上山去。

一路从山脚往上爬，细看山景，我觉得挂在眼前的不是五岳独尊的泰山，却像一幅规模惊人的青绿山水画，从下面倒展开来。在画卷中最先露出的是山根底那座明朝建筑岱宗坊，慢慢地便现出王母池、斗母宫、经石峪。山是一层比一层深，一叠比一叠奇，层层叠叠，不知还会有多深多奇，万山丛中，时而点染着极其工细的人物。王母池旁的吕祖殿里有不少尊明塑，塑着吕洞宾等一些人，姿态神情是那样有生气，你看了，不禁会脱口赞叹说："活啦。"

画卷继续展开，绿阴森森的柏洞露面不太久，便来到对松山。两面奇峰对峙着，满山峰都是奇形怪状的老松，年纪怕都有上千岁了，颜色竟那么浓，浓得好像要流下来似的。来到这儿，你不妨权当一次画里的写意人物，坐在路旁的对松亭里，看看山色，听听流水和松涛。

一时间，我又觉得自己不仅是在看画卷，却又像是在零零乱乱翻着一卷历史稿本。

(节选自杨朔《泰山极顶》)

语音提示

(1) 味儿 wèir　(2) 寡淡 guǎdàn　(3) 难得 nándé　(4) 云彩丝儿 yúncaisīr
(5) 山头 shāntóu　(6) 想头 xiǎngtou　(7) 倒 dào　(8) 画卷 huàjuàn
(9) 露 lòu　(10) 山根 shān'gēnr　(11) 岱宗坊 dàizōngfāng　(12) 斗 dǒu
(13) 峪 yù　(14) 不禁 bùjīn　(15) 柏洞 bǎidòng　(16) 露面 lòumiàn
(17) 对峙 duìzhì　(18) 似的 shìde　(19) 这儿 zhèr　(20) 卷 juàn

作品 39 号

育才小学校长陶行知在校园看到学生王友用泥块砸自己班上的同学，陶行知当即喝止了他，并令他放学后到校长室去。无疑，陶行知是要好好教育这个"顽皮"的学生。那么他是如何教育的呢？

放学后，陶行知来到校长室，王友已经等在门口准备挨训了。可一见面，陶行知却掏出一块糖果送给王友，并说："这是奖给你的，因为你按时来到这里，而我却迟到了。"王友惊疑地接过糖果。

随后，陶行知又掏出一块糖果放到他手里，说："这第二块糖果也是奖给你的，因为当我不让你再打人时，你立即就住手了，这说明你很尊重我，我应该奖你。"王友更惊疑了，他眼睛睁得大大的。

陶行知又掏出第三块糖果塞到王友手里，说："我调查过了，你用泥块砸那些男生，是因为他们不守游戏规则，欺负女生；你砸他们，说明你很正直善良，且有批评不良行为的勇气，应该奖励你啊！"王友感动极了，他流着眼泪后悔地喊道："陶……陶校长，你打我两下吧！我砸的不是坏人，而是自己的同学啊……"

陶行知满意地笑了，他随即掏出第四块糖果递给王友，说："为你正确地认识错误，我再奖给你一块糖果，只可惜我只有这一块糖果了。我的糖果没有了，我看我们的谈话也该结束了吧！"说完，就走出了校长室。

(节选自《教师博览·百期精华》中《陶行知的"四块糖果"》)

语音提示

(1) 陶行知 táoxíngzhī　(2) 当即 dāngjí　(3) 喝止 hèzhǐ　(4) 挨ái
(5) 因为 yīnwèi　(6) 塞 sāi　(7) 啊 ya　(8) 为 wèi

作品40号

享受幸福是需要学习的，当它即将来临的时刻需要提醒。人可以自然而然地学会感官的享乐，却无法天生地掌握幸福的韵律。灵魂的快意同器官的舒适像一对孪生兄弟，时而相傍相依，时而南辕北辙。

幸福是一种心灵的震颤。它像会倾听音乐的耳朵一样，需要不断地训练。

简而言之，幸福就是没有痛苦的时刻。它出现的频率并不像我们想象的那样少。人们常常只是在幸福的金马车已经驶过去很远时，才拣起地上的金鬃毛说，原来我见过它。

人们喜爱回味幸福的标本，却忽略它披着露水散发清香的时刻。那时候我们往往步履匆匆，瞻前顾后不知在忙着什么。

世上有预报台风的，有预报蝗灾的，有预报瘟疫的，有预报地震的。没有人预报幸福。

其实幸福和世界万物一样，有它的征兆。

幸福常常是朦胧的，很有节制地向我们喷洒甘霖。你不要总希望轰轰烈烈的幸福，它多半只是悄悄地扑面而来。你也不要企图把水龙头拧得更大，那样它会很快地流失。你需要静静地以平和之心，体验它的真谛。

幸福绝大多数是朴素的。它不会像信号弹似的，在很高的天际闪烁红色的光芒。它披着本色的外衣，亲切温暖地包裹起我们。

幸福不喜欢喧嚣浮华，它常常在暗淡中降临。贫困中相濡以沫的一块糕饼，患难中心心相印的一个眼神，父亲一次粗糙的抚摸，女友一张温馨的字条……这都是千金难买的幸福啊。像一粒粒缀在旧绸子上的红宝石，在凄凉中愈发熠熠夺目。

(节选自毕淑敏《提醒幸福》)

语音提示

(1) 即将 jíjiāng (2) 孪生 luánshēng (3) 傍 bàng
(4) 南辕北辙 nányuánběizhé (5) 震颤 zhènchàn (6) 鬃毛 zōngmáo
(7) 散发 sànfā (8) 步履 bùlǚ (9) 瞻前顾后 zhānqián'gùhòu
(10) 什么 shénme (11) 瘟疫 wēnyì (12) 征兆 zhēngzhào (13) 甘霖 gānlín
(14) 龙头 lóngtóu (15) 拧 nǐng (16) 真谛 zhēndì (17) 似的 shìde
(18) 闪烁 shǎnshuò

作品 41 号

在里约热内卢的一个贫民窟里，有一个男孩子，他非常喜欢足球，可是又买不起，于是就踢塑料盒，踢汽水瓶，踢从垃圾箱里拣来的椰子壳。他在胡同里踢，在能找到的任何一片空地上踢。

有一天，当他在一处干涸的水塘里猛踢一个猪膀胱时，被一位足球教练看见了。他发现这个男孩儿踢得很像是那么回事，就主动提出要送给他一个足球。小男孩儿得到足球后踢得更卖劲了。不久，他就能准确地把球踢进远处随意摆放的一个水桶里。

圣诞节到了，孩子的妈妈说："我们没有钱买圣诞礼物送给我们的恩人，就让我们为他祈祷吧。"

小男孩儿跟随妈妈祈祷完毕，向妈妈要了一把铲子便跑了出去。他来到一座别墅前的花园里，开始挖坑。

就在他快要挖好坑的时候，从别墅里走出一个人来，问小孩儿在干什么，孩子抬起满是汗珠的脸蛋儿，说："教练，圣诞节到了，我没有礼物送给您，我愿给您的圣诞树挖一个树坑。"

教练把小男孩儿从树坑里拉上来，说，我今天得到了世界上最好的礼物。明天你就到我的训练场去吧。

三年后，这位十七岁的男孩儿在第六届足球锦标赛上独进二十一球，为巴西第一次捧回了金杯。一个原来不为世人所知的名字——贝利，随之传遍世界。

(节选自刘燕敏《天才的造就》)

语音提示

(1) 贫民窟 pínmínkū (2) 孩子 háizi (3) 壳 kér (4) 胡同 hútòngr
(5) 干涸 gānhé (6) 膀胱 pángguāng (7) 这个 zhège (8) 那么 nàme
(9) 卖劲儿 màijìnr (10) 妈妈 māma (11) 祈祷 qídǎo (12) 男孩儿 nánháir
(13) 别墅 biéshù (14) 什么 shénme (15) 脸蛋儿 liǎndànr

作品42号

记得我十三岁时，和母亲住在法国东南部的耐斯城。母亲没有丈夫，也没有亲戚，够清苦的，但她经常能拿出令人吃惊的东西，摆在我面前。她从来不吃肉，一再说自己是素食者。然而有一天，我发现母亲正仔细地用一小块碎面包擦那给我煎牛排用的油锅。我明白了她称自己为素食者的真正原因。

我十六岁时，母亲成了耐斯市美蒙旅馆的女经理。这时，她更忙碌了。一天，她瘫在椅子上，脸色苍白，嘴唇发灰。马上找来医生，做出诊断：她摄取了过多的胰岛素。直到这时我才知道母亲多年一直对我隐瞒的疾痛——糖尿病。

她的头歪向枕头一边，痛苦地用手抓挠胸口。床架上方，则挂着一枚我一九三二年赢得耐斯市少年乒乓球冠军的银质奖章。

啊，是对我的美好前途的憧憬支撑着她活下去，为了给她那荒唐的梦至少加一点真实的色彩，我只能继续努力，与时间竞争，直至一九三八年我被征入空军。巴黎很快失陷，我辗转调到英国皇家空军。刚到英国就接到了母亲的来信。这些信是由在瑞士的一个朋友秘密地转到伦敦，送到我手中的。

现在我要回家了，胸前佩戴着醒目的绿黑两色的解放十字绶带，上面挂着五六枚我终生难忘的勋章，肩上还佩戴着军官肩章。到达旅馆时，没有一个人跟我打招呼。原来，我母亲在三年半以前就已经离开人间了。

在她死前的几天中，她写了近二百五十封信，把这些信交给她在瑞士的朋友，请这个朋友定时寄给我。就这样，在母亲死后的三年半的时间里，我一直从她身上吸取着力量和勇气——这使我能够继续战斗到胜利那一天。

(节选自[法]罗曼·加里《我的母亲独一无二》)

语音提示

(1) 丈夫 zhàngfu　(2) 亲戚 qīnqi　(3) 东西 dōngxi　(4) 明白 míngbai
(5) 称 chēng　(6) 为 wéi　(7) 隐瞒 yǐnmán　(8) 疾痛 jítòng
(9) 抓挠 zhuā'nao　(10) 赢得 yíngdé　(11) 憧憬 chōngjǐng　(12) 辗转 zhǎnzhuǎn
(13) 朋友 péngyou　(14) 转 zhuǎn　(15) 招呼 zhāohu

作品43号

生活对于任何人都非易事，我们必须有坚韧不拔的精神。最要紧的，还是我们自己要有信心。我们必须相信，我们对每一件事情都具有天赋的才能，并且，无论付出任何代价，都要把这件事完成。当事情结束的时候，你要能问心无愧地说："我已经尽我所能了。"

有一年的春天，我因病被迫在家里休息数周。我注视着我的女儿们所养的蚕正在结茧，这使我很感兴趣。望着这些蚕执着地、勤奋地工作，我感到我和它们非常相似。像它们一样，我总是耐心地把自己的努力集中在一个目标上。我之所以如此，或许是因为有某种力量在鞭策着我——正如蚕被鞭策着去结茧一般。

近五十年来，我致力于科学研究，而研究，就是对真理的探讨。我有许多美好快乐的记忆。少女时期我在巴黎大学，孤独地过着求学的岁月；在后来献身科学的整个时期，我丈夫和我专心致志，像在梦幻中一般，坐在简陋的书房里艰辛地研究，后来我们就在那里发现了镭。

我永远追求安静的工作和简单的家庭生活。为了实现这个理想，我竭力保持宁静的环境，以免受人事的干扰和盛名的拖累。

我深信，在科学方面我们有对事业而不是对财富的兴趣。我的唯一奢望是在一个自由国家中，以一个自由学者的身份从事研究工作。

我一直沉醉于世界的优美之中，我所热爱的科学也不断增加它崭新的远景。我认定科学本身就具有伟大的美。

(节选自[波兰]玛丽·居里《我的信念》，剑捷译)

语音提示

(1) 事情 shìqing　(2) 天赋 tiānfù　(3) 时候 shíhou　(4) 休息 xiūxi
(5) 数 shù　(6) 结 jié　(7) 执着 zhízhuó　(8) 相似 xiāngsì
(9) 因为 yīnwèi　(10) 丈夫 zhàngfu　(11) 简陋 jiǎnlòu　(12) 竭力 jiélì
(13) 拖累 tuōlèi　(14) 奢望 shēwàng　(15) 崭新 zhǎnxīn

作品 44 号

我为什么非要教书不可？是因为我喜欢当教师的时间安排表和生活节奏。七、八、九三个月给我提供了进行回顾、研究、写作的良机，并将三者有机融合，而善于回顾、研究和总结正是优秀教师素质中不可缺少的成分。

干这行给了我多种多样的“甘泉”去品尝，找优秀的书籍去研读，到“象牙塔”和实际世界里去发现。教学工作给我提供了继续学习的时间保证，以及多种途径、机遇和挑战。

然而，我爱这一行的真正原因，是爱我的学生。学生们在我的眼前成长、变化。当教师意味着亲历“创造”过程的发生——恰似亲手赋予一团泥土以生命，没有什么比目睹它开始呼吸更激动人心的了。

权利我也有了：我有权利去启发诱导，去激发智慧的火花，去问费心思考的问题，去赞扬回答的尝试，去推荐书籍，去指点迷津。还有什么别的权利能与之相比呢？

而且，教书还给我金钱和权利之外的东西，那就是爱心。不仅有对学生的爱，对书籍的爱，对知识的爱，还有教师才能感受到的对“特别”学生的爱。这些学生，有如冥顽不灵的泥块，由于接受了老师的炽爱才勃发了生机。

所以，我爱教书，还因为，在那些勃发生机的“特别”学生身上，我有时发现自己和他们呼吸相通，忧乐与共。

(节选自[美]彼得·基·贝得勒《我为什么当教师》)

语音提示

(1) 什么 shénme (2) 教书 jiāoshū (3) 因为 yīnwèi (4) 行 háng
(5) 提供 tígōng (6) 学生 xuésheng (7) 恰似 qiàsì (8) 赋予 fùyǔ
(9) 冥顽不灵 míngwánbùlíng (10) 炽爱 chì'ài (11) 与 yǔ

作品 45 号

中国西部我们通常是指黄河与秦岭相连一线以西，包括西北和西南的十二个省、市、自治区。这块广袤的土地面积为五百四十六万平方公里，占国土总面积的百分之五十七；人口二点八亿，占全国总人口的百分之二十三。

西部是华夏文明的源头。华夏祖先的脚步是顺着水边走的：长江上游出土过元谋人牙齿化石，距今约一百七十万年；黄河中游出土过蓝田人头盖骨，距今约七十万年。这两处古人类都比距今约五十万年的北京猿人资格更老。

西部地区是华夏文明的重要发源地，秦皇汉武以后，东西方文化在这里交会融合，从而有了丝绸之路的驼铃声声，佛院深寺的暮鼓晨钟。敦煌莫高窟是世界文化史上的一个奇迹，它在继承汉晋艺术传统的基础上，形成了自己兼收并蓄的恢宏气度，展现出精美绝伦的艺术形式和博大精深的文化内涵。秦始皇兵马俑、西夏王陵、楼兰古国、布达拉宫、三星堆、大足石刻等历史文化遗产，同样为世界所瞩目，成为中华文化重要的象征。

西部地区又是少数民族及其文化的集萃地，几乎包括了我国所有的少数民族。在一些偏远的少数民族地区，仍保留了一些久远时代的艺术品种，成为珍贵的“活化石”，如纳西古乐、戏曲、剪纸、刺绣、岩画等民间艺术和宗教艺术。特色鲜明、丰富多彩，犹如一个巨大的民族民间文化艺术宝库。

我们要充分重视和利用这些得天独厚的资源优势，建立良好的民族民间文化生态环境，为西部大开发做出贡献。

(节选自《中考语文课外阅读试题精选》中《西部文化和西部开发》)

语音提示

(1) 广袤 guǎngmào (2) 源头 yuántóu (3) 莫高窟 mògāokū (4) 奇迹 qíjì
(5) 恢宏 huīhóng (6) 兵马俑 bīngmǎyǒng (7) 为 wéi (8) 瞩目 zhǔmù
(9) 集萃 jícuì (10) 几乎 jīhū

作品 46 号

高兴，这是一种具体的被看得到摸得着的事物所唤起的情绪。它是心理的，更是生理的。它容易来也容易去，谁也不应该对它视而不见失之交臂，谁也不应该总是做那些使自己不高兴也使旁人不高兴的事。让我们说一件最容易做也最令人高兴的事吧，尊重你自己，也尊重别人，这是每一个人的权利，我还要说这是每一个人的义务。

快乐，它是一种富有概括性的生存状态、工作状态。它几乎是先验的，它来自生命本身的活力，来自宇宙、地球和人间的吸引，它是世界的丰富、绚丽、阔大、悠久的体现。快乐还是一种力量，是埋在地下的根脉。消灭一个人的快乐比挖掘掉一棵大树的根要难得多。

欢欣，这是一种青春的、诗意的情感。它来自面向着未来伸开双臂奔跑的冲力，它来自一种轻松而又神秘、朦胧而又隐秘的激动，它是激情即将到来的预兆，它又是大雨过后的比下雨还要美妙得多也久远得多的回味……

喜悦，它是一种带有形而上色彩的修养和境界。与其说它是一种情绪，不比如它是一种智慧、一种超拔、一种悲天悯人的宽容和理解，一种饱经沧桑的充实和自信，一种光明的理性，一种坚定的成熟，一种战胜了烦恼和庸俗的清明澄澈。它是一潭清水，它是一抹朝霞，它是无边的平原，它是沉默的地平线，多一点儿、再多一点儿喜悦吧，它是翅膀，也是归巢。它是一杯美酒，也是一朵永远开不败的莲花。

(节选自王蒙《喜悦》)

语音提示

(1) 我们 wǒmen　(2) 快乐 kuàilè　(3) 绚丽 xuànlì　(4) 根脉 gēnmài
(5) 挖掘 wājué　(6) 即将 jíjiāng　(7) 形而上 xíng'érshàng
(8) 与其 yǔqí　(9) 悲天悯人 bēitiānmǐnrén　(10) 澄澈 chéngchè

作品 47 号

在湾仔，香港最热闹的地方，有一棵榕树，它是最贵的一棵树，不光在香港，在全世界，都是最贵的。

树，活的树，又不卖何言其贵？只因它老，它粗，是香港百年沧桑的活见证，香港人不忍看着它被砍伐，或者被移走，便跟要占用这片山坡的建筑者谈条件：可以在这儿建大楼盖商厦，但一不准砍树，二不准挪树，必须把它原地精心养起来，成为香港闹市中的一景。太古大厦的建设者最后签了合同，占用这个大山坡建豪华商厦的先决条件是同意保护这棵老树。

树长在半山坡上，计划将树下面的成千上万吨山石全部掏空取走，腾出地方来盖楼，把树架在大楼上面，仿佛它原本是长在楼顶上似的。建设者就地造了一个直径十八米、深十米的大花盆，先固定好这棵老树，再在大花盆底下盖楼。光这一项就花了两千三百八十九万港币，堪称最昂贵的保护措施了。

太古大厦落成之后，人们可以乘滚动扶梯一次到位，来到太古大厦的顶层，出后门，那儿是一片自然景色。一棵大树出现在人们面前，树干有一米半粗，树冠直径足有二十多米，独木成林，非常壮观，形成一座以它为中心的小公园，取名叫“榕圃”。树前面插着铜牌，说明缘由。此情此景，如不看铜牌的说明，绝对想不到巨树根底下还有一座宏伟的现代大楼。

(节选自舒乙《香港：最贵的一棵树》)

语音提示

(1) 湾仔 wānzǎi　(2) 热闹 rè'nao　(3) 地方 dìfang　(4) 都 dōu
(5) 这儿 zhèr　(6) 挪 nuó　(7) 合同 hétong　(8) 掏空 tāokōng
(9) 似的 shìde　(10) 堪称 kānchēng　(11) 乘 chéng　(12) 那儿 nàr
(13) 树干 shùgàn　(14) 树冠 shùguān　(15) 榕圃 róngpǔ

作品48号

我们的船渐渐地逼近榕树了。我有机会看清它的真面目：是一棵大树，有数不清的丫枝，枝上又生根，有许多根一直垂到地上，伸进泥土里。一部分树枝垂到水面，从远处看，就像一棵大树斜躺在水面上一样。

现在正是枝繁叶茂的时节。这棵榕树好像在把它的全部生命力展示给我们看。那么多的绿叶，一簇堆在另一簇的上面，不留一点儿缝隙。翠绿的颜色明亮地在我们的眼前闪耀，似乎每一片树叶上都有一个新的生命在颤动，这美丽的南国的树！

船在树下泊了片刻，岸上很湿，我们没有上去。朋友说这里是“鸟的天堂”，有许多鸟在这棵树上做窝，农民不许人去捉它们。我仿佛听见几只鸟扑翅的声音，但是等到我的眼睛注意地看那里时，我却看不见一只鸟的影子，只有无数的树根立在地上，像许多根木桩。地是湿的，大概涨潮时河水常常冲上岸去。“鸟的天堂”里没有一只鸟，我这样想到。船开了，一个朋友拨着船，缓缓地流到河中间去。

第二天，我们划着船到一个朋友的家乡去，就是那个有山有塔的地方。从学校出发，我们又经过那“鸟的天堂”。

这一次是在早晨，阳光照在水面上，也照在树梢上。一切都显得非常光明。我们的船也在树下泊了片刻。起初四周围非常清静。后来忽然起了一声鸟叫。我们把手一拍，便看见一只大鸟飞了起来，接着又看见第二只，第三只。我们继续拍掌，很快地这个树林就变得很热闹了。到处都是鸟声，到处都是鸟影。大的，小的，花的，黑的，有的站在枝上叫，有的飞起来，在扑翅膀。

(节选自巴金《小鸟的天堂》)

语音提示

(1) 我们 wǒmen　(2) 渐渐 jiànjiàn　(3) 面目 miànmù　(4) 丫枝 yāzhī
(5) 部分 bùfen　(6) 簇 cù　(7) 缝隙 fèngxì　(8) 似乎 sìhū
(9) 颤动 chàndòng　(10) 泊 bó　(11) 朋友 péngyou　(12) 仿佛 fǎngfú
(13) 眼睛 yǎnjing　(14) 涨潮 zhǎngcháo　(15) 地方 dìfang　(16) 热闹 rè'nao

作品49号

有这样一个故事。

有人问：世界上什么东西的气力最大？回答纷纭得很，有的说“象”，有的说

“狮”，有人开玩笑似的说，是“金刚”，金刚有多少气力，当然大家全不知道。

结果，这一切答案完全不对，世界上气力最大的，是植物的种子。一粒种子所可以显现出来的力，简直是超越一切。

人的头盖骨，结合得非常致密与坚固，生理学家和解剖学者用尽了一切的方法，要把它完整地分出来，都没有这种力气。后来忽然有人发明了一个方法，就是把一些植物的种子放在要剖析的头盖骨里，给它以温度与湿度，使它发芽。一发芽，这些种子便以可怕的力量，将一切机械力所不能分开的骨骼，完整地分开了。植物种子的力量之大，如此如此。

这，也许特殊了一点，常人不容易理解。那么，你看见过笋的成长吗？你看见过被压在瓦砾和石块下面的一棵小草的生长吗？它为着向往阳光，为着达成它的生之意志，不管上面的石块如何重，石与石之间如何狭，它必定要曲曲折折地，但是顽强不屈地透到地面上来。它的根往土壤钻，它的芽往地面挺，这是一种不可抗拒的力，阻止它的石块，结果也被它掀翻，一粒种子的力量之大，如此如此。

没有一个人将小草叫作“大力士”，但是它的力量之大，的确是世界无比。这种力是一般人看不见的生命力。只要生命存在，这种力就要显现。上面的石块丝毫不足以阻挡。因为它是一种“长期抗战”的力；有弹性，能屈能伸的力；有韧性，不达目的不止的力。

（节选自夏衍《野草》）

语音提示

(1) 故事 gùshi　(2) 什么 shénme　(3) 东西 dōngxi　(4) 似的 shìde
(5) 种子 zhǒngzi　(6) 结合 jiéhé　(7) 解剖 jiěpōu　(8) 剖析 pōuxī
(9) 骨骼 gǔgé　(10) 特殊 tèshū　(11) 瓦砾 wǎlì　(12) 曲曲折折 qūqūzhézhé
(13) 结果 jiéguǒ　(14) 掀翻 xiānfān　(15) 的确 díquè　(16) 因为 yīnwèi
(17) 目的 mùdì

作品 50 号

著名教育家班杰明曾经接到一个青年人的求救电话，并与那个向往成功、渴望指点的青年人约好了见面的时间和地点。

待那个青年如约而至时，班杰明的房门敞开着，眼前的景象却令青年人颇感意外——班杰明的房间里乱七八糟、狼藉一片。

没等青年人开口，班杰明就招呼道：“你看我这房间，太不整洁了，请你在门外等候一分钟，我收拾一下，你再进来吧。”一边说着，班杰明就轻轻地关上了房门。

不到一分钟的时间，班杰明就又打开了房门并热情地把青年人让进客厅。这时，青年人的眼前展现出另一番景象——房间内的一切已变得井然有序，而且有两杯刚刚倒好的红酒，在淡淡的香水气息里还漾着微波。

可是，没等青年人把满腹的有关人生和事业的疑难问题向班杰明讲出来，班杰明就非常客气地说道："干杯。你可以走了。"

青年人手持酒杯一下子愣住了，既尴尬又非常遗憾地说："可是，我……我还没向您请教呢……"

"这些……难道还不够吗？"班杰明一边微笑着，一边扫视着自己的房间，轻言细语地说，"你进来又有一分钟了。"

"一分钟……一分钟……"青年人若有所思地说："我懂了，您让我明白了一分钟的时间可以做许多事情，可以改变许多事情的深刻道理。"

班杰明舒心地笑了。青年人把杯里的红酒一饮而尽，向班杰明连连道谢后，开心地走了。

其实，只要把握好生命的每一分钟，也就把握了理想的人生。

(节选自纪广洋《一分钟》)

语音提示

(1) 敞开 chǎngkāi	(2) 狼藉 lángjí	(3) 招呼 zhāohu	(4) 收拾 shōushi
(5) 倒 dào	(6) 漾 yàng	(7) 微波 wēibō	(8) 一下子 yíxiàzi
(9) 愣住 lèngzhù	(10) 尴尬 gān'gà	(11) 事情 shìqing	

作品 51 号

有个塌鼻子的小男孩儿，因为两岁时得过脑炎，智力受损，学习起来很吃力。打个比方，别人写作文能写二三百字，他却只能写三五行。但即便这样的作文，他同样能写得很动人。

那是一次作文课，题目是《愿望》。他极其认真地想了半天，然后极认真地写，那作文极短。只有三句话：我有两个愿望。第一个是，妈妈天天笑眯眯地看着我说："你真聪明。"第二个是，老师天天笑眯眯地看着我说："你一点儿也不笨。"

于是，就是这篇作文，深深地打动了他的老师，那位妈妈式的老师不仅给了他最高分，在班上带感情地朗读了这篇作文，还一笔一画地批道：你很聪明，你的作文写得非常感人，请放心，妈妈肯定会格外喜欢你的，老师也会格外喜欢你的，大家都会格外喜欢你的。

捧着作文本，他笑了，蹦蹦跳跳地回家了，像只喜鹊。但他并没有把作文本拿给妈妈看，他是在等待，等待着一个美好的时刻。

那个时刻终于到了，是妈妈的生日——一个阳光灿烂的星期天：那天，他起得特别早，把作文本装在一个亲手做的美丽的大信封里，等着妈妈醒来。妈妈刚刚睁眼醒来，他就笑眯眯地走到妈妈跟前说："妈妈，今天是您的生日，我要送给您一件礼物。"

果然，看着这篇作文，妈妈甜甜地涌出了两行热泪，一把搂住小男孩儿，搂得很紧很紧。

是的，智力可以受损，但爱永远不会。

(节选自张玉庭《一个美丽的故事》)

语音提示

(1) 鼻子 bízi　(2) 男孩儿 nánháir　(3) 因为 yīnwèi　(4) 比方 bǐfang
(5) 即便 jíbiàn　(6) 妈妈 māma　(7) 一点儿 yìdiǎnr　(8) 喜鹊 xǐquè
(9) 生日 shēngrì　(10) 灿烂 cànlàn　(11) 行 háng

作品 52 号

小学的时候，有一次我们去海边远足，妈妈没有做便饭，给了我十块钱买午餐。好像走了很久，很久，终于到海边了，大家便坐下来吃饭，荒凉的海边没有商店，我一个人跑到防风林外面去，任课老师要大家把吃剩的饭菜分给我一点儿。有两三个男生留下一点儿给我，还有一个女生，她的米饭拌了酱油，很香。我吃完的时候，她笑眯眯地看着我，短头发，脸圆圆的。

她的名字叫翁香玉。

每天放学的时候，她走的是经过我们家的一条小路，带着一位比她小的男孩儿，可能是弟弟。小路边是一条清澈见底的小溪，两旁竹阴覆盖，我总是远远地跟在她后面，夏日的午后特别炎热，走到半路她会停下来，拿手帕在溪水里浸湿，为小男孩儿擦脸。我也在后面停下来，把肮脏的手帕弄湿了擦脸，再一路远远跟着她回家。

后来我们家搬到镇上去了，过几年我也上了中学。有一天放学回家，在火车上，看见斜对面一位短头发、圆圆脸的女孩儿，一身素净的白衣黑裙。我想她一定不认识我了。火车很快到站了，我随着人群挤向门口，她也走近了，叫我的名字。这是她第一次和我说话。

她笑眯眯的，和我一起走过月台。以后就没有再见过她了。

这篇文章收在我出版的《少年心事》这本书里。

书出版后半年，有一天我忽然收到出版社转来的一封信，信封上是陌生的字迹，但清楚地写着我的本名。

信里面说她看到了这篇文章心里非常激动，没想到在离开家乡，漂泊异地这么久之后，会看见自己仍然在一个人的记忆里，她自己也深深记得这其中的每一幕，只是没想到越过遥远的时空，竟然另一个人也深深记得。

(节选自苦伶《永远的记忆》)

语音提示

(1) 时候 shíhou　(2) 我们 wǒmen　(3) 妈妈 māma　(4) 一点儿 yìdiǎnr
(5) 笑眯眯 xiàomīmī　(6) 头发 tóufa　(7) 名字 míngzi　(8) 男孩儿 nánháier
(9) 弟弟 dìdi　(10) 清澈 qīngchè　(11) 手帕 shǒupà　(12) 肮脏 āngzāng
(13) 弄 nòng　(14) 素净 sùjing　(15) 认识 rènshi　(16) 陌生 mòshēng
(17) 字迹 zìjì　(18) 漂泊 piāobó　(19) 这么 zhème　(20) 仍然 réngrán

作品53号

在繁华的巴黎大街的路旁，站着一个衣衫褴褛、头发斑白、双目失明的老人。他不像其他乞丐那样伸手向过路行人乞讨，而是在身旁立一块木牌，上面写着："我什么也看不见！"街上过往的行人很多，看了木牌上的字都无动于衷，有的还淡淡一笑，便姗姗而去了。

这天中午，法国著名诗人让・彼浩勒也经过这里。他看看木牌上的字，问盲老人："老人家，今天上午有人给你钱吗？"

盲老人叹息着回答："我，我什么也没有得到。"说着，脸上的神情非常悲伤。

让・彼浩勒听了，拿起笔悄悄地在那行字的前面添上了"春天到了，可是"几个字，就匆匆地离开了。

晚上，让・彼浩勒又经过这里，问那个盲老人下午的情况。盲老人笑着回答说："先生，不知为什么，下午给我钱的人多极了！"让・彼浩勒听了，摸着胡子满意地笑了。

"春天到了，可是我什么也看不见！"这富有诗意的语言，产生这么大的作用，就在于它有非常浓厚的感情色彩。是的，春天是美好的，那蓝天白云，那绿树红花，那莺歌燕舞，那流水人家，怎么不叫人陶醉呢？但这良辰美景，对于一个双目失明的人来说，只是一片漆黑。当人们想到这个盲老人，一生中竟连万紫千红的春天都不曾看到，怎能不对他产生同情之心呢？

(节选自小学《语文》第六册中《语言的魅力》)

语音提示

(1) 褴褛 lánlǚ　(2) 头发 tóufa　(3) 乞丐 qǐgài　(4) 什么 shénme
(5) 姗姗 shānshān　(6) 老人家 lǎorénjiā　(7) 晚上 wǎnshang　(8) 胡子 húzi
(9) 人家 rénjiā　(10) 怎么 zěnme　(11) 人们 rénmen　(12) 这个 zhège

作品54号

有一次，苏东坡的朋友张鹗拿着一张宣纸来求他写一幅字，而且希望他写一点儿关于养生方面的内容。苏东坡思索了一会儿，点点头说："我得到了一个养生长寿古方，药只有四味，今天就赠给你吧。"于是，东坡的狼毫在纸上挥洒起来，上面写着："一曰无事以当贵，二曰早寝以当富，三曰安步以当车，四曰晚食以当肉。"

这哪里有药？张鹗一脸茫然地问。苏东坡笑着解释说，养生长寿的要诀，全在这四句里面。

所谓"无事以当贵"，是指人不要把功名利禄、荣辱过失考虑得太多，如能在情志上潇洒大度，随遇而安，无事以求，这比富贵更能使人终其天年。

"早寝以当富"，指吃好穿好、财货充足，并非就能使你长寿。对老年人来说，养成良好的起居习惯，尤其是早睡早起，比获得任何财富更加宝贵。

"安步以当车"，指人不要过于讲求安逸、肢体不劳，而应多以步行来替代骑马乘车，多运动才可以强健体魄，通畅气血。

“晚食以当肉”，意思是人应该用已饥方食、未饱先止代替对美味佳肴的贪吃无厌。他进一步解释，饿了以后才进食，虽然是粗茶淡饭，但其香甜可口会胜过山珍；如果饱了还要勉强吃，即使美味佳肴摆在眼前也难以下咽。

苏东坡的四味“长寿药”，实际上是强调了情志、睡眠、运动、饮食四个方面对养生长寿的重要性，这种养生观点即使在今天仍然值得借鉴。

(节选自蒲昭和《赠你四味长寿药》)

语音提示

(1) 鹗 è (2) 一点儿 yìdiǎnr (3) 一会儿 yíhuìr (4) 曰 yuē
(5) 当 dàng (6) 寝 qǐn (7) 利禄 lìlù (8) 获得 huòdé
(9) 安逸 ānyì (10) 乘 chéng (11) 气血 qìxuè (12) 肴 yáo
(13) 下咽 xiàyàn (14) 即使 jíshǐ

作品 55 号

人活着，最要紧的是寻觅到那片代表着生命绿色和人类希望的丛林，然后选一个高高的枝头站在那里观览人生，消化痛苦，孕育歌声，愉悦世界！

这可真是一种潇洒的人生态度，这可真是一种心境爽朗的情感风貌。

站在历史的枝头微笑，可以减免许多烦恼。在那里，你可以从众生相所包含的甜酸苦辣、百味人生中寻找你自己；你境遇中的那点儿苦痛，也许相比之下，再也难以占据一席之地；你会较容易地获得从不悦中解脱灵魂的力量，使之不致变得灰色。

人站得高些，不但能有幸早些领略到希望的曙光，还能有幸发现生命的立体的诗篇。每一个人的人生，都是这诗篇中的一个词、一个句子或者一个标点。你可能没有成为一个美丽的词，一个引人注目的句子，一个惊叹号，但你依然是这生命的立体诗篇中的一个音节、一个停顿、一个必不可少的组成部分。这足以使你放弃前嫌，萌生为人类孕育新的歌声的兴致，为世界带来更多的诗意。

最可怕的人生见解，是把多维的生存图景看成平面。因为那平面上刻下的大多是凝固了的历史——过去的遗迹；但活着的人们，活得却是充满着新生智慧的，由不断逝去的“现在”组成的未来。人生不能像某些鱼类躺着游，人生也不能像某些兽类爬着走，而应该站着向前行，这才是人类应有的生存姿态。

(节选自[美]本杰明·拉什《站在历史的枝头微笑》)

语音提示

(1) 寻觅 xúnmì (2) 枝头 zhītóu (3) 众生相 zhòngshēngxiàng (4) 点儿 diǎnr
(5) 占据 zhànjù (6) 较 jiào (7) 获得 huòdé (8) 部分 bùfen
(9) 遗迹 yíjì (10) 人们 rénmen (11) 逝去 shìqù

作品56号

中国的第一大岛、台湾省的主岛台湾，位于中国大陆架的东南方，地处东海和南海之间，隔着台湾海峡和大陆相望。天气晴朗的时候，站在福建沿海较高的地方，就可以隐隐约约地望见岛上的高山和云朵。

台湾岛形状狭长，从东到西，最宽处只有一百四十多公里；由南至北，最长的地方约有三百九十多公里。地形像一个纺织用的梭子。

台湾岛上的山脉纵贯南北，中间的中央山脉犹如全岛的脊梁。西部为海拔近四千米的玉山山脉，是中国东部的最高峰。全岛约有三分之一的地方是平地，其余为山地。岛内有缎带般的瀑布，蓝宝石似的湖泊，四季常青的森林和果园，自然景色十分优美。西南部的阿里山和日月潭，台北市郊的大屯山风景区，都是闻名世界的游览胜地。

台湾岛地处热带和温带之间，四面环海，雨水充足，气温受到海洋的调剂，冬暖夏凉，四季如春，这给水稻和果木生长提供了优越的条件。水稻、甘蔗、樟脑是台湾的“三宝”。岛上还盛产鲜果和鱼虾。

台湾岛还是一个闻名世界的“蝴蝶王国”。岛上的蝴蝶共有四百多个品种，其中有不少是世界稀有的珍贵品种。岛上还有不少鸟语花香的蝴蝶谷，岛上居民利用蝴蝶制作的标本和艺术品，远销许多国家。

(节选自《中国的宝岛——台湾》)

语音提示

(1) 隔 gé　(2) 较 jiào　(3) 地方 dìfang　(4) 狭长 xiácháng
(5) 梭子 suōzi　(6) 山脉 shānmài　(7) 脊梁 jǐliang　(8) 瀑布 pùbù
(9) 似的 shìde　(10) 湖泊 húpō　(11) 地处 dìchǔ　(12) 调剂 tiáojì
(13) 甘蔗 gānzhe　(14) 盛产 shèngchǎn

作品57号

对于中国的牛，我有着一种特别尊敬的感情。

留给我印象最深的，要算在田垄上的一次“相遇”。

一群朋友郊游，我领头在狭窄的阡陌上走，怎料迎面来了几头耕牛，狭道容不下人和牛，终有一方要让路。它们还没有走近，我们已经预计斗不过畜牲，恐怕难免踩到田地泥水里，弄得鞋袜又泥又湿了。正踟蹰的时候，带头的一头牛，在离我们不远的地方停下来，抬起头看看，稍迟疑一下，就自动走下田去。一队耕牛，全跟着它离开阡陌，从我们身边经过。

我们都呆了，回过头来，看着深褐色的牛队，在路的尽头消失，忽然觉得自己受了很大的恩惠。

中国的牛，永远沉默地为人做着沉重的工作。在大地上，在晨光或烈日下，它拖着沉重的犁，低头一步又一步，拖出了身后一列又一列松土，好让人们下种。等到满地金黄或农闲时候，它可能还得担当搬运负重的工作；或终日绕着石磨，朝同一方向，走不计程的路。

在它沉默的劳动中，人便得到应得的收成。

那时候，也许，它可以松一肩重担，站在树下，吃几口嫩草。偶尔摇摇尾巴，摆摆耳朵，赶走飞附身上的苍蝇，已经算是它最闲适的生活了。

中国的牛，没有成群奔跑的习惯，永远沉沉实实的，默默地工作，平心静气。这就是中国的牛！

(节选自小思《中国的牛》)

语音提示

(1) 田垄 tiánlǒng　(2) 朋友 péngyou　(3) 狭窄 xiázhǎi　(4) 阡陌 qiānmò
(5) 它们 tāmen　(6) 没有 méiyǒu　(7) 畜牲 chùsheng　(8) 弄 nòng
(9) 踟蹰 chíchú　(10) 地方 dìfang　(11) 看看 kànkan　(12) 呆 dāi
(13) 褐色 hèsè　(14) 尽头 jìntóu　(15) 人们 rénmen　(16) 下种 xiàzhǒng
(17) 时候 shíhou　(18) 得 děi　(19) 绕 rào　(20) 石磨 shímò
(21) 收成 shōucheng　(22) 偶尔 ǒu'ěr　(23) 尾巴 wěiba　(24) 耳朵 ěrduo
(25) 苍蝇 cāngying

作品 58 号

不管我的梦想能否成为事实，说出来总是好玩儿的：春天，我将要住在杭州。二十年前，旧历的二月初，在西湖我看见了嫩柳与菜花，碧浪与翠竹。由我看到的那点儿春光，已经可以断定，杭州的春天必定会教人整天生活在诗与图画之中。所以，春天我的家应当是在杭州。

夏天，我想青城山应当算作最理想的地方。在那里，我虽然只住过十天，可是它的幽静已拴住了我的心灵。在我所看见过的山水中，只有这里没有使我失望。到处都是绿，目之所及，那片淡而光润的绿色都在轻轻地颤动，仿佛要流入空中与心中似的。这个绿色会像音乐，涤清了心中的万虑。

秋天一定要住北平。天堂是什么样子，我不知道，但是从我的生活经验去判断，北平之秋便是天堂。论天气，不冷不热。论吃的，苹果、梨、柿子、枣儿、葡萄，每样都有若干种。论花草，菊花种类之多，花式之奇，可以甲天下。西山有红叶可见，北海可以划船——虽然荷花已残，荷叶可还有一片清香。衣食住行，在北平的秋天，是没有一项不使人满意的。

冬天，我还没有打好主意，成都或者相当的合适，虽然并不怎样和暖，可是为了水仙，素心腊梅，各色的茶花，仿佛就受一点儿寒冷，也颇值得去了。昆明的花也多，而且天气比成都好，可是旧书铺与精美而便宜的小吃远不及成都那么多。好吧，就暂这么规定：冬天不住成都便住昆明吧。

在抗战中，我没能发国难财。我想，抗战胜利以后，我必能阔起来。那时候，假若飞机减价，一二百元就能买一架的话，我就自备一架，择黄道吉日慢慢地飞行。

(节选自老舍《住的梦》)

语音提示

(1) 好玩儿 hǎowánr　(2) 点儿 diǎnr　(3) 教 jiào　(4) 地方 dìfang
(5) 颤动 chàndòng　(6) 仿佛 fǎngfú　(7) 似的 shìde　(8) 涤 dí
(9) 什么 shénme　(10) 样子 yàngzi　(11) 柿子 shìzi　(12) 枣儿 zǎor
(13) 主意 zhǔyi　(14) 怎样 zěnyàng　(15) 一点儿 yìdiǎnr
(16) 书铺 shūpù　(17) 便宜 piányi　(18) 国难 guónàn

作品 59 号

我不由得停住了脚步。

从未见过开得这样盛的藤萝，只见一片辉煌的淡紫色，像一条瀑布，从空中垂下，不见其发端，也不见其终极，只是深深浅浅的紫，仿佛在流动，在欢笑，在不停地生长。紫色的大条幅上，泛着点点银光，就像迸溅的水花。仔细看时，才知那是每一朵紫花中的最浅淡的部分，在和阳光互相挑逗。

这里除了光彩，还有淡淡的芳香。香气似乎也是浅紫色的，梦幻一般轻轻地笼罩着我。忽然记起十多年前，家门外也曾有过一大株紫藤萝，它依傍一株枯槐爬得很高，但花朵从来都稀落，东一穗西一串伶仃地挂在树梢，好像在察言观色，试探什么。后来索性连那稀零的花串也没有了。园中别的紫藤花架也都拆掉，改种了果树。那时的说法是，花和生活腐化有什么必然关系。我曾遗憾地想：这里再看不见藤萝花了。

过了这么多年，藤萝又开花了，而且开得这样盛，这样密，紫色的瀑布遮住了粗壮的盘虬卧龙般的枝干，不断地流着，流着，流向人的心底。

花和人都会遇到各种各样的不幸，但是生命的长河是无止境的。我抚摸了一下那小小的紫色的花舱，那里满装了生命的酒酿，它张满了帆，在这闪光的花的河流上航行。它是万花中的一朵，也正是由每一个一朵，组成了万花灿烂的流动的瀑布。

在这浅紫色的光辉和浅紫色的芳香中，我不觉加快了脚步。

(节选自宗璞《紫藤萝瀑布》)

语音提示

(1) 不由得 bùyóude　(2) 盛 shèng　(3) 瀑布 pùbù　(4) 发端 fāduān
(5) 迸溅 bèngjiàn　(6) 部分 bùfen　(7) 挑逗 tiǎodòu　(8) 似乎 sìhū
(9) 笼罩 lǒngzhào　(10) 依傍 yībàng　(11) 伶仃 língdīng　(12) 什么 shénme
(13) 说法 shuōfǎ　(14) 这么 zhème　(15) 盘虬 pánqiú　(16) 枝干 zhīgàn
(17) 抚摸 fǔmō　(18) 酒酿 jiǔ'niàng　(19) 灿烂 cànlàn　(20) 不觉 bùjué

作品 60 号

在一次名人访问中，被问及上个世纪最重要的发明是什么时，有人说是电脑，有人说是汽车，等等。但新加坡的一位知名人士却说是冷气机。他解释，如果没有冷气，热带地区如东南亚国家，就不可能有很高的生产力，就不可能达到今天的生活水准。他的回答实事求是，有理有据。

看了上述报道，我突发奇想：为什么没有记者问："二十世纪最糟糕的发明是什么？"其实 2002 年 10 月中旬，英国的一家报纸就评出了"人类最糟糕的发明"。获此"殊荣"的，就是人们每天大量使用的塑料袋。

诞生于上个世纪三十年代的塑料袋，其家族包括用塑料制成的快餐饭盒、包装纸、餐用杯盘、饮料瓶、酸奶杯、雪糕杯等。这些废弃物形成的垃圾，数量多、体积大、重量轻、不降解，给治理工作带来很多技术难题和社会问题。

比如，散落在田间、路边及草丛中的塑料餐盒，一旦被牲畜吞食，就会危及健康甚至导致死亡。填埋废弃塑料袋、塑料餐盒的土地，不能生长庄稼和树木，造成土地板结，而焚烧处理这些塑料垃圾，则会释放出多种化学有毒气体，其中一种称为二噁英的化合物，毒性极大。

此外，在生产塑料袋、塑料餐盒的过程中使用的氟利昂，对人体免疫系统和生态环境造成的破坏也极为严重。

（节选自林光如《最糟糕的发明》）

语音提示

(1) 什么 shénme　(2) 没有 méiyǒu　(3) 殊荣 shūróng　(4) 垃圾 lājī
(5) 降解 jiàngjiě　(6) 散落 sànluò　(7) 牲畜 shēngchù　(8) 庄稼 zhuāngjia
(9) 板结 bǎnjié　(10) 焚烧 fénshāo　(11) 称为 chēngwéi　(12) 二噁英 èr'èyīng
(13) 氟利昂 fúlì'áng　(14) 免疫 miǎnyì

作品 61 号

在青春的路口，曾经有那么一条小路若隐若现，召唤着我。

母亲拦住我："那条路走不得。"

我不信。

"我就是从那条路走过来的，你还有什么不信？"

"既然你能从那条路走过来，我为什么不能？"

"我不想让你走弯路。"

"但是我喜欢，而且我不怕。"

母亲心疼地看我好久，然后叹口气："好吧，你这个倔强的孩子，那条路很难走，一路小心！"

上路后，我发现母亲的确没有骗我，那的确是条弯路，我碰壁，摔跟头，有时碰得头破血流，但我不停地走，终于走过来了。

坐下来喘息的时候，我看见一个朋友，自然很年轻，正站在我当年的路口，我忍不住喊："那条路走不得。"

她不信。

"我母亲就是从那条路走过来的，我也是。"

"既然你们都可以从那条路走过来，我为什么不能？"

"我不想让你走同样的弯路。"

"但是我喜欢。"

我看了看她，看了看自己，然后笑了："一路小心。"

我很感激她，她让我发现自己不再年轻，已经开始扮演"过来人"的角色，同时患有"过来人"常患的"拦路癖"。

在人生的路上，有一条路每一个人非走不可，那就是年轻时候的弯路。不摔跟头，不碰壁，不碰个头破血流，怎能炼出钢筋铁骨，怎能长大呢？

(节选自张爱玲《非走不可的弯路》)

作品 62 号

我从事革命斗争，已经十余年了。在这长期的奋斗中，我一向是过着朴素的生活，从没有奢侈过。经手的款项，总在数百万元，但为革命而筹集的金钱，是一点一滴地用之于革命事业。这在国民党的伟人们看来，颇似奇迹，或认为夸张，而矜持不苟，舍己为公，却是每个共产党员具备的美德。所以，如果有人问我身边有没有一些积蓄，那我可以告诉你一桩趣事：

就在我被俘的那一天——一个最不幸的日子，有两个国民党军的兵士，在树林中发现了我，而且猜到我是什么人的时候，他们满肚子热望在我身上搜出一千或八百大洋，或者搜出一些金镯金戒指一类的东西，发个意外之财。哪知道从我上身摸到下身，从袄领捏到袜底，除了一只时表和一支自来水笔之外，一个铜板都没有搜出。他们于是激怒起来了，猜疑我是把钱藏在哪里，不肯拿出来。他们之中有一个左手拿着一个木柄榴弹，右手拉出榴弹中的引线，双脚拉开一步，做出要抛掷的姿势，用凶恶的眼光盯住我，威吓地吼道："赶快将钱拿出来，不然就是一炸弹，把你炸死去！"

"哼！你不要做出那难看的样子来吧！我确实一个铜板都没有存，想从我这里发洋财，是想错了。"我微笑着淡淡地说。

"你骗谁！像你当大官的人会没有钱！"拿榴弹的兵士不相信。

"绝不会没有钱的，一定是藏在哪里，我是老出门的，骗不得我。"另一个兵士一面说，一面弓着背重来一次将我的衣角裤裆过细的捏，总企望着有新的发现。

"你们要相信我的话，不要瞎忙吧！我不比你们国民党当官的，个个都有钱，我今天确实是一个铜板也没有，我们革命不是为着发财啦！"我再向他们解释。

等他们确知在我身上搜不出什么的时候，也就停手不搜了，又在我藏躲地方的周围，低头注目搜寻了一番，也毫无所得，他们是多么的失望啊！那个持弹欲放的兵士，也将拉着的引线，仍旧塞进榴弹的木柄里，转过来抢夺我的表和水笔。彼此说定表和笔卖出钱来平分，才算无话。他们用怀疑而又惊异的目光，对我自上而下地望了几遍，就同声命令地说："走吧！"

是不是还要问问我家里有没有一些财产？请等一下，让我想一想，啊，记起来了，有的有的，但不算多。去年暑天我穿的几套旧的汗褂裤，与几双缝上底的线袜，已交给我的妻放在深山坞里保藏着——怕国民党军进攻时，被人抢了去，准备今年暑天拿出来再穿，那些就算是我唯一的财产了。但我说出那几件"传世宝"来，岂不要叫那些富翁们齿冷三天？！

清贫，洁白朴素的生活，正是我们革命者能够战胜许多困难的地方！

(节选自方志敏《清贫》)

作品 63 号

我从乡下跑到京城里，一转眼已经六年了。其间耳闻目睹的所谓国家大事，算起来也很不少；但在我心里，都不留什么痕迹，倘要我寻出这些事的影响来说，便只是增长了我的坏脾气——老实说，便是教我一天比一天的看不起人。

但有一件小事，却于我有意义，将我从坏脾气里拖开，使我至今忘记不得。

这是民国六年的冬天，大北风刮得正猛，我因为生计关系，不得不一早在路上走。一路几乎遇不见人，好容易才雇定了一辆人力车，教他拉到 s 门去。不一会儿，北风小了，路上浮尘早已刮净，剩下一条洁白的大道来，车夫也跑得更快。刚近 s 门，忽而车把上带着一个人，慢慢地倒了。

跌倒的是一个女人，花白头发，衣服都很破烂。伊从马路上突然向车前横截过来；车夫已经让开道，但伊的破棉背心没有上扣，微风吹着，向外展开，所以终于兜着车把。幸而车夫早有点儿停步，否则伊定要栽一个大筋斗，跌到头破血出了。

伊伏在地上；车夫便也立住脚。我料定这老女人并没有伤，又没有别人看见，便很怪他多事，要自己惹出是非，也误了我的路。

我便对他说："没有什么的。走你的罢！"

车夫毫不理会——或者并没有听到——却放下车子，扶那老女人慢慢起来，搀着臂膊立定，问伊说：

"你怎么啦？"

"我摔坏了。"

我想，我眼见你慢慢倒地，怎么会摔坏呢，装腔作势罢了，这真可憎恶。车夫多事，也正是自讨苦吃，现在你自己想法去。

车夫听了这老女人的话，却毫不踌躇，仍然搀着伊的臂膊，便一步一步地向前走。我有些诧异，忙看前面，是一所巡警分驻所，大风之后，外面也不见人。这车夫扶着那老女人，便正是向那大门走去。

我这时突然感到一种异样的感觉，觉得他满身灰尘的后影，霎时高大了，而且愈走愈大，须仰视才见。而且他对于我，渐渐的又几乎变成一种威压，甚而至于要榨出皮袍下面藏着的“小”来。

我的活力这时大约有些凝滞了，坐着没有动，也没有想，直到看见分驻所里走出一个巡警，才下了车。

巡警走近我说：“你自己雇车罢，他不能拉你了。”

我没有思索地从外套袋里抓出一大把铜元，交给巡警，说：“请你给他……”

风全住了，路上还很静。我走着，一面想，几乎怕敢想到自己。以前的事姑且搁起，这一大把铜元又是什么意思？奖他吗？我还能裁判车夫吗？我不能回答自己。

这事到了现在，还是时时记起。我因此也时时熬了苦痛，努力地要想到我自己。几年来的文治武力，在我早如幼小时候所读过的“子曰诗云”一般，背不上半句了。独有这一件小事，却总是浮在我眼前，有时反更分明，教我惭愧，催我自新，并且增长我的勇气和希望。

(节选自鲁迅《一件小事》)

第十章 语词演练

一、声母发音训练

b、p：双唇、(不)送气、清、塞音

奔波　摆布　宝贝　包办　标兵　白布　辨别　卑鄙　报表

偏旁　偏僻　批评　匹配　拼盘　澎湃　乒乓　铺平　频谱

m：双唇、浊、鼻音

美貌　面貌　埋没　麦田　眉目　牧民　麻木　明媚　美妙

f：唇齿、清、擦音

方法　肺腑　丰富　非凡　奋发　芬芳　反复　仿佛

d、t：舌尖中、(不)送气、清、塞音

点滴　当代　电灯　导弹　大地　单调　道德　等待　奠定

团体　铁塔　天堂　探讨　淘汰　忐忑　体贴　疼痛　探讨

n：舌尖中、浊、鼻音

能耐　泥泞　牛奶　男女　恼怒　农奴　袅娜　南宁　忸怩

l：舌尖中、浊、边音

理论　流利　玲珑　嘹亮　老练　轮流　连累　拉拢　来历

(注意区别下列词语)

无赖—无奈　水牛—水流　男裤—蓝裤　旅客—女客　脑子—老子

连夜—年夜　留念—留恋　浓重—隆重　大娘—大梁　南部—蓝布

z：舌尖前、不送气、清、塞擦音

祖宗　总则　藏族　曾祖　造作　罪责　自尊　自重　栽赃

c：舌尖前、送气、清、塞擦音

层次　苍翠　催促　草丛　粗糙　参差　猜测　措辞　摧残

s：舌尖前、清、擦音

色素　琐碎　思索　诉讼　松散　速算　瑟缩　思索　撕碎

zh：舌尖后、不送气、清、塞擦音

正直　茁壮　政治　招展　主张　住宅　辗转　庄重　驻扎

ch：舌尖后、送气、清、塞擦音

车床　长城　驰骋　出产　出差　充斥　超产　戳穿　唇齿

sh：舌尖后、清、擦音

身世　山水　生疏　上升　事实　施舍　舒适　述说　硕鼠

r：舌尖后、浊、擦音

柔软　仍然　忍让　荏苒　容忍　如若　柔韧　扰攘　荣辱

j：舌面前、不送气、清、塞擦音

积极　经济　解决　加剧　基金　紧急　讲究　犄角　简介

q：舌面前、送气、清 、塞擦音

气球　亲切　崎岖　秋千　牵强　请求　弃权　前期　情趣

x：舌面前、沾、擦音

行星　喜讯　消息　习性　形象　虚心　学习　详细　宣泄

g：舌面后、不送气、清、塞音

规格　梗概　骨干　桂冠　改革　巩固　高贵　孤寡　尴尬

k：舌面后、送气、清、塞音

刻苦　宽阔　开垦　慷慨　旷课　坎坷　克扣　困苦　空旷

h：舌面后、清、擦音

航海　辉煌　欢呼　红花　黄昏　缓和　浩瀚　含混　豪华

二、韵母发音训练

ɑ　大厦　沙发　马达　喇叭　刹那　砝码　爸爸　发达

o　婆婆　伯伯　默默　磨墨　泼墨　勃勃　馍馍

e　客车　苛刻　合格　色泽　可乐　特色　隔阂　哥哥

ê　告别　感谢　夜晚　消灭　鲜血　坚决　麻雀　省略

i　集体　意义　习题　奇迹　谜底　机器　力避　地皮

u　朴素　互助　突出　服务　粗鲁　读书　糊涂　祝福

ü　区域　序曲　旅居　豫剧　女婿　须臾　玉宇　聚居

i(前)　自私　字词　恣肆　次子　赐死　此次　自此

i(后)　知识　实施　只是　支持　事实　史诗　实质

er　儿童　二胡　而是　而且　诱饵　遐迩　耳朵

ɑi　白菜　海带　买卖　彩排　晒台　灾害　爱戴

ɑo　报道　高超　冒号　逃跑　号召　早操　吵闹

ou　丑陋　守候　收购　抖擞　口头　兜售　漏斗

ei　妹妹　蓓蕾　配备　违背　飞贼　北美　肥美

uɑi 乖乖 外快 摔坏 怀揣 外拐 外踝
uei 水位 归队 追随 摧毁 汇兑 溃退
iɑo 巧妙 笑料 教务 逍遥 叫嚣 萧条 苗条
iɑ 假牙 加价 压价 下辖 贾家 压下 恰恰
ie 姐姐 趔趄 谢谢 结业 贴切 歇业 斜街
uɑ 娃娃 挂花 耍滑 花褂 挂画 画画 华瓦
uo 骆驼 过火 过错 哆嗦 懦弱 蹉跎 阔绰
üe 雪月 雀跃 约略 缺血 绝学 月月

三、声母与韵母的结合发音训练

嫩绿 露脸 铲除 侵袭 被服 丹田 冷暖 倒塌 年轮 雷同 打通
耐劳 拟订 纳凉 庄重 忠贞 愁肠 赏识 苒苒 忍辱 濡染 饶舌
沉渣 车辙 汲取 迁就 饯行 遭罪 粗俗 从速 思忖 虽则 仓促
阻塞 紫色 葬送 赞颂 囚禁 壕沟 蛊惑 惶恐 昏聩 抗旱 恭候
看护 函购 赔本 佩服 喷饭 漂浮 跑步 表妹 普遍 法宝 繁茂

佩服—被服 饱了—跑了 步子—铺子 鼻子—皮子 述说—叙说 被套—配套
篇幅—蝙蝠 作文—做门 纹路—门路 打网—大蟒 公务—公墓 无恙—模样
肚子—兔子 平淡—平坦 特意—得意 大堤—大体 南宁—兰陵 老路—恼怒
改革—开课 梗概—慷慨 骨干—苦干 圆规—圆盔 无奈—无赖 男女—褴褛
大曲—大哭 真困—真菌 君子—棍子 干完—看完 天宫—天空 宽心—关心
老酒—老狗 窍门—靠门 资金—基金 字母—继母 自理—祭礼 唱腔—上苍
允许—容许 名次—名气 磁石—其实 辞藻—起早 俗人—喜人 寺院—戏院
造就—照旧 增高—征稿 赠品—正品 摘花—栽花 商业—桑叶 阻力—主力
木柴—木材 自力—智力 山脚—三角 春装—村庄 小炒—小草 蔬菜—素菜
支援—资源 葱郁—充裕 散光—闪光 招待—交代 专款—捐款 船长—船桨
尺码—骑马 姓陈—姓秦 窗口—枪口 失望—希望 发射—发泄 烧化—消化
树木—序幕 日本—译本 染病—眼病 燃料—颜料 柔姿—邮资 仍旧—营救

(注意：声母与韵母之间不能有停顿)

四、四字词训练

b 百炼成钢 波澜壮阔 暴风骤雨 壁垒森严
m 满园春色 名不虚传 满腔热情 目不转睛
f 奋发图强 翻江倒海 丰功伟绩 赴汤蹈火

d　大快人心　当机立断　颠扑不破　斗志昂扬
t　谈笑风生　滔滔不绝　天衣无缝　推陈出新
n　鸟语花香　逆水行舟　能者多劳　宁死不屈
l　老当益壮　雷厉风行　力挽狂澜　龙飞凤舞

五、轻声发音训练

口袋　马虎　云彩　少爷　木匠　车子　队伍　名堂　风筝　包子　叫唤　央求
打算　本子　先生　动弹　在乎　早上　那么　妥当　快活　折腾　村子　苍蝇
里头　招牌　枕头　柜子　苗头　眉毛　闺女　首饰　框子　热闹　能耐　脑子
脑袋　袜子　案子　聋子　麻烦　铺盖　阔气　窟窿　算盘　膀子　膏药　寡妇
聪明　懒得　苗条　栅栏　学生　小伙子　不在乎

六、儿化音发音训练

人影儿　刀把儿　口哨儿　小丑儿　小瓮儿　火星儿　加油儿　加塞儿　面条儿
叫好儿　号码儿　打杂儿　打盹儿　打嗝儿　记事儿　后跟儿　在这儿　在哪儿
瓜子儿　坎肩儿　抓阄儿　没词儿　没准儿　没谱儿　邮戳儿　针鼻儿　饭盒儿
顶牛儿　冒尖儿　挑刺儿　绕远儿　绝着儿　胖墩儿　胡同儿　茶馆儿　纽扣儿
香肠儿　壶盖儿　扇面儿　挨个儿　梨核儿　被窝儿　酒盅儿　做活儿　掉价儿
提成儿　痰盂儿　碎步儿　墨水儿　墨汁儿　露馅儿　大伙儿　手套儿　牙刷儿
半道儿　找碴儿　拉链儿

七、平翘舌音发音训练

上层　卫生　山川　马上　专政　专款　专程　从中　从此　双方　支持　主宰
手软　未曾　生产　生存　传说　光泽　冲刷　夸奖　存在　存款　收缩　成年
收藏　汗水　色彩　设施　似乎　佛寺　完整　层次　折光　沉重　纯粹　纵队
财政　身后　运输　侧重　卓越　单纯　周岁　周转　所属　玩耍　非常　品种
思考　思索　战争　拱手　拼凑　挂帅　政策　活塞　测算　牵制　挫折　衰竭
崇尚　推测　深层　琐碎　搜索　尊重　赔偿　筹备　僧侣　豪爽　增长　增多
撒谎　摧残　遵守　操纵　赞成　爆炸　农村　抖擞　白昼　石油　锦标赛
一筹莫展　似是而非

八、前后鼻音发音训练

下等　亏损　门票　仍然　内脏　开创　方向　方案　东欧　功能　肝脏　参赛
承担　昂然　线圈　恩人　悄声　优良　创伤　创作　创造　灯光　奔跑　矿产
诚恳　拼命　春光　疯狂　胆囊　党章　症状　盎然　翅膀　航海　崩溃　萌发

象征　森林　横扫　纷争　全身　人民币　方向盘　主人翁　必然性　农产品
川流不息　如释重负　自力更生

九、鼻边音发音训练

儿女　下列　本领　训练　孙女　红娘　吹牛　技能　来源　男女　效率　旅馆
桥梁　流行　流动　浪头　热量　能量　旋律　粗略　绿化　谋略　领土　新娘
概率　嫩绿　濒临　了解　大量　疟疾　饲料　仙女　侵略　总理　战略　虐待
凄凉　原料　内在　内容　少女　少年　水鸟　牛顿　测量　大娘　劳动力
啄木鸟　录音机

(注意易误读词)

水獭　乐曲　甲板　电台　关卡　匈奴　扫帚　曲解　把柄　苍穹　总得　柔和
柔顺　胚胎　荒谬　骨髓　家眷　窈窕　配偶　乾坤　傀儡　婢女　婴儿　眷恋
舷窗　喷射　富翁　搜刮　湍流　窘迫　骚扰　鲁莽　谬论　谬误　憎恨　巍峨
融洽　撇开　漂亮　牛仔裤　胡萝卜　葡萄糖　蓄电池　漂白粉

十、发音要领口诀

学好声韵辨四声，阴阳上去要分明。部位方法须找准，开齐合嘬属口形。
双唇班报必白波，舌尖当地斗点丁。舌根高狗坑耕故，舌面积结教坚精。
翘舌主争真执照，平舌资则早在增。前鼻恩因烟弯稳，后鼻昂迎中拥生。
合口呼午枯胡古，开口河坡歌安争。嘬口虚学寻徐剧，齐齿衣优摇业英。
咬紧字头归字尾，阴阳上去记变声。循序渐进坚持练，不难达到纯和清。

十一、音变训练

训练一：处理、所以、管理、品种、老板、选举、彼此、理解、只好、影响。
训练二：不幸、不料、不测、不愧、不要、不错、不断、不必、不做、不但。
训练三：一技之长、一诺千金、一脉相传、一箭双雕、一意孤行、一日千里。
训练四：桌子、心思、能耐、勤快、搅和、您的。
训练五：儿化音节的辨读练习。

(1) 小王儿特别喜欢吃瓜子儿。

(2) 新疆的葡萄干儿久负盛名。

(3) 我也纳闷儿啊，你怎么就一点儿空儿也没有？

(4) 这么多活儿，大伙儿一起干才干得完。

(5) 西安的“小吃一条街”汇集了全国各地的风味儿。

十二、普通话水平培训测试字词

办、匆、匹、升、厅、双、反、孔、尤、尺、巴、引、心、户、手、文、方、日、曰、木、蹄、辙、辨、辩、醒、爵、衡、褶、赠、踹、歹、比、毛、气、雕、霖、颠、鲸、徽、擦、水、火、癌、篾、融、鳌、牛、犬、王、订、队、韦、丙、东、丝、乎、乏、代、兄、瓮、画、直、码、秆、练、罗、者、股、肥、肯、育、肾、肿、胀、苑、苗、若、苦、苯、册、冬、冯、凹、出、加、务、北、去、古、台、叶、叼、四、外、头、奴、奶、对、尼、沈、沙、泛、澈、瘤、瞎、瞒、灵、灶、牢、状、状、男、町、社、究、穷、纲、纵、纷、纹、纺、肝、肠、潮、稿、箱、篇、篓、艘、蕊、蕨、蝶、踢、踩、躺、遵、醇、醉、左、巧、帅、幼、弗、必、扑、扔、斥、末、母、民、永、灭、犯、用、甩、田、甲、滨、滩、献、瑞、盟、睬、矮、碍、碑、碘、碰、粮、缠、罪、署、群、腥、腮、腻、腿、申、白、皮、矢、礼、禾、穴、立、讨、让、讯、边、辽、鸟、丢、乔、买、争、交、仰、仲、件、蹬、蹭、蹲、蹿、鳖、份、伏、伐、休、优、蠢、霸、髓、麝、囊、伞、伟、伤、伪、充、充、先、光、关、军、农、冰、刑、柜、欧、武、河、油、法、波、注、炉、炎、炒、炕、炖、爬、爸、版、狗、玩、环、裂、装、裙、貂、赏、赔、趁、趋、辈、辉、逼、逾、遍、道、酥、锅、锈、锉、锋、锌、癣、藻、嚷、灌、鬓、魔、鳞、攥、攫、列、刘、刚、劣、匠、协、吃、吊、名、后、吕、团、多、夸、夺、她、如、妃、妆、妈、字、漏、演、熊、熏、熔、碟、碱、碳、磁、稳、聚、膜、舔、蔡、蜜、蜡、蜷、蝇、蝉、裹、存、孙、宅、守、安、导、岁、州、巡、帆、并、庄、廷、异、忙、扛、扣、扩、耳、肉、臣、自、至、舌、虫、许、讽、设、诀、镰、鞭、鬃、巅、瓣、贞、迁、迂、迅、迈、邢、邪、闭、问、闯、簇、糟、繁、臀、薰、霜、霞、鳃、鼾、戳、癖、瞻、翻、藤、疆、防、阳、齐、两、乱、亩、伴、伶、位、住、体、何、兑、兵、冶、初、判、劫、劳、匣、医、卤、却、卵、君、吞、否、听、吮、吹、吻、呆、呈、呕、困、址、均、坎、坏、坑、块、声、妙、妥、宋、层、岔、岛、床、库、形、彻、忘、忧、快、怀、我、扭、扯、找、抄、抓、投、抖、抚、抛、抠、拟、改、时、材、村、条、杨、步、每、汞、汪、芯、花、苇、苍、评、诊、词、谷、财、走、足、身、辰、返、进、远、连、迟、邱、邻、锯、障、雷、靳、鼓、僧、墙、力、十、厂、又、嫡、嫩、察、寡、廖、弊、摔、摘、摧、搭、敲、榜、榻、七、二、儿、入、刀、刁、廉、廓、愁、搏、搞、搬、摊、摸、斟、新、暖、暗、楼、槐、歌、毁、溪、溶、溺、滚、万、三、个、丸、义、亏、亡、凡、勺、口、里、闰、陇、陈、驳、驴、乖、佩、例、侧、典、净、凭、刮、到、刷、券、势、卖、卧、株、根、格、栽、桃、框、案、桌、桑、桥、氨、流、浪、海、涉、涌、涡、润、涩、烈、取、咂、咏、图、坤、坪、垂、备、夜、奉、妾、孟、定、宝、实、宠、居、岭、巫、帘、底、庚、府、庞、废、弥、弦、弧、录、彼、征、性、怪、房、披、抬、抵、押、抿、拐、舅、蒜、蛹、蛾、蜂、蜗、谬、赖、跟、跨、跪、路、跳、躲、输、遣、酱、锡、锤、锥、拔、拖、拘、招、拢、拨、放、斩、旺、昂、昌、明、松、构、枉、果、枝、枣、枪、枫、扬、旬、朱、朵、朽、杂、次、此、死、江、池、灯、瘸、瘾、瞟、瞥、穆、缴、薪、灰、竹、级、羽、老、考、而、表、衫、衬、试、诚、诡、该、责、败、账、货、贫、轮、软、迭、金、钓、闹、陕、隶、醋、镇、震、额、飘、儒、凝、嘴、壅、整、橘、燃、瓢、雨、青、非、顶、饱、驻、驼、驾、鸣、齿、临、举、侵、促、俄、俗、俞、信、修、养、前、剑、勉、受、咬、咱、咸、哑、垒、垦、垫、垮、奎、奏、契、宣、室、宪、峦、帮、很、怎、急、总、恒、恨、恰、括、拱、拴、持、挂、挎、挖、挡、挥、挺、政、既、星、春、昧、昭、某、柔、柯、柳、标、歪、残、氢、泵、洁、洋、洒、津、洪、洼、洽、派、浑、浓、炯、点、炼、烁、牵、狭、畏、疤、皇、盆、盼、盾、眉、眨、矩、砂、砌、够、奢、娶、婆、婚、婶、寅、密、寇、崔、巢、常、康、彩、您、悬、情、惊、惨、惯、弓、才、门、丑、专、丰、乌、井、仄、仍、仓、允、内、冗、土、女、寸、山、川、广、谓、谜、辆、酚、野、铝、铭、银、隋、随、雪、颇、馆、鹿、麻、傲、剩、割、博、啼、砍、砖、砚、神、秋、科、秒、窃、竖、绒、绕、绘、绝、绞、统、罚、要、耐、胃、胆、胎、茬、草、荐、荒、荚、荣、荤、虹、虽、虾、衍、袄、贴、贺、趴、进、逆、选、郡、钙、钝、钟、钧、钩、阁、险、音、顺、须、食、饼、首、香、骂、鬼、鸥、俯、候、倦、倪、债、值、倾、党、兼、冤、准、匪、哭、唇、唤、夏、娘、害、家、容、宾、峰、弱、恋、恐、恩、息、悔、拿、挫、捅、捆、捏、捐、捞、损、换、旁、晋、晒、晓、柴、栓、锐、阔、雄、雅、颊、颌、骗、骚、鲁、鹅、黑、鼎、催、傻、叠、嗓、塘、填、嫁、寝、烘、烤、烦、烧、热、爱、特、狼、珠、瓶、留、疲、病、皱、盐、真、眠、破、砸、秧、赛、遭、遮、酸、酿、镁、颗、鼻、僵、噎、德、憋、憎、懂、撅、撑、撞、撤、撰、擒、窄、站、笋、粉、索、绢、缺、羞、翁、耕、聂、胸、能、脂、脓、致、舀、般、舱、莫、揉、插、握、揩、揪、搓、搔、搜、搭、景、智、晾、替、最、期、棒、棕、棚、椎、椒、虑、蚕、衰、袍、袜、请、贼、赶、辱、逐、逗、逛、速、逢、配、钱、钳、钾、铁、阅、陪、筏、筐、筑、策、粤、粪、缓、缕、编、缘、翔、联、腊、腔、艇、葬、葱、蛙、蛮、陶、高、鸭、偏、做、偶、偿、兜、兽、凑、厩、啃、商、啮、埠、培、堂、堆、堵、捧、捶、捷、捺、掂、掉、掏、掐、掠、探、推、敢、族、晤、晨、曹、梭、梳、涮、淌、淡、淤、淮、淹、清、渊、渠、爽、犁、猎、猜、甜、略、畦、痒、盒、盔、盘、眯、眶、眸、硅、硕、票、移、粒、粗、绳、绺、聊、脖、脱、脸、菊、萍、著、蛇、蛋、谋、谎、善、喊、喘、堤、塔、奥、媚、寒、尊、就、屡、帽、幂、幅、彭、御、循、悲、惹、掰、欺、款、港、渺、湖、湿、溃、滑、焚、牌、猴、琴、琼、登、确、程、窗、窘、窜、童

了解、人民、人群、儿女、儿童、八卦、万岁、上下、上层、上来、下马、下列、下级、下降、下面、下等、也许、亏损、千瓦、卫生、口袋、土匪、大约、大学、大娘、大量、小丑、山川、干脆、广播、门票、飞快、马上、马虎、不用、不许、不良、专政、专款、专程、中旬、中学、云彩、今日、仍然、从中、从头、从此、从而、公元、公司、公民、内在、内容、内脏、凶恶、双方、天鹅、太平、少女、少年、少爷、开口、开关、开创、开拓、引导、引起、手软、支持、支援、文明、方向、方法、方案、无穷、无非、日子、

日夜、日益、日趋、月份、木匠、比分、水鸟、水獭、牛皮、牛顿、车子、队伍、风格、风筝、东欧、主宰、乐曲、仙女、以及、以致、功能、加以、包子、包含、发票、另外、叫唤、外国、外界、外语、外贸、外面、外部、央求、头发、必须、打扰、打铁、打算、未曾、本子、本领、正面、民政、民族、民歌、永久、灭亡、瓜分、生气、生产、生存、甲板、电台、电压、白昼、石油、节日、节约、训练、丢失、丢掉、产品、价格、优良、会计、传统、传说、传播、先生、光泽、全体、全身、全面、全部、共同、关卡、军阀、军营、农村、冲刷、刚才、创办、创立、创伤、创作、创造、创新、动作、动弹、匈奴、协调、压力、压迫、厌倦、合并、名堂、后悔、回头、因而、团队、在乎、多寡、夸张、夸奖、夸耀、妇女、存在、存款、孙女、安全、安排、寻找、当代、成年、扫帚、收缩、收藏、早上、早婚、曲解、汗水、灯光、红军、红娘、老虎、而且、色彩、行当、行走、讴歌、设备、设施、迅速、那么、阳光、阴阳、似乎、位置、何况、佛寺、佛典、佛学、佛经、佛教、佛像、作风、作怪、作品、吹牛、困难、围墙、均匀、坚决、妥当、妨害、完全、完美、完整、尾随、层次、应用、应酬、张罗、快活、怀孕、怀念、怀抱、扯皮、批发、技能、把柄、抓紧、抓获、投票、抖擞、折光、折腾、改编、时光、村子、村庄、来宾、来源、沉重、状况、状态、狂笑、男女、穷人、穷尽、穷困、穷苦、系统、纯粹、纵队、纷争、肝脏、花生、花白、花费、花瓶、苍穹、苍蝇、评价、财政、身后、运用、运动、运行、运输、进口、进去、迟到、里头、附近、侧重、其次、典雅、卓越、单纯、参与、参赛、周岁、周转、命题、国王、国防、奇怪、奔跑、学生、学问、定额、所有、所属、承担、招牌、拥有、昂贵、昂然、明白、朋友、枕头、柜子、殴打、法庭、波长、波动、玩耍、画卷、画面、疟疾、的确、直接、矿产、线圈、细菌、经费、苗头、苗条、苟且、英雄、表演、规律、规格、规模、诚恳、责怪、质量、贫穷、贫寒、转交、转变、转弯、转眼、采写、采访、降低、雨伞、非常、顶点、饲料、侵略、保险、冠军、南方、南北、变更、品种、品德、客厅、客观、宣布、宣传、将军、差别、帮手、弯曲、思考、思索、思想、总得、总理、恰好、恰如、恰当、战争、战略、拱手、拼命、拼凑、挂帅、挎包、政策、春天、春光、柔和、柔软、柔顺、栅栏、活塞、测定、测量、测算、点心、牵制、牵挂、狠心、珍贵、疯狂、眉毛、眉头、绘画、给予、绝对、美元、胆囊、胚胎、荒谬、虐待、虽然、觉悟、语法、说明、说法、费用、轻率、轻蔑、送别、钢铁、闺女、面孔、面貌、首饰、骨髓、健全、党委、党章、凄凉、原料、哲学、夏季、家乡、家眷、宽阔、宾馆、席卷、恩人、恶化、恶劣、悄声、挫折、效率、旅馆、框子、案子、桥梁、流动、流行、浪头、海关、热门、热闹、热爱、热量、爱国、特别、疲倦、症状、盎然、破坏、窈窕、紧缺、翅膀、胸口、胸骨、能耐、能量、脑子、脑袋、脑筋、航海、衰老、衰变、衰竭、袜子、课堂、调动、谅解、赶紧、通讯、通过、造句、配合、配套、配偶、铁索、难免、难怪、顾虑、高原、乾坤、傀儡、培植、婢女、婴儿、崇尚、崩溃、得到、情怀、排斥、接洽、推广、推测、推算、教训、旋律、淘汰、深层、深刻、深奥、清楚、率领、琐碎、眷恋、粗略、维持、绿化、绿洲、聋子、职务、脚跟、舷窗、萌发、谋略、象征、随后、随便、领土、领子、领海、领袖、麻烦、黄色、傲然、傲慢、博士、喷射、奥妙、奥秘、富翁、尊重、强烈、强盗、愉快、搜刮、搜索、散落、森林、椅子、温柔、湍流、然而、痛快、短跑、确定、确实、窘迫、答应、赔偿、超额、辉煌、铺盖、阔气、雄伟、雄壮、骚扰、鲁莽、黑人、黑暗、新娘、概率、窟窿、筹备、简直、罪恶、群众、群体、谬论、谬误、僧侣、境界、嫩绿、寡妇、摧残、撇开、漂亮、稳妥、稳定、算盘、膀子、膏药、豪爽、魅力、增长、增多、增添、憎恨、撒谎、横扫、橡皮、聪明、遵守、遵循、镇压、懒得、操纵、整修、激烈、濒临、融洽、赞成、赞美、爆炸、巍峨

露馅儿、人民币、人影儿、刀把儿、口哨儿、大伙儿、小丑儿、小伙子、小瓮儿、不在乎、开玩笑、手套儿、方向盘、火星儿、牙刷儿、牛仔裤、主人翁、加油儿、加塞儿、号码儿、手工业、半导体、半道儿、古兰经、叫好儿、必然性、打杂儿、打盹儿、打嗝儿、瓜子儿、记事儿、农产品、动画片、后跟儿、在这儿、在哪儿、地下水、体育馆、劳动力、坎肩儿、找碴儿、抓阄儿、没词儿、没准儿、没谱儿、邮戳儿、针鼻儿、饭盒儿、国务院、委员会、录音机、拉链儿、拖拉机、服务员、法西斯、金丝猴、顶牛儿、冒尖儿、变压器、挑刺儿、染色体、研究生、纽扣儿、绕远儿、绝招儿、胖墩儿、胡同儿、胡萝卜、茶馆儿、面条儿、香肠儿、壶盖儿、扇面儿、挨个儿、梨核儿、消费品、被窝儿、酒盅儿、做活儿、啄木鸟、掉价儿、提成儿、葡萄糖、催化剂、痰盂儿、碎步儿、蓄电池、锦标赛、漂白粉、墨水儿、墨汁儿

一筹莫展、川流不息、不可思议、天经地义、司空见惯、如释重负、自力更生、似是而非

第十一章　综合演练

普通话水平测试题——1

一、读单音节字

(注意：后跟括号的单音节字，必须读出该字在括号里规定的语境读音，括号里的词语不必念出)

披　饿　街　歌　日　坡　雪　科　缩　册
麻　旅　季　池　利　思　砸　租　撇　奶
蛆　漱　碑　藕　镖　勺　雁　瞟　剜　臊
月　套　歪　跳　位　摔　药　岁　篮　桥
爹　怀　财　袄　拽　否　走　二　上　牛
暂　沟　串　蚌　癣　闩　秦　碱　裆　邢
晕　脓　润　凝　电　夏　矿　软　先　准
信　寸　脏　冬　山　人　花　群　罐　嫩
权　狂　翁　坑　巷　荒　绒　增　鳃　哑
哇　锈　釉　淌　庸　舔　迥　佛(祖)　奖　跟

二、读双音节词语

存在　窗户　抽象　尾巴　老板　同盟　聘请　恳切　扰乱　有点儿
耳朵　苹果　纠正　承认　庄稼　耍弄　蘑菇　角色　暴虐　墨水儿
非常　美好　否则　解放　隧道　快餐　脉搏　会计　落选　大伙儿
左右　突击　批准　蜜蜂　司法　善良　办公　喧嚷　时光　小曲儿
边卡　汤圆　俊俏　凉爽　车站　用处　拖拉　卓越　绿化　一会儿

三、朗读

离开家乡已经六年了，在梦里也想念那条小河。我在那里长大，在那里经历风雨，小河知道童年的我所经历的一切。

小时候，我喜欢站在小河边看哥哥、姐姐在河里游泳，他们一会儿游入水底，在水中捉迷藏；一会儿浮出水面，泼水打仗。我好羡慕他们啊！一次，我见他们向远处游去，幼小的我带着好奇走入水中，恍惚在梦境中一般，幸好母亲发觉我不在岸上，又见水中直泛水泡，不会游泳的母亲费了许多力气将我从死神手中拉了回来。

当时母亲怀着我的小弟弟，由于救我时费力紧张，喝了不少水，一下就病倒了，经医生治疗也不见好转。躺在床上的母亲，怕我再走到河里去，让哥哥姐姐看着我，还吩咐他们一有空就教我学游泳，我一有进步，母亲就显得很高兴，可她的病一点也没好。

就在那年秋天，母亲离我们去了，小弟弟一生下来不哭也不动，也追随母亲去了。为了我的生存，母亲去了，弟弟也去了。母亲生育了我，又从死神手中救了我。她给了我两次生命。临终前，她拉着我们兄妹四人的手，眼里流露出的尽是爱，她为了我们，没有怨言，倾注给我们的是全部的爱！

母亲去世后，我便常站在河边，幻想着能从小河里看到母亲。她是从小河走向那个世界的，那轻轻的流水声多像母亲温柔的语声，那缓缓拍打堤岸的河水，多像母亲温柔的手。

长大了，我也常去河边，高兴时去，烦恼时也去。清静柔顺的河水，就像母亲充满爱的目光，我带去的欢乐便愈加热烈，我带去的烦恼也烟消云散。

如今我离去了，小河被我远远地抛在故乡，可我永远地思念着你，小河。

(节选自马如琴《小河》，《光明日报》1993 年 12 月 13 日)

四、说话(任选一个题目说 3～4 分钟)

1. 漫议谦虚
2. 我喜欢的一幅画

普通话水平测试题——2

一、读单音节字

(注意：后跟括号的单音节字，必须读出该字在括号里规定的语境读音，括号里的词语不必念出)

偶	铡	红	我	姨	秋	次	剜	逮	挠
氧	食	判	镖	涩	糖	野	敏	遍	捐
而	仍	日	音	劣	奖	源	爱	尚	约(定)

兄 咱 润 发(展) 旬 线 拐 虐 撕 梦
坏 坑 块 声 妙 妥 宋 层 坎 伞
留 共 否 案 框 旅 搓 踹 蛙 踩
纫 怀 襄 瓜 俩 鸣 击 嘣 迟 肥
均 窜 混(合) 偏 苔 醉 你 擂 阔 缺
克(服) 胞 撒(落) 医 卤 却 卵 君 吞 否
听 吮 吹 吻 呆 呈 呕 困 址 均

二、读双音节词语

选举 鹌鹑 用力 军事 飘洒 耍滑 怪癖 篡改 赌博 豆芽儿
运输 原则 恳请 全面 草包 荒唐 夹杂 硫酸 约会 死扣儿
女子 旅馆 光明 海洋 柠檬 着想 损坏 痛快 遵守 暖气
推动 挂号 装配 削弱 略微 抓紧 恐怖 牛奶 支持 藕节儿
描写 群岛 穷人 灯笼 然而 融化 委员 日月 胆量 时代

三、朗读

在船上，为了看日出，我特地起个大早。那时天还没有亮，周围是很寂静的，只有机器房的声音。

天空变成了浅蓝色，很浅很浅的；转眼间天边出现了一道红霞，慢慢儿扩大了它的范围，加强了它的光亮。我知道太阳要从那天际升起来了，便目不转睛地望着那里。

果然，过了一会儿，在那里就出现了太阳的一小半，红是红得很，却没有光亮。这太阳像负着什么重担似的，慢慢儿，一步一步地，努力向上面升起来，到了最后，终于冲破了云霞，完全跳出了海面。那颜色真红得可爱。一刹那间，这深红的东西，忽然发出夺目的光亮，射得人眼睛发痛，同时附近的云也添了光彩。

有时太阳走入云里，它的光线却仍从云里透射下来，直射到水面上。这时候，人要分辨出何处是水，何处是天，很不容易，因为只能够看见光亮的一片。

有时天边有黑云，而且云片很厚。太阳出来了，人却不能够看见它。然而太阳在黑云里放射出光芒，透过黑云的周围，替黑云镶了一道光亮的金边，到后来才慢慢儿透出重围，出现在天空，把一片片黑云变成了紫云或红霞。这时候，光亮的不仅是太阳、云和海水，连我自己也成了光亮的了。

这不是很伟大的奇观么？

(节选自《巴金文集》，《海上的日出》)

四、说话(任选一个题目说 3～4 分钟)

1. 我最喜欢的一个电视栏目
2. 话说节俭

普通话水平测试题——3

一、读单音节字

(注意：后跟括号的单音节字，必须读出该字在括号里规定的语境读音，括号里的词语不必念出)

怪	容	讲	丢	涌	掐	枕	司	卷(卷尺)	揣(怀揣)
荫	泉	抄	赔	总	操	痣	纽	藏(躲藏)	曾(曾孙)
钓	瞥	训	词	贰	蚕	身	虐	蛇(毒蛇)	相(相机)
轻	屉	稳	份	筐	乳	嘣	秦	俩(咱俩)	石(石板)
风	挎	紫	鱼	惯	旅	镖	妾	开(开办)	那(口语音)
掌	胸	月	屋	免	雇	砣	蹑	还(还好)	区(姓)
索	暗	某	坡	池	播	舜	习	幢(一幢)	嘿(嘿笑)
肯	乱	新	惹	俊	法	润	晃	否(否定)	丁(丁香)
兵	骗	锅	寄	讹	笃	隋	褪	化(化肥)	抹(抹杀)
翁	叫	临	搀	榻	笙	醉	逮	撒(撒谎)	闷(苦闷)

二、读双音节词语

健全	英雄	违反	拨弄	千瓦	沙哑	创作	实用	贫苦	旦角儿
群众	思想	平局	唇齿	妨碍	榫头	沉默	下班	酌量	一块儿
心得	伺候	科普	比拟	运转	从而	接洽	仍然	拐弯	抓阄儿
日子	特别	少女	惠存	受穷	修改	夸奖	烹饪	侵略	早早儿
恩怨	鬼混	调整	打扰	消费	绝对	全部	洗发	主力	阻塞

三、朗读

控制紧张情绪的最佳方法是选择你有所了解并感兴趣的话题。当众演讲的人不会使自己接受一个自己漠不关心的话题。不中意的话题肯定会造成演讲时的紧张不安。同样的道理，选择你熟知并确实感兴趣的话题则会为成功的演讲奠定基础。

其次，给自己足够的时间做充分准备。勿使自己被动不堪，毫无余地，以致必须在一两个小时内做完所有准备工作——查找资料、组织讲稿、撰写提纲、练习演讲，这肯定会使你的演讲失败，并将挫败你的信心。反之，如果在正式演讲前一个星期内你每天都做些准备工作的话，你就不会感到压力那么大，信心也会增强。

留出足够的时间做充分准备还包括要有足够的时间进行练习。如果体育运动能对我们有所教益的话，那么这教益便是：精心的准备能够使运动员获得成功。在实力相当的竞争对手中，哪一个运动队做好了心理和体力上的准备，哪个队就能赢得比赛。在这一点上，演讲与体育运动毫无区别。如果你做了精心准备和认真练习，你的演讲将会使你感到自豪。

除了在演讲前你能够做的准备外，在演讲时你还能做些别的来减轻恐惧感。研究表明，在你即将走上台开始讲话的那段时间里，在你第一次与听众接触的那一刻，你的恐惧感最为强烈。

无论你第几个演讲，你至少还可做一件事来自我放松。不要把时间花在考虑自身状态和自己的演讲上。这时，你应把注意力转移到别的事情上。努力倾听你前面每一个人的讲演，专心致志于每一位演讲者的讲话内容，等轮到你上台时，你就不会过分紧张了。

(节选自《如何克服当众讲话的恐惧》)

四、说话(任选一个题目说 3～4 分钟)

1. 漫谈城市交通
2. 我喜欢的一种颜色

普通话水平测试题——4

一、读单音节字

农	铡	帆	每	姨	左	次	剜	逮	坤
翁	挠	氧	谬	判	镖	佣	涩	里	闰
糖	野	敏	痣	丢	遍	捐	而	仍	接
水	日	音	劣	奖	花	邹	源	例	侧
兄	咱	润	妥	旬	线	扯	拐	虐	品
爱	尚	肉	劝	梦	留	共	撕	乖	佩
否	案	框	旅	搓	瘫	踹	蛙	踩	纫
怀	襄	瓜	俩	主	嫡	鸣	准	驳	驴
击	穿	嘣	迟	肥	均	窜	僧	销	偏
苔	醉	你	擂	阔	缺	嫩	胞	陇	陈

二、读双音节词语

选举	鹌鹑	用力	军事	赌博	运输	原则	恳请	全面	豆芽儿
草包	约会	女子	旅馆	光明	海洋	痛快	遵守	暖气	死扣儿
推动	挂号	抓紧	恐怖	牛奶	支持	描写	灯笼	穷人	群岛
略微	削弱	荒唐	装配	损坏	着想	柠檬	硫酸	夹杂	旦角儿
篡改	怪癖	耍滑	飘洒	帮厨	搀扶	非分	惨然	恶心	藕节儿

三、朗读

真好！朋友送我一对珍珠鸟。放在一个简易的竹条编成的笼子里，笼内还有一卷干草，那是小鸟儿舒适又温暖的巢。

有人说，这是一种怕人的鸟。

我把它挂在窗前，那儿还有一大盆异常茂盛的法国吊兰。我便用吊兰长长的、串生着小绿叶的垂蔓蒙盖在鸟笼上，它们就像躲进深幽的丛林一样安全；从中传出笛儿般又细又亮的叫声，就格外轻松自在了。

阳光从窗外射入，透过这里，吊兰那些无数指甲状的小叶，一半成了黑影，一半被照透，如同碧玉，斑斑驳驳，生意葱茏。小鸟的影子就在这中间隐约闪动，看不完整，有时连笼子也看不出，却见它们可爱的鲜红小嘴儿从绿叶中伸出来。

我很少扒开叶蔓瞧它们，它们便渐渐敢伸出小脑袋瞅瞅我。我们就这样一点点熟悉了。

三个月后，那一团愈发繁茂的绿蔓里边，发出一种尖细又娇嫩的鸣叫。我猜到，是它们有了雏儿。我呢？绝不掀开叶片往里看，连添食加水时也不睁大好奇的眼去惊动它们。过不多久，忽然有一个更小的脑袋从叶间探出来。哟，雏儿！正是这小家伙！

它小，就能轻易地由疏格的笼子钻出身。瞧，多么像它的父母：红嘴红脚，蓝灰色的毛，只是后背还没有生出珍珠似的圆圆的白点儿；它好肥，整个身子好像一个蓬松的球儿。

(节选自冯骥才《珍珠鸟》)

四、说话(任选一个题目说3～4分钟)

1．环境与生存

2．我最尊敬的一个人

普通话水平测试题——5

一、读单音节字

(注意：后跟括号的单音节字，必须读出该字在括号里规定的语境读音，括号里的词语不必念出)

穷　恼　辆　吵　鹰　灯　邹　凶　晚　差(差劲)
住　沈　夏　高　孔　箭　刻　桩　被　颈(颈项)
纫　籽　若　存　舔　孙　棉　拌　丢　干(能干)
邪　虐　蛆　据　落　攮　裂　秧　榨　陆(陆地)
垂　蛰　郓　料　份　秦　鳃　膜　挖　掐

非	而	屉	买	质	邵	旬	底	图	假(假期)
梗	憋	帅	股	货	晌	夸	佘	伐	拗(执拗)
胆	黑	愿	瞟	从	润	翁	矮	灾	揣(揣摩)
各	忘	喊	悬	湿	姚	想	爷	你	横(蛮横)
起	斤	却	口	澎	放	隋	播	此	膀(膀胱)

二、读双音节词语

温和	坏蛋	把手	隆重	军舰	确切	雄关	窘况	学生	纽扣儿
宽裕	困难	女儿	佳境	铁树	拐卖	黑体	回想	裙子	老头儿
全面	酗酒	存身	冤枉	归结	罪人	虽然	红色	早操	冰棍儿
从事	平常	彩霞	所有	真正	违心	日期	费劲	太阳	聊天儿
泯灭	绰号	多少	纺车	画报	飘浮	朴素	粉笔	挫折	差点儿

三、朗读

盼望着，盼望着，东风来了，春天的脚步近了。

一切都像刚睡醒的样子，欣欣然张开了眼，山朗润起来了，水涨起来了，太阳的脸红起来了。

小草偷偷地从土里钻出来，嫩嫩的，绿绿的。园子里，田野里，瞧去，一大片一大片满是的。坐着，躺着，打两个滚，踢几脚球，赛几趟跑，捉几回迷藏。风轻悄悄的，草软绵绵的。

……

“吹面不寒杨柳风”，不错的，像母亲的手抚摸着你。风里带着些新翻的泥土的气息，混着青草味儿，还有各种花的香，都在微微湿润的空气里酝酿。鸟儿将巢安在繁花嫩叶当中，高兴起来了，呼朋引伴地卖弄清脆的喉咙，唱出婉转的曲子，跟轻风流水应和着。牛背上牧童的短笛，这时候也成天嘹亮地响着。

雨是最寻常的，一下就是三两天。可别恼。看，像牛毛，像花针，像细丝，密密地斜织着，人家屋顶上全笼着一层薄烟。树叶子却绿得发亮，小草儿也青得逼你的眼。傍晚时候，上灯了，一点点黄晕的光，烘托出一片安静而和平的夜。在乡下，小路上，石桥边，有撑起伞慢慢走着的人，地里还有工作的农民，披着蓑，戴着笠。他们的房屋，稀稀疏疏的在雨里静默着。

天上风筝渐渐多了，地上的孩子也多了。城里乡下，家家户户，老老小小，也赶趟儿似的，一个个都出来了。舒活舒活筋骨，抖擞抖擞精神，各做各的一份事儿去，“一年之计在于春”，刚起头儿，有的是工夫，有的是希望。

春天像刚落地的娃娃，从头到脚都是新的，它生长着。

春天像小姑娘，花枝招展的，笑着，走着。

春天像健壮的青年，有铁一般的胳膊和腰脚，领着我们上前去。

(节选自朱自清《春》)

四、说话(任选1题，时间不得少于3分钟)

1. 我的家庭
2. 我喜爱的一种小动物

普通话水平测试题——6

一、读单音节字

(注意：后跟括号的单音节字，必须读出该字在括号里规定的语境读音，括号里的词语不必念出)

嘎 拍 舟 纲 押 帘 柠 拽 慌 泉
洒 开 平 仍 捐 俩 您 惨 恳 筒
揉 昂 别 件 迎 揣 脓 群 吓(唬) 债
产 檬 肿 疼 艇 某 托 润 匡 缺
跌 宾 铺(子) 锐 综 迅 扯 柴 删 风
夜 心 掠 思 烤 浪 下 六 博 顿
属 最 从 源 舍 赔 嫩 坑 条 饮
塑 断 方 邸 牛 洋 虐 凶 师 贸
女 窘 恶(毒) 费 狠 笔 脚 亮 垮 暖
绿 琼 池 噎 怎 坯 要(求) 象 画 窜

二、读双音节词语

迥然 虐政 可观 旅伴 谱写 女婿 高原 摘要 男人 老头儿
迷信 摧残 婆家 犬马 穷酸 贴切 否则 衬衫 能够 作废
吹牛 调查 仇恨 刚才 软件 怀念 军饷 丁零 主编 差点儿
朋友 哈哈 亲爱 爽快 花纹 粗粮 狂妄 东风 角色 没事儿
刷子 篮球 寒冷 航空 下来 阔气 捆绑 浑身 揣测 聊天儿

三、朗读

沉重的脚步声踏在楼梯上清晰可闻。到第二层的时候，他稍稍停留。随后他走进门来了。一个躯体五尺左右的人，两肩极宽阔，仿佛要挑起整个生命的重荷及命运的担子，而他给人明显的印象就是他能担负得起。

这一天他身上的衣服是淡蓝色的，胸前的纽扣作黄色，里面一件纯白的背心，所有这

些看上去都已经显得十分陈旧，甚至是不整洁的。上衣的背后似乎还拖着什么东西，据女佣解释，那拖在衣服后面的是一具助听器，可是早已失去效用了。

他无视屋内的人，一径走向那架像巨熊一样蹲伏着的大钢琴旁边，习惯地坐下来，拿起一管笔。人们可以看见他那只有力的大手。

客人带着好像敬畏又好像怜惜的神情，默不作声地望着他。他的脸上呈现出一个悲剧，一张含蓄了许多愁苦和力量的脸。火一样蓬勃的头发，盖在他的头上，好像有生以来从未梳栉过。深邃的眼睛略带灰色，有一种凝重不可逼视的光；长而笨重的鼻子下一张紧闭的嘴，衬着略带方形的下颌，整个描绘出坚韧无比的生的意志。

命运加在贝多芬身上的不幸是将他灵魂锁闭在磐石一样密不通风的"耳聋"之中。这犹如一座永无天日的幽囚的小室，牢牢地困住了他。不过反过来在另一方面，"聋"虽然带来了无可比拟的不幸和烦扰，却也带来了与人世的喧嚣所隔绝的安静。他诚然孤独，可是有"永恒"为伴。

(节选自何为《贝多芬：一个巨人》)

四、说话(任选一个题目说 3～4 分钟)

1. 世纪展望
2. 我的拿手菜

普通话水平测试题——7

一、读单音节字

(注意：后跟括号的单音节字，必须读出该字在括号里规定的语境读音，括号里的词语不必念出)

披　饿　街　歌　日　坡　雪　科　缩　册
癣　闰　秦　碱　裆　刑　晕　脓　润　凝
麻　旅　季　池　利　思　砸　租　撇　奶
奖　跟　寸　脏　冬　山　走　二　上　牛
蛆　漱　碑　藕　镖　勺　雁　瞟　剜　臊
腮　哑　哇　铸　釉　淌　庸　舔　迥　佛(像)
月　套　歪　跳　位　摔　药　岁　篮　桥
罐　嫩　权　狂　翁　坑　巷　荒　绒　增
爹　怀　财　袄　拽　否　暂　钩　串　蚌
电　夏　矿　软　先　准　信　人　花　群

二、读双音节词语

热爱	群众	宣传	暖和	场所	空儿	扑灭	佩服	抢修	聊天儿
藏掖	榜样	认真	光辉	齿轮	学问	聘用	耳朵	瓜分	怪异
讨伐	责令	军队	许可	穷困	撒腿	玩耍	悲愁	此外	默认
狮子	假定	渔民	彩霞	鹁鸪	爽快	全体	展览	酿造	小孩儿
迥然	搜身	觉得	偏差	起码	绷带	举行	流寇	整风	好玩儿

三、朗读

从今年除夕起，我很认真地看了由中央电视台首播的电视剧《猴娃》，深深地被剧中的人物命运和情节所打动。近日，我又一次观赏了该剧，感慨颇多。

记得六十年代初，由绍剧表演艺术大师六龄童主演的绍剧《孙悟空三打白骨精》风靡全国，誉满海外。毛泽东主席先后三次观看了他们父子的演出并挥毫作诗《七律——和郭沫若同志》，留下了“金猴奋起千钧棒，玉宇澄清万里埃”的千古绝唱。祖籍绍兴的周恩来总理，在观看了家乡的绍兴戏后，高兴地抱起了“猴娃”天星合影留念。称他小六龄童(后来即成为天星的艺名)。这既是对他继承父业的鼓励，也是对他艺术上的肯定。我曾经五次看过“猴娃”在剧中扮演的可爱动人的“小传令猴”，他的表演常常博得同行和观众的热烈掌声。生活中的“猴娃”聪颖活泼，机敏过人，每次见着我总是阿姨长阿姨短地说个不停，他曾不止一次地说就喜欢看阿姨您演的评剧，百看不厌。可万万没有想到，这么一位在艺术上日趋辉煌、前途不可估量的小“猴娃”竟然被白血病这个病魔无情地夺走了生命，年仅16岁。他的英年早逝，着实令人痛惜不已。

又一个16年，值得大家欣慰的“猴娃”的小弟弟天来(即六小龄童)，发奋拼搏，刻苦努力，在大型电视连续剧《西游记》中扮演的孙悟空获得了巨大的成功，终于完成了兄长临终前的最后嘱托，成为名扬中外、妇孺皆知的新一代美猴王。

衷心地感谢拍摄单位让广大电视观众看到了这么一部成功的佳作。《猴娃》给青少年指引了一条成长的路，也使我深深感到：人的生命在于奉献。

“猴娃”的艺术永存。

(节选自新凤霞《生命在于奉献》)

四、说话(任选一个题目说3～4分钟)

1. 谈友谊
2. 我的学习生活

普通话水平测试题——8

一、读单音节字

(注意：后跟括号的单音节字，必须读出该字在括号里规定的语境读音，括号里的词语不必念出)

牌　穷　砌　本　捐　黑　嘭　别(离)　段　窗
边　怪　搀　根　灭　兄　虐　却　窜　秦
扎　瞟　米　粗　隋　秒　降　良　发(现)　亩
岔　肥　龟　邢　闫　色(彩)　饶　矿　润　作(用)
女　冲(锋)　粉　沓　特　裆　谁(知道)　苔　爹　刷
赔　投　痣　葱　浊　而　晕　揣　用　式
丢　哄(骗)　舔　笋　并　砣　妞　舱　凡　租
牢　宣　虾　若　剜　甸　苏　渠　抓　宁
狼　郑　俩　昏　给(养)　任　耕　鸥　克(扣)　花
看(戏)　庄　邹　夸　怀　佳　您　总　扔　军

二、读双音节词语

内容　贫苦　丢失　推广　凉快　解答　彩色　应酬　算了　这会儿
别人　码头　假扮　酿造　瓜分　宗派　选育　宿舍　举止　春天
虐杀　攻关　茂盛　对比　衰弱　潦草　起火　肯定　模仿　边沿儿
军服　求证　状态　迥然　林场　矿藏　劝降　牙刷　窝囊　豆角儿
配合　怪罪　掠夺　夏天　牛奶　孩子　走访　恳切　迅速　贫困

三、朗读

就这样，在我们和蝴蝶群的搏斗中走了大约五里路之后，我们看到了一个奇异的景色。我们走到一片茂密的坝树林边，在一块草坪上面，有一株硕大的菩提树，它的向四面伸张的枝丫和浓茂的树叶，好像是一把巨大的阳伞似的遮盖着整个草坪。在草坪中央的几方丈的地面上，聚集着数以万计的美丽的蝴蝶，仿佛是密密地丛生着一片奇怪的植物似的，好像是一座美丽的花坛一样。它们互相拥挤着，攀附着，重叠着，面积和体积在不断地扩大。从四面八方飞来的新的蝶群正在不断地加入进来。这些蝴蝶大多数是属于一个种族的，它们的翅膀的背面是嫩绿色的，这使它们在停伫不动时就像是绿色的小草一样，它们翅膀的正面却又是金黄色的，上面还有着美丽的花纹，这使它们在扑动翅翼时却又像是朵朵金色的小花。在它们的密集着的队伍中间，仿佛是有意来作为一种点缀，有时也飞舞着少数的巨大的黑底红花身带飘带的大蝴蝶。在一刹那间，我们好像是进入了一个童话世界，在我们的眼前，在我们四周，在一片令人心旷神怡的美妙的自然景色中间，到处都是密密匝匝、层层叠叠的蝴蝶；蝴蝶密集到这种程度，使我们随便伸出手去便可以捉到几只。天空中好像是雪花似的飞散着密密的花粉，它和从森林中飘来的野花和菩提的气味，混合成一股刺鼻的浓香。

(节选自冯牧《澜沧江边的蝴蝶会》)

四、说话(任选一个题目说3～4分钟)

1. 说环保
2. 难忘的童年

普通话水平测试题——9

一、读单音节字

(注意：后跟括号的单音节字，必须读出该字在括号里规定的语境读音，括号里的词语不必念出)

揣　洗　病　脱　辈　葱　沓　蜇　灭　嚷
磨(灭)　甲　酸　私　盒　寻　俊　堆　块　刷
(门)槛　浊　费　醉　吞　晾　铐　茧　分(别)　团
陆(地)　憋　乘(客)　顿　尊　否　眨　壮　名　缩
钠　石　浮　女　罐　蝉　欧　纫　懂　月
祸　啪　虐　舔　轴　决　穷　窗　日　补
流　劝　乳　妾　腮　邹　供(应)　选　畔　涩
怪　草　剜　俏　嘣　逮　刮　旅　续　屉
宽　聘　扇(子)　很　您　禁　筛　晌　活　扭
捶　若　嘭　捂　慌　册　俩　总　瞟　寄

二、读双音节词语

客人　旅途　漂亮　破坏　森林　损失　曾经　挂钩　留念　好玩儿
学问　黄油　快乐　自由　日记　雄心　比拟　争辩　璀璨　墨水儿
海棠　轿车　乳名　顺应　旋涡　称赏　缺勤　加法　抓药　劲头儿
懒惰　丑恶　劳苦　被动　座位　诽谤　下旬　捐款　扭转　卡片儿
女性　双亲　缩写　抓紧　草地　肥效　想念　游泳　知道　经历

三、朗读

秋天，无论在什么地方的秋天，总是好的；可是啊，北国的秋，却特别地来得清，来

得静，来得悲凉。我的不远千里，要从杭州赶上青岛，更要从青岛赶上北平来的理由，也不过想饱尝一尝这“秋”，这故都的秋味。

江南，秋当然也是有的；但草木凋得慢，空气来得润，天的颜色显得淡，并且又时常多雨而少风；一个人夹在苏州上海杭州，或厦门香港广州的市民中间，混混沌沌地过去，只能感到一点点清凉，秋的味，秋的色，秋的意境与姿态，总看不饱，尝不透，赏玩不到十足。秋并不是名花，也并不是美酒，那一种半开半醉的状态，在领略秋的过程上，是不合适的。

不逢北国之秋，已将近十余年了。在南方每年到了秋天，总要想起陶然亭的芦花，钓鱼台的柳影，西山的虫唱，玉泉的夜月，潭柘寺的钟声。在北平即使不出门去罢，就是在皇城人海之中，租人家一椽破屋来住着，早晨起来，泡一碗浓茶，向院子一坐，你也能看得到很高很高的碧绿的天色，听得到青天下驯鸽的飞声。从槐树叶底，朝东细数着一丝一丝漏下来的日光，或在破壁腰中，静对着像喇叭似的牵牛花的蓝朵，自然而然地也能够感觉到十分的秋意。说到了牵牛花，我以为以蓝色或白色者为佳，紫黑色次之，淡红色最下。

（节选自郁达夫《故都的秋》）

四、说话(任选一个题目说 3～4 分钟)

1. 商品质量与我
2. 我喜欢的一个电视节目

普通话水平测试题——10

一、读单音节字

(注意：后跟括号的单音节字，必须读出该字在括号里规定的语境读音，括号里的词语不必念出)

白	喷	马	否	沓	瘫	啮	诈	朝(阳)	石
隔	掐	克	凸	共	屉	拽	篇	略(区)	别
贼	绕	猫	风	逮	唐	牛	冷	给(予)	枕
缠	首	标	暖	高	狠	瘫	荒	猜	泯
弱	邹	存	司	跳	碾	俩	瞟	快	换
寡	容	蛙	纲	频	就	扫	在	馆	志
增	唱	粟	波	葱	篇	旅	逛	贫	东
虐	局	拈	穷	许	颇	找	喘	邹	舔
狂	群	专	迥	揣	旬	庄	耍	温	月
远	涌	岁	若	诈	训	伦	判	名	秦

二、读双音节词语

小说	软骨	考虑	平凡	嘶哑	特点	根苗	配偶	心得	面条儿
和气	日程	捐赠	群岛	粉笔	害处	扭转	瓦砾	博爱	金鱼儿
率领	规矩	宽广	损失	佛教	参谋	内兄	祖国	宣讲	好玩儿
手枪	窘况	农业	怪话	刺耳	正确	庞杂	垂柳	雪白	纳闷儿
让位	否则	夏季	状态	马路	陨灭	从速	尊敬	打扮	品种

三、朗读

在闽西南苍苍茫茫的崇山峻岭之中，点缀着数以千计的圆形土楼，充满神奇的山寨气息。这就是被誉为“世界民居奇葩”、世上独一无二的神话般的山区建筑模式的客家人民居。

他们的居住地大多在偏僻、边远的山区，为了防卫盗匪的骚扰和土著的排挤，便营造“抵御性”的营垒式住宅，并不断进步发展，在土中掺石灰，用糯火饭、鸡蛋清作黏合剂，以竹片、木条作筋骨，夯筑起墙厚1米、高15米以上的土楼。它们大多为3至6层楼，100到200多间房如柑瓣状均匀布列各层，宏伟壮观。大部分土楼历经两三百甚至五六百年的地震撼动、风雨侵蚀以及炮火攻击而安然无恙，显示了传统技术文化的魅力。

客家先民们崇尚圆形，把圆形当天体之神来崇拜。主人认为圆是吉祥、幸福和安宁的象征，这些都体现了土楼人家的民俗文化。圆墙的房屋均按八卦形布局排列，卦与卦之间设有防火墙，整齐划一，充分显示它突出的内向性、强烈的向心力、惊人的统一性。

客家人在治家、处事、待人、立身等方面无不体现儒家的思想及其文化特征。有一座土楼，先辈希望子孙和睦相处，以和为贵，便用正楷大字写成对联刻在大门上：“承前祖德勤和俭，启后子孙读与耕。”强调了儒家立身的道德规范。楼内房间大小一模一样，他们不分贫富、贵贱，每户人家均等分到底层至高层各一间房，各层房屋的用途达到惊人的统一。底屋是厨房兼饭堂，二层当贮仓，三层以上作卧室，两三百人聚居一楼，秩序井然，毫无混乱。土楼内所存在的儒家文化遗风，让人感到中华民族传统文化的蒂固根深。

(节选自张宇生《世界民居奇葩》)

四、说话(任选一个题目说3～4分钟)

1. 餐桌浪费的警示
2. 我的启蒙老师

普通话水平测试题——11

一、读单音节字

(注意：后跟括号的单音节字，必须读出该字在括号里规定的语境读音，括号里的词语不必念出)

背(负) 群 丢 女 挺 捐 雄 晕 闯 拽
夸 枪 却 醋 晌 遭 嘎 稚 邢 逆
帘 航 灰 实 标 聘 而 妇 沫 绿
涌 邹 暗 踹 人 贼 雌 鹅 摊 沓
洒 犁 球 酿 信 书 天 哼 杂 灭
替 抓 猿 寡 筒 昏 翁 荒 绝 润
隋 坐 篡 趁 钩 诱 逮 饶 散(会) 栋
发(现) 惹 开 夹 凋 赛 煤 污 爱 关
尊 选 捶 说(服) 卸 坡 往 剖 尿 俩
闷 蚌 叩 方 郁 胞 滥 琼 军 棚

二、读双音节词语

倒退 恶心 防御 骨肉 混乱 闺女 被子 表扬 病菌
彩色 公斤 用处 粮食 排球 区别 学院 盼望 英雄
捐赠 巡逻 决定 衰弱 瓦解 漂流 奶水 假托 好玩儿
深浅 铁证 磨难 卡钳 拷打 夸赞 虾酱 唇裂 差点儿
揣测 美感 透支 粉笔 而后 容易 作者 嗓音 一圈儿
短促 波动 操场 散光 纳闷儿

三、朗读

一次，仪山禅师洗澡。

水太热了点，仪山让弟子打来冷水，倒进澡盆。

听师父说，水的温度已经刚好，看见桶里还剩有冷水，做弟子的就随手倒掉了。

正在澡盆里的师父眼看弟子倒掉剩水，不禁语重心长地说：“世界上的任何东西，不管是大是小，是多是少，是贵是贱，都各有各的用处，不要随便就浪费了。你刚才随手倒掉的剩水，不就可以用来灌浇花草树木吗？这样水得其用，花草树木也眉开眼笑，一举两得，又何乐而不为呢？”

弟子受师父这么一指点，从此便心有所悟，取法号为“滴水和尚”。万物皆有所用，不管你看上去多么卑微得像棵草，渺小得像滴水，但都有它们自身存在的价值。

科学家发明创造，石破天惊，举世瞩目，然而，如果没有众人智慧的积累，便就终将成为空中楼阁，子虚乌有。

鲁迅的那段话也掷地有声："天才并不是自生自长在深林荒野里的怪物，是由可以使天才生长的民众产生、长育出来的，所以没有这种民众，就没有天才。"

"落花水面皆文章，好鸟枝头亦朋友。" 当年朱熹就曾这样说过。

如果你处在社会的底层——相信这是大多数，请千万不要自卑，要紧的还是打破偏见，唤起自信。问题不在于人家怎么看，可贵的是你的精神面貌如何？

三百六十行，行行出状元。关键还是在于，怎样按照你的实际，为社会，为人类多做贡献，从而在这个世界上找到自己的一片绿洲，一片天空。

(节选自《珍视自己的存在价值》，全国普通话广播大赛规定稿件第9号)

四、说话(任选一个题目说3～4分钟)

1. 我喜欢的旅游胜地
2. 漫议终身学习

普通话水平测试题——12

一、读单音节字

塔　抹　自　败　谁　扣　真　符　送　卡
孕　薛　女　闰　卵　快　跨　雄　拧　迭
炸　错　思　带　饶　竿　韧　棱　比　吓
群　雀　瓮　滚　睡　阔　刮　窘　评　篇
擦　者　吃　柴　燥　攮　堂　僧　弥　扭
俊　觉　床　吞　追　托　足　浆　锌　表
波　车　室　美　扫　参　行　统　拾　捏
癣　屈　妆　蒜　挥　夺　属　晾　品　棉
颇　测　尔　给　钩　酚　反　虫　贾　硫
全　虑　谎　攒　怀　划　讽　娘　烟　秒

二、读多音节词语

本事　解剖　扭转　照顾　创造　花粉　均匀　村庄　屏幕　嗓门儿
取舍　卡车　内在　新月　蜷缩　黄昏　快速　留学　标语　模特儿
催眠　医疗　坏人　确切　相当　漂亮　下令　穷困　手指　脖颈儿
儿童　非法　打倒　拼命　夸张　胸脯　拳头　茫然　代价　旦角儿
纳税　眷恋　采购　繁荣　呼唤　传递　里程碑　紫外线　包干儿
司空见惯

三、朗读

到纽约，不去看看闻名世界的自然历史博物馆，将会是件憾事。这个由一百多个国营、民营基金会，两百多家大公司及五十多万会员鼎力相助支持的民营机构，收藏了数十万件价值连城的物品，实在值得一看再看。

第一次去参观时，刚好在一楼的摩根纪念馆欣赏闪闪晶亮的各种宝石。忽然，一位男导游迅速脱下夹克，盖在一块数百公斤重的大石头的一个缺口上，再将带来的游客叫到跟前：

“你们看着，这只是一块普通的石头吧！这位女士请你过来一下！”一位游客走到前面，导游员将夹克像变魔术似的拿开，那女士伸头望了一下，不禁大声“啊！”地叫了起来。

随着这一声惊叫，我和其他游客一块拥上前去，看个究竟。原来里面竟然是耀眼闪光的紫水晶。导游员说话了：

“这块石头有个动人的故事。它原本是弃置在一位美国人住所的院子里。有一天，主人因石头有碍观瞻，就叫人来将它搬走。谁知就在搬上卡车时，工人一时失手，石头掉在地上，碰裂了一个缺口，大家就像你们刚才一样，都叫了起来，因为这并不是一块普通的石头，而是一块紫水晶。”主人知道真相后，平静地说：“这块石头，我本来就是要丢掉的。现在虽然发现它是宝物，想必是上帝的旨意，我一言既出，绝不反悔。我决定不占为己有，而将它送给博物馆，让更多的人来欣赏。”

(节选自爱薇《一言既出》)

四、说话(任选一个题目说 3～4 分钟)

1. 我的假日生活
2. 我喜爱的职业

普通话水平测试题——13

一、读单音节字

八	姿	配	伞	熔	挑	平	雇	队	翁
爬	慈	给	愤	从	尿	鸣	辱	鬼	吕
卡	丝	里	镇	滴	牛	廖	挂	吹	具
洒	致	刀	家	逆	绺	娘	化	晚	屈
薄	嗤	吵	炕	贾	休	凉	刷	困	倔
磨	恃	灶	赏	洽	面	享	捋	唇	崔
佛	工	投	蒙	下	添	窘	货	顺	犬

克	相	艘	等	憋	连	琼	枭	妆	玄
执	概	担	恒	啮	宾	胸	槐	爽	俊
责	睬	旱	工	苗	贫	夫	拽	团	循

二、读多音节词语

取暖	雪山	寻常	流派	歌颂	贫穷	脱落	家庭	犬齿	提成儿
马虎	狂欢	搏斗	儿女	兄弟	年轻	下降	许久	裙子	走神儿
发烧	条约	扩张	化肥	热闹	怎样	口诀	累赘	外宾	照片儿
破裂	广义	寡妇	溶解	板凳	思量	损坏	特殊	昆虫	名牌儿
推测	采用	表达	敏感	蓝天	脚步	主人公	所有制	没准儿	
千方百计									

三、朗读

今年四月，我到广东从化温泉小住了几天。那里四围是山，环抱着一潭春水。那又浓又翠的景色，简直是一幅青绿山水画。刚去的当晚是个阴天，偶尔倚着楼窗一望，奇怪啊，怎么楼前凭空涌起那么多黑黝黝的小山，一重一重的，起伏不断？记得楼前是一片园林，不是山。这到底是什么幻景呢？赶到天明一看，忍不住笑了。原来是满野的荔枝树，一棵连一棵，每棵的叶子都密得不透缝，黑夜看去，可不就像小山似的！

荔枝也许是世上最鲜最美的水果。苏东坡写过这样的诗句："日啖荔枝三百颗，不辞长作岭南人。"可见荔枝的妙处。偏偏我来的不是时候，荔枝刚开花。满树浅黄色的小花，并不出众。新发的嫩叶，颜色淡红，比花倒还中看些。从开花到果子成熟，大约得三个月，看来我是等不及在这儿吃鲜荔枝了。

吃鲜荔枝蜜，倒是时候。有人也许没听说过这稀罕物儿吧？从化的荔枝树多得像汪洋大海，开花时节，那蜜蜂满野嘤嘤嗡嗡，忙得忘记早晚。荔枝蜜的特点是成色纯，养分多。住在温泉的人多半喜欢吃这种蜜，滋养身体。热心肠的同志送给我两瓶。一开瓶子塞儿，就是那么一股甜香；调上半杯一喝，甜香里带着股清气，很有点鲜荔枝的味儿。喝着这样的好蜜，你会觉得生活都是甜的呢。

(节选自杨朔《荔枝蜜》)

四、说话(任选一个题目说3～4分钟)

1. 学习普通话的体会
2. 难忘的旅行

普通话水平测试题——14

一、读单音节字

插	雨	颇	而	槛	略	鸣	拔	兄	司
短	挠	日	骨	滑	冰	恩	辞	欧	敬
溜	火	止	用	娶	仇	掐	闷	刻	秦
萧	笙	拜	垒	栽	瓜	子	肺	旺	别
翻	荀	两	税	挤	屯	兼	慌	裹	聂
哑	伪	润	筛	饶	逮	族	癣	邹	窜
砣	蜇	尼	瞟	俊	宋	行	钻	层	判
撤	约	您	马	聋	鹤	药	农	跟	碎
闯	靠	钟	蚌	免	隔	淌	缝	捕	地
揣	等	赔	块	丢	浊	抢	全	催	负

二、读双音节词语

钻研	准确	爽直	乐意	撒娇	而且	鬼子	笼统	大伙儿
仁爱	挫折	古老	吹牛	代替	瓦解	窗户	窘迫	金鱼儿
随后	军阀	运输	夸张	淮海	元气	不适	森林	岔道儿
饼干	取暖	学问	反抗	贫困	钢笔	虚名	邮票	一圈儿
饱满	非常	慈悲	两手	灭亡	阳光	否则	妥当	聊天儿
工夫	曾经	响声	喷射	早年				

三、朗读

鹰的体魄与气质和狮子有许多相似之处，那就是它们的力量，狮子称为百兽之王，鹰则被奉为百禽之首。它气质高贵，傲然面对那些猥琐小雀，对其污言秽语不屑一顾，除非那些贪嘴的乌鸦、嚼舌的喜鹊不停地挑衅，它才忍无可忍，给它们致命的一击。鹰另一个特点是从不吃嗟来之食，只享受自己的胜利果实。它克己节食，从不贪食全部猎物，而像狮子那样，总是大方地把剩余食物留给其他鸟兽。即便饿死，也绝不扑向那些腐尸臭肉。它像狮子那样孤傲，守土如家，维护在自己领地内捕猎的绝对权利。通常，很少能见到两群狮子同处一林，而两对鹰同占一山则更为少见，它们相互间总保持足够的距离，以保证能提供食物的广阔空间。它们只按照食物的多寡来决定是否延伸自己的王国。鹰的眼睛炯炯发亮，羽毛颜色与狮子皮毛相近，爪子形状也与之相同，它同狮子一样气壮声厉。这一禽一兽格杀捕猎的本能与生俱来，同样凶猛、高傲，难以驯服，驯养它们必须从幼龄开始。驯鹰须十分耐心，掌握高超技巧才能将雏鹰训练成捕猎能手。猎鹰随年龄和力量的增长，会逐渐对主人产生一些危险。据书中记载，过去在东方曾有人豢养猎鹰捕猎，但现在它已从驯隼场慢慢消失。

(节选自［法］布封《鹰》，李玉民、有权、梁音译)

四、说话(任选一个题目说3～4分钟)

1. 我最喜欢的一种花木
2. 漫谈人生价值

普通话水平测试题——15

一、读单音节字

女　贼　宣　弱　童　思　驴　略　东　虹
邹　穷　军　邢　兄　远　训　剜　撞　拐
泉　柔　广　堆　怀　短　翁　嫩　胞　垮
吹　吞　蚌　刷　嗑　肥　尼　垒　经　鳃
觉　角　我　阳　价　催　抢　谋　热　腺
额　浮　俩　勤　算　字　尊　仍　野　紧
省　骨　含　槛　缝　止　分　浊　逞　俏
濒　闪　沉　拔　丢　港　靠　鸣　擦　索
埋　扒　伤　庙　贰　海　超　拗　坡　百
实　梯　枕　挠　舔　劣　撤　草　乳　苍

二、读双音节词语

旅途　掠夺　迥然　暖和　民间　儿歌　贵重　偏差　快板儿
爽朗　模型　容易　岁月　慷慨　沙发　漂亮　眉毛　面条儿
篡改　只好　搜集　寻找　取得　聘书　裁定　损害　草垫儿
洽谈　滑冰　群岛　参政　自焚　最初　捐献　皇帝　困难
衰退　丝绸　始祖　寡妇　全部　下放　痴心　别人　内在
碾盘　牛油　蝶泳　铿锵　如果

三、朗读

作为普通人，可能没人反对环保，可许多并不反对环保的人实际上也没为环保做点什么。于是，下面的状态并不会受到谴责，良心也坦然。

我没有把洗澡的水存起来冲厕所，我也没有把淘米的水用来洗菜，这么做也没什么不妥，因为我付水费了……

我在办公室或者在家里用纸从没考虑到两面利用，仅仅因为我用的那些纸都是免费得来的；有时也是为了好看，总不能给人家写信或者投稿都用反面已经用过的废纸吧，这是礼貌问题。

我认识一个人，他在用水方面是个地地道道的“吝啬鬼”。他把洗澡水用来冲厕所，把洗菜的水用来洗别的菜。有一次他对我说，我知道这也许帮不了什么忙，我知道我节约的这么点水还抵不上一个公共场合坏水龙头一刻钟流失的水，我知道我根本管不了那么多，中国太大了，我甚至不能在公共浴池制止那些让淋浴没完没了冲洗自己的人，可我还是愿意尽我所能节约一点水。我想的是我一天省下的水至少能让一棵小树成活。于是，所有的树木在我这儿都变得具体了，我和它们之间也有了联系，当我看着它们的时候，我就很幸福，这幸福的感觉又会给我新的力量，坚持做下去。他的理解打动了我，倒不是他做的事有什么特别的意义，但他能让自己从中获得安慰，这境界已经让我羡慕。

(节选自皮皮《环保是一种时尚》)

四、说话(任选一个题目说 3～4 分钟)

1. 现代科技与日常生活
2. 我最喜欢的一本书

普通话水平测试题——16

一、读单音节字

掐　乐　您　掀　擦　丈　清　埋　损　丁
暖　对　促　铜　任　卡　古　揭　丸　吞
抓　修　荡　旺　摔　畏　脸　热　把　耗
平　筛　亏　否　瓦　棍　松　匀　女　用
喜　说　揣　咱　佛　此　勋　院　子　钻
牙　民　饭　北　何　凋　坡　观　骗　荒
烤　赔　级　贪　抢　风　理　缤　能　锅
邻　口　而　翁　掠　羊　思　全　捏　灾
穷　体　针　描　月　容　参　歪　续　贴
搜　场　拨　是　支　窗　目　耻　掘　熬

二、读双音节词语

巡逻　凉粉　旅途　挂号　存在　捐款　僧侣　日常　老头儿
罪责　晒台　衰弱　快乐　学会　补贴　散漫　参加　面条儿

温柔　喧闹　牛皮　窘况　雄伟　军队　群众　穷人　省长
女性　别的　压迫　民兵　马虎　权贵　觉悟　确定　刀把儿
困难　飞驰　票子　拼命　偏差　选举　壮观　丢失　药方儿
仇恨　理睬　揣测　童话　酿造

三、朗读

第一次游万竹园，我就被它的幽静娴雅迷住了。

出趵突泉西行不远，寻得西青龙街 17 号，再沿碎石铺就的小路北行，一假山迎面而立，几株古柏，郁郁葱葱，遮天蔽日，把初秋的阳光划成无数的碎片，抛洒满地。山旁一行修竹，翠绿欲滴，羞答答探出轻盈的枝头，垂眉低首，恭候着游人，别具一番情趣。

据史料记载，万竹园之名始见于元朝，面积 80 余亩，因竹林成片，环境幽美而得名。后几经沧桑，直至 1927 年，才被山东督军张怀芝修建成私人住宅。

绕过假山，一朱色大门坐北朝南，门台高起，雕梁画栋。门旁房屋，青砖墙壁，黑瓦盖顶，古朴典雅而又不失富丽堂皇。过门而入院落，两株石榴跃入眼帘。时下正逢农历八月，石榴犹如点点灯盏，点缀在翠波绿叶中。风儿过处，留下一阵沁人心脾的幽香，使古老的院落更显得神秘和幽深。同行者告诉我，这里最风光的时候要数夏天，榴花盛开，火红一片，令人醉而忘返！

出石榴园，一条狭长的南道蜿蜒前伸。路左高墙俨然；路右修竹亭亭。那竹下的清溪，悄声蔓延，如丝如缕。溪旁有一平桥，加之小巧的房舍，极具“小桥、流水、人家”的情致。桥端院内，三株玉兰，翠绿清新，生机勃勃。春天玉兰花盛开之际，犹若三朵白云飘浮院落，阵阵清香袭人，令人情不自禁。院落北侧，为两座雕琢精细的二层楼房，前后并列，中有空中廊桥相衔，新颖别致。

(节选自宋翠芬《悠悠万竹园》)

四、说话(任选一个题目说 3～4 分钟)

1. 介绍你的家乡
2. 我最喜欢的一处风景

普通话水平测试题——17

一、读单音节字

摆　判　门　钉　肥　赴　舔　妞　尼　否
冒　军　穷　吃　蛹　逮　溶　葱　曾　枕
字　苏　软　淌　横　用　石　善　此　薄
骗　能　懂　屯　段　女　嗑　塔　致　吵

纫　坡　病　脑　乱　国　垮　翁　垒　邻
铐　画　拐　狂　鬼　略　选　绿　红　悔
叫　掐　嗅　野　王　袄　册　扎　而　几
肖　妾　僵　朱　伪　揣　双　越　霞　顺
琴　襄　闯　邢　撒　却　熏　具　群　鳃
雁　权　四　长　邹　晌　豁　熟　跌　轴

二、读双音节词语

儿歌　贫穷　环境　思想　脉搏　懂得　早春　铁路　板擦儿
平安　悠远　韵味　强调　啰唆　好转　随手　捐赠　玩意儿
染料　狂妄　否则　谄媚　懂得　率先　牙刷　月台　纳闷儿
教学　寨子　典礼　后来　傀儡　邻居　妇女　觉悟　冰棍儿
认识　海关　名胜　张挂　循序　痛快　奔驰　假若　匈奴
访求　层次　破戒　欢迎　汽水

三、朗读

寄居香山这一段岁月，最依恋的就是屋外的鸟鸣了。早晨，我总要滞在被窝里听一阵啁啾再起来。只要绕窗有鸟儿鸣转，只要空气中翎羽在颤动，就知道又是个晴天。当然，和平，宁静，清幽，相安无事，须听见鸟鸣才能感受到；黎明的清新，空气的纯净，天地的宽阔和生机的勃然，也得在鸟儿们的碎语中体会。其实我早就与鸟儿相亲相爱的，只是在香山住的那阵子更特别，深感不可一日无此君。自小我喜欢吹笛，一曲“黄莺亮翅”，鸟儿的啼叫声从笛孔里滑出来，心里别提有多舒服和欢愉了。后来玩胡琴，知道刘天华留下一首《空山鸟语》。“鸟语”二字真是又神秘又令人浮想联翩。模仿鸟鸣的胡琴指法很特别，要将食指中指无名指在弦的某一处做同音轮指，指尖儿痒痒酥酥的，变成了鸟喙在啄食，心也就如鸟儿一样忘了一切烦忧。其实鸟儿从来是音乐家的宠儿，奥地利作曲家海顿就写过《鸟儿四重奏》《云雀四重奏》两首传世之作。在中国，鸟儿们充当着民间音乐家的情人角色呢。我知道的就有琴曲《春山听杜鹃》，筝曲《嘤啭黄鹂》，管子曲《双黄莺》，等等。古诗“雁柱十三法，一一春莺语”“江楼吹笛三更后，细奈林间杜宇啼”所记叙的古曲早已散失，但想来那琴音鸟啼相融，物我合一的美学境界定是极美妙的。

(节选自韩静霆《鸟语》)

四、说话(任选一个题目说 3～4 分钟)

1. 漫谈人与自然
2. 我喜欢的一首歌

普通话水平测试题——18

一、读单音节字

惹 渠 准 丢 尽 雄 染 杂 捐 名
鲜 弱 钻 肥 某 遍 罩 沏 甲 吓
妾 邹 判 瞟 沓 北 坡 冒 对 风
捌 俯 跎 惯 俩 炕 怎 苔 铙 逆
铁 来 夸 横 奴 刷 久 别 黑 顶
沈 嘭 藕 拈 槛 偿 您 歌 尺 烂
猜 券 晃 瓜 溜 桨 蹭 疮 鹤 晕
姚 踹 舜 逮 根 孔 坏 而 涮 梯
浙 蚌 苏 雪 穷 司 苗 粉 翁 略
笋 贫 脆 寻 铝 撒 菌 从 晌 卫

二、读双音节词语

产品 咖啡 距离 女人 生长 钻研 下面 状况 素质
恳求 瓜分 泊位 枢纽 群婚 把手 从容 美妙 个头儿
损害 刁难 累赘 妥贴 翅膀 空儿 加工 熊猫 保管
纯粹 平凡 捐赠 黄芪 享用 打听 脑袋 化学 脸蛋儿
宣传 档次 谱曲 豁亮 钦差 协同 缺乏 坏处 聊天儿
军队 尽快 若干 即刻 塞责

三、朗读

晚饭过后，火烧云上来了。霞光照得小孩子的脸红红的。大白狗变成了红的了，红公鸡变成金的了，黑母鸡变成紫檀色的了。喂猪的老头儿在墙根靠着，笑盈盈地看着他的两头小白猪变成小金猪了。他刚想说："你们也变了……"旁边走来一个乘凉的人，对他说："您老人家必要高寿，您老是金胡子了。"

天空的云从西边一直烧到东边，红彤彤的，好像是天空着了火。

这地方的火烧云变化极多，一会儿红彤彤的，一会儿金灿灿的，一会儿半紫半黄，一会儿半灰半百合色。葡萄灰，梨黄，茄子紫，这些颜色天空都有，还有些说也说不出来、见也没见过的颜色。

一会儿，天空出现一匹马，马头向南，马尾向西。马是跪着的，像是在等着有人骑到它背上，它才站起来似的。过了两三秒钟，那匹马大起来了，马腿伸开了，马脖子也长了，一条马尾巴可不见了。看的人正在寻找马尾巴，那匹马就变模糊了。

忽然又来了一条大狗。那条狗十分凶猛，它在前边跑着，后边似乎还跟着好几条小狗。跑着跑着，小狗不知跑到哪里去了，大狗也不见了。

接着又来了一条大狮子，跟庙门前的大石头狮子一模一样，也是那么大，也是那样蹲着，很威武很镇静地蹲着。可是一转眼就变了。要想再看到那头大狮子，怎么也看不到了。

一时恍恍惚惚的，天空里又像这个，又像那个，其实什么也不像，什么也看不清了，可是天空偏偏不等待那些爱好它的孩子。一会儿工夫火烧云下去了。

(节选自萧红《火烧云》)

四、说话(任选一个题目说 3～4 分钟)

1. 我的家居特色
2. 我的业余爱好

普通话水平测试题——19

一、读单音节字

(注意：后跟括号的单音节字，必须读出该字在括号里规定的语境读音，括号里的词语不必念出)

诈	惹	而	紫	迟	碑	拆	冒	否	南
粉	裆	耕	起	俩	丢	表	变	瞥	拼
酿	平	扑	挎	播	阔	乖	退	断	抡
光	弄	翁	举	略	泉	均	穷	扎	涩
司	使	筛	废	找	偶	山	恨	扛	仍
习	加	灭	跳	牛	甜	民	亮	鸣	促
抓	(仿)佛	若	甩	绘	卵	纯	矿	红	岸
决	癣	熏	雄	损	采	赠	忍	盎	簪
疫	截	邀	雁	荫	仰	顶	蒜	村	壮
荣	御	远	躯	恩	擦	袄	勇	恽	学

二、读双音节词语

穷困	雪耻	君子	裙带	渲染	取景	疟疾	远房	律诗
窘迫	逛荡	统称	专门	贺词	斧头	滑冰	遭受	碎步儿
幻想	流水	别扭	没错	林业	快乐	瓜分	口语	奶嘴儿
品种	夏天	抹杀	创作	高大	而已	改变	恰好	干活儿

烹饪　挑战　蜜蜂　存款　内容　协助　外地　损伤　强调
漂亮　应用　捐款　宿舍　差点儿

三、朗读

如今，这雄关虽已成为历史陈迹，但是它却以它那雄伟庄严的风貌，可歌可泣的历史，鼓舞着人们的坚强意志，激励着人们的爱国情感。

我相信：假若一旦我们的神圣的国土再一次遭受到异族入侵的话，那位手执大刀的青年小伙子，还有我们的现代花木兰，以及所有登临这雄关的公民，全都会毫不犹豫地拿起武器，奔赴杀敌卫国的战场！由此，我又悟出了一个道理： 雄关，这早已变成了历史陈迹的雄关，虽然已失去了它往日的军事作用，但是这雄关的伟大体魄，忠贞的灵魂，却永远刻在人们的心中。哦，更确切一点说，这关，不在地壳之上，山海之间，而是在人们的心中。

是的，在人们的心中。这才是真正的雄关，比什么金城汤池还要坚固的雄关！不是吗？山海关纵然是坚固险要，可也有被攻破的记载；而吴三桂的引清入关，更是不攻自破。多尔衮的铁骑，不就是从这洞开的大门下面蜂拥而过席卷中原的吗？

“恸哭六军俱缟素，冲冠一怒为红颜。”吴梅村《圆圆曲》，道出了当时爱国人士对吴三桂的愤慨和痛恨。尽管历史学家对吴三桂降清的动机是否是为了“红颜”这一事实还有争议，但雄关被出卖而不攻自破却是事实，也是教训。

(节选自峻青《雄关赋》)

四、说话(任选一个题目说3～4分钟)

1. 谈理想
2. 我最尊敬的人

普通话水平测试题——20

一、读单音节字

多　她　碑　判　某　胞　肯　膘　童　扇
表　言　恩　层　润　坏　磅　贫　索　肉
涌　绝　共　女　乱　浮　面　增　瞎　接
元　区　略　钻　平　摸　方　敌　苔　聂
淡　废　贰　涩　采　朱　净　丢　腻　懒
虐　穷　旬　捆　隋　花　瓷　野　网　册
软　冲　宣　均　舜　秦　灵　更　漱　谢

涮　亏　俩　欢　杂　酱　铸　枕　尾　窄
损　瓦　疮　迁　勺　安　坐　氧　拆　邹
邀　撒　牛　怪　催　郑　鹤　池　仲　装

二、读双音节词语

运动　拼命　塑料　早婚　创作　麻雀　快乐　取暖　泡沫
袜子　挂号　仁慈　也许　摧毁　寻求　取缔　探望　衰弱
不用　索性　场合　优胜　皱纹　源泉　昆虫　平整　够劲儿
组阁　热烈　翅膀　胸膛　手语　劳驾　山羊　下巴　小孩儿
蝉联　农民　转载　裁决　极点　特务　能干　死板　玩意儿
儿童　食指　没空　咖啡　佛门

三、朗读

夏天还没有结束，秋天就悄悄地来了。铅灰色的云，遮蔽了整个天空，触目惊心，使人想起战场上的硝烟。乌云一浪接一浪地汹涌，云团低低地翻卷，几乎触到了房顶上电视机的天线。

树叶立刻变黄了。黄叶子越来越多，越来越多，似乎在呼唤太阳归来。

可是太阳总不露面儿。

随后下起雨来。雨，淅淅沥沥地洒落，从一条树枝滴向另一条树枝，白天黑夜下个不停。草地树木全部都湿淋淋的，泥土再也不吮吸雨水，或许，一切生物蕴含的水分已经到了饱和的极限。

有一天夜里，我从睡梦中醒来。屋子里一片漆黑。万籁俱寂……我站起来，推开窗户，看见了白桦树，秋夜的幽暗中隐隐现出轮廓的白桦树。它无遮无拦，承受着迷蒙的阴霾。

转天早晨，一场霜冻袭来——树叶纷纷飘落，在白桦树下铺成了一个金色的圆环。光裸发乌的枝条散发出一种难言的愁情！要知道，就在不久之前，它还是绿叶婆娑，光彩辉映，而转瞬之间，绿色消失殆尽，何况要消失很长很长的一段时间哪！

又将是阴雨淋漓连绵。落叶变黑腐烂，光秃秃的树枝在风中摇曳，相互碰撞，看了叫人心寒。池沼即将结冰，候鸟纷纷南迁。凄凉沉闷的秋夜越来越长。到冬天，它们会更加漫长，暴风雪咆哮，严寒肆虐。

(节选自[俄]沃罗宁《走过四季的冬》，谷羽译)

四、说话(任选一个题目说 3～4 分钟)

1. 漫谈规范社会用字
2. 家乡美

普通话水平测试题——21

一、读单音节字

翁 色 词 秒 咱 世 齿 拽 敲 絮
久 恒 垮 柑 辣 艇 饶 贴 都 移
岸 草 滋 若 谁 叉 枕 讯 囚 军
逛 开 给 抡 酿 贴 肉 潘 莽 浮
靶 庞 粉 段 唐 旅 牛 质 抠 伪
枷 劝 乡 唇 少 贼 存 桑 姚 我
渊 野 司 佐 褥 爽 穿 助 卸 寝
计 掰 您 坑 俩 褪 掂 扉 惹 观
迸 决 掩 舜 喝 外 穷 样 戎 濒
闯 踝 涌 划 凭 钟 人 虐 丸 频

二、读双音节词语

安静 选手 迅速 爱人 跟随 熬夜 谅解 温暖 一会儿
打听 包袱 所有 村镇 和约 发抖 号码 绸子 摆摊儿
离开 卡车 地球 舞蹈 翻腾 军装 干燥 勇猛 金鱼儿
内心 全程 使唤 宾客 年轻 籍贯 数落 面积 个头儿
考虑 外乡 仓促 尊崇 盼望 描写 被迫 弱小 伤痕
英雄 虐待 压强 率领 儿童

三、朗读

猫的性格实在有些古怪。说它老实吧，它的确有时候很乖。它会找个暖和地方成天睡大觉，无忧无虑。什么事也不过问。可是，赶到它决定要出去玩玩，就会出走一天一夜，任凭谁怎么呼唤，它也不肯回来。说它贪玩吧，的确是呀，要不怎么会一天一夜不回家呢？ 可是，及至它听到点老鼠的响动啊，它又多么尽职，闭息凝视，一连就是几个钟头，非把老鼠等出来不拉倒！

它要是高兴，能比谁都温柔可亲： 用身子蹭你的腿，把脖儿伸出来要求给抓痒，或是在你写稿子的时候，跳上桌来，在纸上踩印几朵小梅花。它还会丰富多腔地叫唤，长短不同，粗细各异，变化多端，力避单调。在不叫的时候，它还会咕噜咕噜地给自己解闷。这可都凭它的高兴。它若是不高兴啊，无论谁说多少好话，它一声也不出，连半个小梅花也不肯印在稿纸上！它倔强得很！

是，猫的确是倔强。看吧，大马戏团里什么狮子、老虎、大象、狗熊，甚至于笨驴，都能表演一些玩意儿，可是谁见过耍猫呢？(昨天才听说：苏联的某马戏团里确有耍猫的，我当然还没亲眼见过。)

这种小动物确是古怪。不管你多么善待它，它也不肯跟着你上街去逛逛。它什么都怕，总想藏起来。可是它又那么勇猛，不要说见着小虫和老鼠，就是遇上蛇也敢斗一斗。它的嘴往往被蜂儿或蝎子蜇得肿起来。

(节选自老舍《猫》)

四、说话(任选一个题目说 3～4 分钟)

1. 我喜爱的一种动物
2. 我的校园生活

普通话水平测试题——22

一、读单音节字

扒　拜　迥　憋　田　咯　晕　废　如　涡
佘　扮　罩　胸　量　脱　流　鲜　垧　驭
望　菠　砂　掘　许　块　矜　笋　曾　踹
软　佣　董　酿　反　海　稚　铝　慌　卷
青　所　滑　省　死　围　扭　跨　寻　阵
尿　棕　堆　槽　鹌　侧　碎　欺　淤　窜
拐　疮　槛　盖　贼　婆　提　二　刨　灌
铲　吓　苗　轨　掐　讽　恩　灭　鱿　脏
肉　粉　茉　您　尺　贫　劝　莽　略　蹿
猿　共　吐　谋　饼　盘　狂　蔫　使　惴

二、读双音节词语

军队　赛跑　穷苦　运用　怪罪　捐款　全体　坏死　光棍儿
掠夺　觉得　需要　刮脸　往往　摈斥　凉快　强调　没空儿
一瞥　扭转　酒精　表演　棉花　凑合　柔嫩　母亲　围脖儿
脑袋　沙发　战场　瑕疵　真正　传播　驾驭　匪徒　鸭梨儿
安置　石油　人生　诅咒　尊重　从容　儿孙　存放　墨水儿
扫除　旅行　羞怯　可怕　恩怨

三、朗读

立春之后下了一场大雪，一夜之间换来一个银色的世界。

雪还没有停，又飘来了一团团浓雾，白色的万物被细细的棉纱遮掩着，灰蒙蒙，影影绰绰，如入仙境一般。

我站在窗前凝视良久，突然楼前的小空场上，跳进了两个“小红点儿”。仔细看去，原来是一对十一二岁的小姑娘在雪中戏耍。她们是邻居家的一对“双胞胎”，身上穿着同样的大红色羽绒服，头上戴着同样的米黄色毛线帽，每个人的手中都有一个铁簸箕，奋力地把地上的雪堆拢在一起。大约经过了一二十分钟的努力，一个有头有身子初具规模的雪人终于诞生了。

我本来准备走开了，现在却非要等个“水落石出”不可。

雪花，不断地飘落着。浓雾，缠绕着不肯离去。已经回升的气温又降到了零度以下。

孩子们的额头上仿佛已经出了汗，冒着热气。然而，她们一刻不停地加固着雪人，蹲在地上，用两双戴着墨绿色手套的手，从头顶拍到身子，又从身子拍到头顶，反反复复，仔仔细细。回忆起儿时堆雪人的经验，深知这一道工序是非常艰苦，也是非常重要的。

又过了一二十分钟，雪人才完全显露出来，圆圆的脸上有眉毛，有眼睛，有鼻子，有嘴，头上也戴着黄色的帽子，身上也穿着红色的衣裳，很明显，孩子们是在精心地塑造着自己。她们围绕着雪人又蹦又跳，又喊又唱，兴奋极了，开心极了。

(节选自梁秉坤《在雪中，在雾中》)

四、说话(任选一个题目说3～4 分钟)

1. 谈身心健康
2. 我喜欢的一种颜色

普通话水平测试题——23

一、读单音节字

白 美 份 丢 舔 潘 跨 豁 壮 冤
啪 胞 否 浪 秦 揣 顺 翁 酸 玉
沓 类 槛 悄 芯 触 刷 女 颊 润
鹤 之 回 静 矩 夏 肉 吃 日 愁
撇 苗 盯 挪 龟 捆 慌 全 蔓 铁
炸 石 摸 桃 妞 晾 贼 亏 扎 而
攒 扇 蜂 剃 增 阳 外 均 母 平
地 略 瓷 寺 纫 腌 坡 遍 襄 癣
才 奔 藏 腮 扇 穷 区 洞 槽 涩
迥 层 让 虐 浮 妃 荀 辙 增 共

二、读双音节词语

发展	状况	捆绑	色调	蘑菇	擂台	否定	国家	检阅	凉水
容貌	淡雅	捐赠	裙子	宣传	美好	外语	仍然	慷慨	大伙儿
亲戚	同意	挖掘	勇敢	雌蕊	疟疾	偶像	训练	穷人	小曲儿
黄瓜	构思	耳环	摧毁	旅游	复印	整修	存在	品种	快板儿
喷射	捏造	列车	时辰	挺拔	桑树	压迫	表演	仓促	纳闷儿

三、朗读

读书应该有选择。没有选择，“眉毛胡子一把抓”的学习，效果不会好。有些人读了一辈子书，却一辈子都是糊里糊涂的。为什么？因为他们完全是为了消遣而读，被“趣味主义”牵着鼻子走，“有趣”的书，虽然读得多，实际上并未能对客观实际，对社会、历史、自然加深了解。所以，选择好书阅读是很重要的。我觉得，可以在保证重点的前提下，再进行广泛的浏览。学习的目的就是为了提高对社会、历史和自然规律的了解，同时，在这当中，发展自己的某种专门工作才能。学习，没有不畏艰苦的精神是不行的。读书，有时固然也有一种平原驰马、顺水泛舟那样的洋洋乐趣，但有时也会像负重登山，逆水行船那样吃力，这时，不畏艰苦，顽强攀登的精神就是十分必需的了。

我还觉得：泛读，应该和精读结合起来。对很深的，应该记牢的东西，必须精读；对于只值得随便浏览的东西，可以泛读。前者有点像牛的反刍，应该慢慢咀嚼，反复品味。后者，有点像鲸的吞食，张开大口，喝进大量海水，然后嘴巴一闭，留下小鱼小虾，而让海水汩汩从鲸须缝里流掉。

读书是学习的一项内容，但不是唯一内容。社会、大自然，更是一本大书。在生活中，和人谈话中处处留心，同样可以学到许多东西。而且，直观知识和书本知识彼此印证，还可以相得益彰和增强记忆。

(节选自秦牧《关于读书两则》)

四、说话(任选一个题目说 3～4 分钟)

1. 谈谈体育锻炼
2. 我喜欢的一种鸟

普通话水平测试题——24

一、读单音节字

容	翁	俊	跃	居	罚	窜	拔	桩	辞
夸	领	穷	木	炒	捏	用	筐	请	蛆

枕	闭	石	邹	偶	浊	涛	脆	丁	闻
根	灭	圈	屉	潘	撤	人	面	坡	群
绕	否	钙	坛	坏	字	增	漱	瞟	姚
旺	乖	航	尊	妾	凉	略	准	四	香
动	虽	二	抡	呈	癣	萧	伪	临	创
姜	肥	贵	拟	下	美	风	掂	碑	断
斤	假	那	槛	有	刮	索	篇	鹤	苏
妥	猜	踹	逮	闯	贞	溺	去	蚌	花

二、读双音节词语

反正	快乐	保持	朋友	听写	彩色	增加	悲痛	一下儿
马虎	美好	散步	说明	调查	措施	迫切	干脆	率领
人民	夸奖	挂念	称心	地理	走私	抢救	秋季	闺女儿
狂风	打扫	探索	分化	章程	瑞雪	搏斗	内在	琼脂
取舍	军校	虐待	悬浮	爽朗	紊乱	伪装	聘约	中间儿
荣誉	眷恋	滚烫	宽厚	巡回				

三、朗读

谁给了我生命？我的生命于我，于人，于整个自然，有着什么样的价值呢？

我是自然的孩子。自我呱呱坠地的那一天起，我便不同于顽石，不同于砂粒；而同这世界上一切有生命的东西一样，有血有肉，有了生存的愿望。

正是这生存的愿望，使得我们能够在极端恶劣的环境下，将自己和他人的生命延续。生的愿望使许许多多的不可能变为可能。娇生惯养如思嘉，安静柔弱如梅吉，在残酷现实一次又一次的打击下，都生存了下来，犹如钢缆一般坚韧。为什么？因为纵使千百个希望破灭了，有一个希望却永远存在——生的希望。她就在那里，闪着光，向我们微笑。只要抓住她，跟随她的光芒，那么等待我们的就将是奇迹，我们的足迹就将化作一个个音符，谱成生命的赞歌。

我们高唱着生命的赞歌。我们不仅追求生的本身，亦追求生命的美。正因为如此，即使远在干旱贫瘠的非洲内陆，土著居民仍要用鸵鸟的羽毛来装扮自己。或许，对美的追求，是一切生灵的本性吧！

然而美是不是生命的唯一呢？我每天上学必要穿过一条小路，春末夏初，小路两旁的槐树郁郁葱葱，构成了一座优美的拱廊。然而初夏未过，我失望地发现它们的叶子竟过早地失去了应有的光泽，绿而不艳了。“你们不美丽了。”我对它们说，“还有长长的一个夏天，你们将怎么度过呢？失去了美丽，你们活着又有什么意义呢！”树木不语，只送来微风拂过的沙沙声。终于，当烈日当头，人们在这林阴小道上悠然漫步时，我明白了。烈

日蒸干了叶儿的水分，树木无怨无悔，它们以自己的枝叶为人们换来了一份清凉。

(节选自陈殊《关于生命的思考》)

四、说话(任选一个题目说 3～4 分钟)

1. 我做过的一件傻事
2. 谈全民健身

普通话水平测试题——25

一、读单音节字

碑　涌　破　谋　尝　增　张　槛　枕　涛
吼　高　旺　怎　纫　逮　扇　雁　邹　潮
黑　盖　发　克　拆　撤　施　日　委　腮
舍　擦　惹　俗　讲　乳　恋　偏　音　俏
牛　妙　叠　瞟　铁　聊　掐　丢　笔　家
烟　妾　腻　闷　帆　习　爷　体　盼　冰
退　不　宁　夸　揣　润　锁　御　困　女
农　论　您　端　菌　穷　选　快　化　匀
愿　缺　举　雪　摔　脑　庄　从　光　红
童　孙　窜　谁　飞　最　星　良　施　争

二、读双音节词语

抓紧　率领　荒唐　宣传　贵宾　凯歌　内幕　沙漠　老伴儿
草地　名家　漂亮　庄严　脆弱　帮助　宗教　穷苦　画画儿
快乐　歉疚　文雅　掠取　决心　迅速　迥然　时候　一会儿
女性　烦闷　蛙泳　摄影　恩典　锻炼　只有　跑车　打盹儿
恳请　棍子　暖和　飞翔　发送　碰杯　闰年　全体　下海
别扭　存在　铁窗　搜查　灭亡

三、朗读

夏禹在治水十三年中，三过家门而不入；李冰父子为了解决当时成都平原的水利问题，不知克服了多少困难，终于修成了泽被后世的都江堰；扁鹊深入民间，“周游列国”“随俗为变”，解除人民疾病的痛苦；还有我们所熟知的出身贫苦的黄道婆，她从海南黎族地区回到故乡(上海市郊)，把当时海南岛先进的纺织工具和她熟练掌握的纺织技术毫无保留地传给家乡的人们。这些人千百年来一直受到人们的尊重、怀念。汉代的霍去病，为了国家的生存和强盛，在戎马中度过了一生。宋代的岳飞，为了挽救国家的危亡，离妻别母，转战疆场，最后和自己的儿子一起屈死在风波亭上。文天祥，抗击当时的元兵进攻，坚贞不屈，被敌人抓住后，仍旧临危不惧，和敌人作了坚决的斗争，誓死不投降。清代的林则徐，坚决反对帝国主义的侵略，和腐朽的当权派作斗争，及至充军伊犁，他一点也不灰心，一直没有忘记帝国主义对我国的侵略，而且在那里和群众一道修水利，栽葡萄，为当地人民造福。洪秀全，看到当时清室的腐败，民不聊生，看到当时的帝国主义吞并中国的阴谋，就聚集群众，要把清室推翻，为中国找出一条出路。孙中山，为了推翻清朝，为了建立一个强盛的中国，他奋斗了四十年……所有这些人，都是有伟大理想并坚决为他们的伟大理想而斗争的人。

(节选自陶铸《崇高的理想》)

四、说话(任选一个题目说 3～4 分钟)

1. 我心中的理想职业
2. 谈打假

普通话水平测试题——26

一、读单音节字

封 挠 趁 而 尺 孙 贼 垮 纳 方
亩 面 屯 开 软 停 嗑 猛 求 涨
随 粟 装 蛆 蔓 舔 掐 债 供 替
颇 挂 熊 君 燃 艘 扫 旬 惹 涛
港 贫 卷 瞥 略 塔 薛 甩 锯 腮
颊 量 婿 晌 月 剜 涩 癣 渗 撒
混 了 拔 判 钉 女 栋 行 削 脆
伪 熟 丢 扁 酿 凹 凑 勺 谢 别
耗 达 嘿 峡 草 黏 湿 引 蚌 你
扶 鹤 狂 揣 习 犬 纫 穷 钻 咱

二、读双音节词语

别扭 对比 脸色 横行 洗澡 什么 从事 宾馆 顿时
履历 滑冰 许多 税收 森林 倘若 歌剧 价格 脸盘儿
熊猫 日语 素质 漂亮 铜子 管理 卷烟 札记 若干
仰角 谋求 内疚 广度 球场 准备 遭遇 我们 名额

年轻　客气　确实　场所　阻碍　缝子　疟疾　群众　快板儿
船舷　仓库　来自　哀悼　刀把儿

三、朗读

从山沟沟里跨进大学那年，我才 16 岁，浑身上下飞扬着土气。没有学过英语，不知道安娜・卡列尼娜是谁；不会说普通话，不敢在公开场合讲一句话；不懂得烫发能增加女性的妩媚；第一次看到班上的男同学搂着女同学跳舞，吓得心跳脸红……上铺的丽娜从省城来，一口流利的普通话，一口发音吐字皆佳的英语。她见多识广，安娜・卡列尼娜当然不在话下，还知道约翰・克利斯朵夫。她用白手绢将柔软的长发往后一束，用发卡把刘海卷弯，她只要一在公开场合出现，男同学就前呼后拥地争献殷勤。

那时，我对自己遗憾得要命，对丽娜羡慕得要命。

有一次，丽娜不厌其烦地描述她 8 岁那年如何勇敢地从城西换一趟车走到城东，我突然想到，我 8 岁的时候独自翻过几座大山，把我养的一头老黄牛从深山里找回来，从此我不再羡慕丽娜。

上大学三年级的时候，女同学好像什么事都羡慕男生，“下辈子再也不做女人”这句话挂在口头……学习成绩差了，知识面窄了羡慕男同学，软弱时哭了就骂自己是个女人没出息，连失恋也怪自己是个女人，甚至连男人可以在夏天穿短裤、背心、理短发都羡慕得要死。有一次一个男同学跟我推心置腹地谈了一个晚上。我知道了男人的好成绩也免不了要死记硬背，男人的知识面也不一定宽；知道了男人也哭，知道了男人常常追求女人却又追求不到；知道了男人也羡慕女人可以穿裙子，知道了男人觉得自己活得累，男人也说“下辈子不再做男人”……

于是我不再为自己是个女人而遗憾。

（节选自艾菲《我不再羡慕……》）

四、说话(任选一个题目说 3～4 分钟)

1. 我与网络时代
2. 我最感兴趣的一件事

普通话水平测试题——27

一、读单音节字

茶　惹　窒　拜　肋　否　略　返　群　焚
绑　蒸　屉　颊　灭　镖　丢　电　濒　酿
铃　毒　瓜　拔　拽　刽　短　穗　尊　幢
弓　女　穷　虐　捐　雌　俊　凶　窘　沙

择 日 牌 黑 苟 涵 根 旁 乘 忆
掐 掖 瞟 有 甜 贫 良 颈 凸 垮
叵 踹 傀 湍 闻 疮 红 旅 权 啊
恻 买 嘈 抠 栈 啃 仿 圣 辖 苗
演 泯 湘 澡 努 划 锁 暖 双 松
余 悬 紫 傲 悔 二 训 粤 饶 青

二、读双音节词语

迥然 恢复 柔软 漂亮 琼脂 快乐 协商 捏造 纽扣儿
裙子 率领 撒谎 难为 腰鼓 勋章 挂号 粗糙 差点儿
僵持 牙膏 捐赠 夸大 必须 掐算 梅花 选择 努力
具体 才思 废除 东边 挺拔 侵略 顺手 垄断 主角儿
品种 隐约 舞蹈 团粉 敏感 柴火 昆虫 俗语 门牌儿
规模 成绩 疯狂 丢失 博学

三、朗读

为了装点这凄清的除夕，友人从市集上买来一对红烛。

划一根火柴，便点燃了，它的光亮立刻就劈开了黑暗，还抓破了沉在角落上阴暗的网。在跳跃的火焰中，我们互望着那照映得红红的脸，只是由于这光亮呵，心才感到温暖了。

可是户外赤裸着的大野，忍受着近日来的寒冷，忍受那无情的冻雨，也忍受地上滚着的风，还忍受着黑夜的重压……它沉默着，没有一点音响，像那个神话中受难的巨人。

红烛仍在燃着，它的光愈来愈大了，它独自忍着那煎熬的苦痛，使自身遇到灭亡的劫数，却把光亮照着人间，我们用幸福的眼互望着，虽然我们不像孩子那样在光亮中自由地跳跃，可是我们的心是那么欢愉。它使我们忘记了寒冷，也忘记了风雨，还忘记了黑夜；它只把我们领到和平的境界中，想着孩子的时代，那天真无邪的日子，用朴质的心来爱别人，也用那纯真的心来憎恨。用孩子的心来织造理想的世界，为什么有虎狼一般的爪牙呢？为什么有那一双血红的眼睛呢？为什么有鲜血和死亡呢？为什么有压迫和剥削呢？大人们难道说不能相爱着活下去么？

可是突然，不知道是哪里的一阵风，吹熄了那一对燃着的红烛。被这不幸的意外所袭击，记忆中的孩子的梦消失了，我和朋友都噤然无声，只是紧紧地握着手。黑暗又填满了这间屋子，那风还不断地吹进来，斜吹的寒雨仿佛也有一点雨点落在我的脸上和手上，凄惶的心情盖住我，我还是凝视着那余烬的微光，终于它也无声地沉在黑暗中了。

(节选自靳以《红烛》)

四、说话(任选一个题目说 3～4 分钟)

1. 漫谈古代文化
2. 我喜爱的一首歌

普通话水平测试题——28

一、读单音节字

胞 雄 潘 撒 奔 二 掖 克 伐 音
沓 羊 剜 非 她 鹤 质 叉 逮 枚
槛 扯 雌 坡 佟 矿 绿 关 决 犬
熏 软 谁 揣 啄 捆 拐 负 慌 拼
量 孔 挑 敌 谋 苔 申 增 耍 处
薛 红 卷 略 举 褪 佳 选 住 蛋
抓 邹 天 跌 撇 凑 鸟 农 钙 镖
梯 宁 习 尚 绷 摔 穷 军 寺 怎
瞒 绑 折 纫 尼 听 混 腮 槽 莽
池 掐 膻 轴 鬼 流 念 丢 捆 漱

二、读双音节词语

花园 广场 坏处 贵姓 黄瓜 率领 困难 沙包 聊天儿
拼命 闰月 附会 美味 飘扬 胖子 定购 全体 旦角儿
仍旧 许多 崩溃 捏造 灭亡 公路 军队 撒落 锅贴儿
粉丝 缺点 耳垂 采暖 扉页 选举 强盗 下台 板擦儿
夹杂 失策 穷苦 扭转 兄弟 丢人 欢送 寻找 空间
特异 相比 尽力 标志 线轴儿

三、朗读

曲曲折折的荷塘上面，弥望的是田田的叶子。叶子出水很高，像亭亭的舞女的裙。层层的叶子中间，零星地点缀着些白花，有袅娜地开着的，有羞涩地打着朵儿的；正如一粒粒的明珠，又如碧天里的星星。微风过处，送来缕缕清香，仿佛远处高楼上渺茫的歌声似的。这时候叶子与花也有一丝的颤动，像闪电般，霎时传过荷塘的那边去了。叶子本是肩并肩密密地挨着，这便宛然有了一道凝碧的波痕。叶子底下是脉脉的流水，遮住了，不能见一些颜色；而叶子却更见风致了。

月光如流水一般，静静地泻在这一片叶子和花上。薄薄的青雾浮起在荷塘里。叶子和花仿佛在牛乳中洗过一样；又像笼着轻纱的梦。虽然是满月，天上却有一层淡淡的云，所以不能朗照；但我以为这恰是到了好处——酣眠固不可少，小睡也别有风味的。月光是隔了树照过来的，高处丛生的灌木，落下参差的斑驳的黑影；弯弯的杨柳的稀疏的倩影，却又像是画在荷叶上。塘中的月色并不均匀；但光与影有着和谐的旋律，如梵婀玲上奏着的名曲。

荷塘的四面，远远近近，高高低低都是树，而杨柳最多。这些树将一片荷塘重重围住；只在小路一旁，漏着几段空隙，像是特为月光留下的。树色一例是阴阴的，乍看像一团烟雾；但杨柳的丰姿，便在烟雾里也辨得出。树梢上隐隐约约的是一带远山，只有些大意罢了。树缝里也漏着一两点路灯光，没精打采的，是瞌睡人的眼。这时候最热闹的，要数树上的蝉声与水里的蛙声；但热闹是它们的，我什么也没有。

(节选自朱自清《荷塘月色》)

四、说话(任选一个题目说3～4分钟)

1. 漫议科普教育
2. 我的朋友

普通话水平测试题——29

一、读单音节字

帘　齿　召　胖　骑　拎　挪　蠢　刹　嗜
抄　纲　瞎　饼　挫　屡　薄　日　缫　尚
芽　鸣　拽　拒　抹　儿　透　藏　爹　凉
踹　趣　德　骇　着　瞪　苗　琼　快　绢
符　灾　版　横　搅　泳　瑞　玄　瑟　哀
谈　牛　铺　髓　群　饿　备　干　脓　柳
服　灌　寻　自　肥　黯　肿　厩　出　轮
尊　辞　黑　陈　绒　免　抓　捆　司　岛
伸　密　否　旷　之　告　仁　敌　评　托
黄　乃　叩　封　戒　巷　桂　薛　乐　同

二、读多音节词语

久远　家禽　悄然　交融　叙述　弱点　怀抱　明白　古代　在哪儿
取舍　夸耀　嫩绿　他人　花生　王国　团体　亏损　灯笼　耳垂儿
抢险　烟卷　顷刻　铁路　训练　黄昏　喜欢　增长　对比　跑调儿
提防　全身　挫折　虽说　快乐　罢工　破裂　派遣　村庄　粉末儿
被告　敏感　姊妹　磁场　扭转　足迹　结婚　金丝猴　爵士乐　胸有成竹

三、朗读

在美国，整个节奏是紧张的，而在这里却令人感到松弛、心旷神怡。早上起来，我沿着河边散步，在柔和的阳光下，看到一群群大学生开始从宿舍里走向课堂。他们和她们背着鼓鼓囊囊的书包，穿着米色和红色的夹克衫，匆匆地走着，碰到面时，总是笑容可掬地轻轻地道一声："早上好！"

爱阿华的五万多人口中，有三万大学生，像我这样五十多岁的人在街上就很少看到。这是一个充满着青春气息的城市，这里很少看到西装革履衣冠楚楚的男人，也很少看到浓妆艳抹华服盛装的女人，这里的男孩子和女孩子穿着打扮都很质朴，衬衫、夹克、牛仔裤，但朴素的服装并不能掩盖住他们青春的美。

聂华苓在飞机上告诉我："爱阿华的女大学生们的美丽是出众的，她们一个个都长得苗条丰满，特别是皮肤都是粉红颜色，一个个都像奶油捏成的一样，看了会使人吃惊的！"来到爱阿华后，我虽然没有达到吃惊的程度，但我感到用"奶油捏成"这个比喻已经不够了，她们比"奶油"更美，特别是闪耀在她们笑靥上的青春光泽，在早晨的阳光下，使你分不清到底是阳光抑或是"艳若桃李"的青春光辉。

在爱阿华，使人感到既老又年轻。老是因为生活在年轻人中间比较而言；年轻是因为整个城市的青春气息的感染，哪怕你是华发苍颜，你会不自觉的丢弃手杖，你会也想穿上一件夹克衫。特别是走路的时候，你会感到两条腿开始矫健有力，变成了年轻人的步伐。

(节选自李准《充满青春气息的小城》)

四、说话(任选一个题目说 3～4 分钟)

1. 我的学习生活
2. 谈谈服饰

普通话水平测试题——30

一、读单音节字

爬　咯　擦　膜　佛　蛇　惹　券　靳　字
磁　丝　赤　温　日　滴　拟　迄　卡　压
铁　烈　苗　调　矫　谬　硫　灸　舔　链
尔　袋　台　揩　碑　配　美　豹　稿　招
否　候　山　燃　赞　演　品　拎　薪　病
盯　警　娘　详　布　夫　骨　卒　划　抓
本　闷　甚　防　档　囊　港　缝　挣　撑
扔　同　龙　容　宋　躲　火　桌　歪　龟

窥 睡 缓 犬 拴 论 寻 尊 逛 慌
创 短 须 贴 阙 靴 绢 癣 裙 循

二、读多音节词语

选种 警犬 扭转 广场 雪茄 两边 主观 损伤 水泥 差点儿
永恒 女儿 散文 窘迫 猛烈 倘若 采购 裙子 便宜 模特儿
祖宗 他们 曲解 臼齿 逊色 缺口 畜牧 辽阔 浑身 包干儿
挖苦 疯狂 飞翔 被告 下层 话筒 四肢 男人 平分 大伙儿
返回 衰老 缩短 热带 虽说 磁场 敏感 破裂 扁担 千方百计

三、朗读

那是个深秋时节，刚刚下过一场蒙蒙小雨，天色将暮，人在户外，脸颊和双手都感到微微凉意。我才办完一件事回家，走在一条沿河的小道上。小河在左边，蜿蜒又清亮，缓斜的泥坡三三五五坐着一些垂柳；右边是一面石砌的高墙，不知当年是哪家豪门显贵的宅院。这石墙很长，向前延长很远。院内一些老杨树把它巨大的伞状的树冠伸出墙来。树上的叶子正在脱落，地上积了厚厚一层，树上挂的不多。显然无风，不时有一片巴掌大的褐色叶子，自己脱开枝干，从半空中打着各式各样旋儿忽悠悠落下来，落在地上的叶子中间，立时混在一起，分不开来。大树也就立刻显得轻松一些似的。我踏着这落叶走，忽然发现一片叶子，异常显眼，它比一般叶子稍小，崭新油亮，分明是一片新叶。可惜它生不逢时，没有长足、胀满它每一个生命的细胞，散尽它的汁液与幽香，就早早随同老叶一同飘落。可是，大自然已经不可逆地到了落叶时节，谁又管它这一片无足轻重的叶子呢！我看见，这涂了一层蜡似的翠绿的叶面上汪着几滴晶亮的水珠，兴许是刚才的雨滴，却正像它无以言传的伤心的泪。它多么热爱这树上的生活——风里的喧哗，雨里的喧闹，阳光里闪动的光华，它多么期望在这树上多多流连一刻。生活，尽管给生命许许多多折磨、苦涩、烦恼、欺骗和不幸，谁愿意丢弃它？甚至依旧甘心把一切奉献给它。生活，你拿什么偿还一切生命对你的奉献？永远是希望吗？

(节选自冯骥才《感觉》)

四、说话(任选一个题目说3～4分钟)

1. 我喜爱的动物(或植物)
2. 我的假日生活

普通话水平测试题——31

一、读单音节字

信 多 风 房 沙 远 根 反 米 条

裙	迅	玄	桔	倦	掘	屈	冼	皇	雀
降	厅	添	锌	临	柳	尿	邪	票	虾
铁	让	围	卖	而	视	德	制	车	于
棍	遵	愧	卒	翠	犬	拽	槐	过	夸
嫁	思	披	容	扭	从	诚	赏	绳	忍
末	控	波	伐	毛	补	包	常	外	都
佐	花	幻	估	窘	琼	量	伶	翔	碾
沉	潘	探	艘	凑	曹	似	扫	债	镁
应	冬	乐	正	真	产	吃	弥	庞	刀

二、读多音节词语

寡妇	改行	拍子	美女	松软	确保	全面	趋势	英雄	脚印儿
池塘	解放	创造	马匹	笔者	头脑	牛顿	储存	破坏	胡同儿
考生	旋律	装备	准则	亏损	仍然	才能	从而	萝卜	纳闷儿
寻求	贫穷	明亮	强化	下午	率领	四周	变动	垦荒	走味儿
广泛	价格	指标	鬼神	挖掘	模范	朝霞	连衣裙	咏叹调	新陈代谢

三、朗读

1936 年 7 月，我们红四方面军过草地。经过半个月的长途跋涉，来到了水旱相连的边缘地带。

在一个晴朗的下午，总部和党校的同志刚做完宿营准备工作，朱总司令来了。

总司令身穿打了不少补丁的灰色粗布军服，脚穿一双草鞋，背着一个斗笠和一个公文包，拄着一根棍子，棍子的两头已经磨得溜光圆滑。为了党的事业日夜操劳，加上长征途中的艰苦生活，总司令比过去显得黑瘦，额上的皱纹也比过去深了，密了。

总司令站在一个草坪上，边喊边招手：同志们快来呀，告诉你们几个好消息。

一霎时，这喊声就把大家吸引到草坪的四周来了。总司令看了看面前的人群，兴奋地说：第一个好消息，毛主席领导的北上红军和陕北的红军打了大胜仗啦!总司令把“大胜仗”三个字拉得长长的，加重了语气。人群沸腾起来，掌声和欢呼声经久不息。总司令也激动得和大家一道使劲地鼓掌。接着，总司令又报告了两个好消息：我们已经渡过了最艰难的水草地，而且有了一条牦牛。

“牦牛”很多人惊喜地叫起来。在这个渺无人烟的草地上，哪来的牦牛呢？经过总司令的解释，才知道是先头部队送给我们的。最近一个星期，我们每天两餐，每餐只有二两左右的炒面泡水充饥，再过几天，二两炒面也会发生困难。现在居然有了一条牦牛，怎么不叫人高兴呢？“把牦牛杀了，美美地吃一顿。”我们都这样想。

（节选自刘坚《草地晚餐》）

四、说话(任选一个题目说3～4分钟)

1. 我尊敬的人
2. 我的成长之路

普通话水平测试题——32

一、读单音节字

左 页 猜 穷 朵 内 吨 孔 挂 趁
装 杂 春 私 草 催 软 日 胸 运
盆 胖 而 车 学 歪 右 城 丢 夏
鱼 慌 按 再 亏 拟 均 目 捐 坑
颇 品 谋 封 归 粉 桨 腹 联 滴
翁 卵 本 狂 遮 夸 虹 窜 置 居
石 胞 秧 笙 铐 雁 宁 梨 哑 鹤
螨 响 蟹 脑 武 舌 轴 宵 判 膛
怪 团 刺 略 膜 胃 泉 丁 耐 辣
碑 药 鳃 邢 妾 踹 秦 她 润 砣

二、读双音节词语

首都 方针 电台 家庭 明年 玻璃 女儿 费用 咳嗽
法律 喜欢 登记 群众 能源 漂亮 麻雀 尽管 替代
恩爱 妄想 殴打 散文 宣告 执照 迟疑 赠阅 帮助
场所 培训 敏锐 挖掘 迥然 沙瓤 测绘 寸阴 怀旧
憋气 掐算 撇嘴 疮口 词序 滑动 牛虻 族人 快慰
资格 墨水儿 冰棍儿 干活儿 聊天儿

三、朗读

上古的游牧民族在辽阔的原野上放牧、迁徙，那时既没有地图又没有指南针，他们怎样辨别方向呢？靠的是观察空中的星星。上古的农业民族从事耕作，他们怎样确定播种和收获的季节和时令？靠的是观察群星出没时间的变化。古代的渔民和水手在汪洋大海中前进，他们怎样为自己导航？靠的是辨认星空。他们又怎样知道潮水涨落的时间？靠的是观察月亮的盈亏圆缺……于是，大约在6000年前，天文学就悄然萌芽、诞生了。它是自然科学中古老的学科之一，也是人类文明进步的象征。

天文学是一门基础科学，它使人类了解自然、认识宇宙。天文学中提出的各种问题，促进了其他许多学科的发展。例如，行星为什么环绕太阳旋转，它们为什么既不会掉到太阳上，又不会跑到别的地方去？300 多年前，伟大的英国科学家牛顿对这些问题进行深入的研究，发现了著名的万有引力定律，并建立了他的整个力学体系。如今，交通、建筑、水利、采矿、军事、科研，什么地方离开了力学计算呢？

又如，天文学和数学也总是形影不离。数学中最基本的概念“角度”，首先就是在上古的天文观测中渐渐形成的。随着天文学的发展，它所需要的数学也越来越深奥，越来越复杂，这样就促进了数学的发展。请看，历史上一些最著名的科学家，如祖冲之、郭守敬、牛顿、拉格朗日、高斯、拉普拉斯、庞加莱等，不就既是数学家又是天文学家吗？

（节选自卞毓麟《梦天集》）

四、说话(任选一个题目说 3～4 分钟)

1. 现代科技与日常生活
2. 我最喜欢的一本书

普通话水平测试题——33

一、读单音节字

改　肋　家　面　蹄　逢　畔　辈　岛　踏
磕　坏　俊　墙　峡　掷　疮　润　邹　涮
存　涩　鸥　国　翁　私　痤　葬　忍　诗
岔　巷　捉　穷　夹　鹤　筐　篝　磷　锯
苔　盯　诽　秒　聘　卜　鸣　泼　否　堤
涂　撵　粒　逛　槛　哼　绝　挠　播　美
圈　辙　熏　冲　闪　若　籽　损　铀　窜
御　而　雌　嘴　痈　臊　耍　味　软　铡
许　桩　瘸　嫌　胶　红　铐　流　瞪　挂
赖　闷　俯　蚌　瞥　笨　趟　捏　揣　裆

二、读双音节词语

拱桥　反悔　魔术　法庭　内疚　快乐　贬低　隔壁　列入
疟疾　磁场　疹子　凯旋　婆家　水果　夏天　抽屉　尊重
拐弯　治学　耳朵　撒谎　费用　色彩　搜查　党羽　强化
使唤　猥琐　聪明　人群　凶猛　产业　安全　民族　热情

爱护　标准　确信　村庄　旅行　恐怕　平均　别扭　夸奖
凝固　绕远儿　跑腿儿　愣神儿　有点儿

三、朗读

1998年是居里夫人发现放射性元素镭100周年。

100年前的1898年12月26日，法国科学院人声鼎沸，一位年轻漂亮、神色庄重又略显疲倦的妇人走上讲台，全场立即肃然无声。她叫玛丽·居里，她今天要和她的丈夫皮埃尔·居里一起在这里宣布一项惊人发现，他们发现了天然放射性元素镭。本来这场报告，她想让丈夫来作，但皮埃尔·居里坚持让她来讲，因为在此之前还没有一个女子登上过法国科学院的讲台。玛丽·居里穿着一袭黑色长裙，白净端庄的脸庞显出坚定又略带淡泊的神情，而那双微微内陷的大眼睛，则让你觉得能看透一切，看透未来。她的报告使全场震惊，物理学进入了一个新时代，而她那美丽庄重的形象也就从此定格在历史上，定格在每个人的心里。

居里夫人的美名从她发现镭那一刻起就流传于世，迄今已经百年，这是她用全部的青春、信念和生命换来的荣誉。她一生共得了10项奖金、16种奖章、107个名誉头衔，特别是两次诺贝尔奖，她本来可以躺在任何一项大奖或任何一个荣誉上尽情地享受，但是她视名利如粪土，她将奖金赠给科研事业和战争中的法国，而将那些奖章送给6岁的小女儿去当玩具。她一如既往，埋头工作到67岁离开人世，离开了她心爱的实验室。直到她死后40年，她用过的笔记本里，还有射线在不停的释放。爱因斯坦说："在所有的世界著名人物当中，玛丽·居里是唯一没有被盛名宠坏的人。"她实事求是，超形脱俗，知道自己的目标，更知道自己的价值。在一般人要做到两个自知，排除干扰并终生如一，是很难很难的，但居里夫人做到了。"

(节选自梁衡《跨越百年的美丽》)

四、说话(任选一个题目说3～4分钟)

1. 有感于环境污染
2. 心中的偶像

普通话水平测试题——34

一、读单音节字

抬　暖　军　嗑　纸　券　卡　浮　胸　改
名　翻　词　广　跌　渠　忍　再　吵　根
浅　临　黑　穷　而　舵　流　巷　酒　终
字　蔓　抓　唐　梗　怀　饶　抹　腌　颊

忙	瞟	拟	旬	拗	爷	邹	涮	秧	宣
整	茶	吮	虐	揣	蹭	蛙	润	守	御
真	俩	若	播	闯	粟	拈	横	否	脆
舌	经	室	拐	题	药	浊	从	盼	表
翁	北	庙	农	让	涩	掂	两	拼	砌
毁	蚌	如	薛	旺	孙	捧	贴	童	俸

二、读双音节词语

群岛	爽快	平庸	冰棍	捐款	原来	确凿	本领	迥然	松树
虚心	强烈	懂得	话剧	尊贵	热爱	情况	美满	外边	纳闷儿
追踪	调皮	摆脱	混战	挂号	江南	下巴	显著	有关	大伙儿
佛教	采摘	灭迹	仿古	存疑	侵略	工程	吆喝	恰似	说头儿
所谓	内部	后天	日常	风力	迫切	免费	错误	羞耻	韵律

三、朗读

学校操场北边墙上满是爬山虎。我家也有爬山虎，从小院的西墙爬上去，在房顶上占了一大片地方。

爬山虎刚长出来的叶子是嫩红色。不几天叶子长大，就变成嫩绿色。爬山虎在十月以前老是长茎长叶子。新叶子很小，嫩红色，不几天就变绿，不大引人注意；引人注意的是长大了的叶子，那些叶子那么新鲜，看着非常舒服。那些叶子铺在墙上那么均匀，没有重叠起来的，也不留一点儿空隙。叶子一顺儿朝下，齐齐整整的，一阵风拂过，一墙的叶子就漾起波纹，好看得很。

以前我只知道这种植物叫爬山虎，可不知道它怎么能爬。今年我注意了，原来爬山虎是有脚的。植物学上大概有另外的名字。动物才有脚，植物怎么会长脚呢？可是用处跟脚一样，管它叫脚想也无妨。

爬山虎的脚长在茎上。茎上长叶柄儿的地方，反面伸出枝状的六七根细丝，每根细丝像蜗牛的触角。细丝跟新叶子一样，也是嫩红的。这就是爬山虎的脚。

爬山虎的脚触着墙的时候，六七根细丝的头上就变成小圆片儿，巴住墙。细丝原先是直的，现在弯曲了，把爬山虎的嫩茎拉一把，使它紧贴在墙上。爬山虎就是这样一脚一脚地往上爬。如果你仔细看那些细小的脚，你会想起图画上蛟龙的爪子。

(节选自叶圣陶《爬山虎的脚》)

四、说话(任选一个题目说 3～4 分钟)

1. 谈素质教育
2. 我的家乡

普通话水平测试题——35

一、读单音节字

蟒 贪 癖 敷 描 堕 羔 腻 绫 脂

驶 兹 仄 祠 凑 慎 丞 裘 寝 窟

倦 谎 撮 玄 瓮 允 涡 芯 锉 编

苯 配 风 道 它 铁 外 儿 论 娘

快 感 改 喝 海 菌 下 中 抓 雄

源 床 抽 少 池 仍 嘴 色 孙 杯

饱 迫 免 美 否 盯 添 徙 脓 流

咧 蜡 纲 跪 狂 婚 捐 克 差 遮

眨 血 臣 想 筛 晌 嗜 燃 咱 访

僧 笼 表 鸣 供 碘 调 娶 钾 蕊

二、读多音节词语

粮票 登记 陈规 好奇 缺少 别提 至今 内耳 香皂 太阳能

碎步 彩色 怪癖 战胜 世界 参观 播送 走道 喘息 旦角儿

袜子 划分 拥有 那些 洽谈 群众 丘陵 赃款 谬论 锅贴儿

匀实 庄严 屡次 累赘 扯谎 经销 收获 日语 穷人 裤衩儿

民主 怀念 模仿 卖弄 许可 标准 热爱 党员 轻松 婴儿

三、朗读

近年来，世界各地都掀起了学汉语热，懂中文的老外越来越多。在法国巴黎，有好几所大学和语言中心开设了中文课，其中规模最大的国立东方语言文化中心共有 1600 名学生学习中文。德国成人教育协会在一年中共举办了至少 390 个为期半年的汉语培训班，约 5000 名学生接受培训。在美国，数以百计的中学及大学设有中文课程。此外还有几个基金会(如道奇基金会)拨出大笔款项赞助中文教育。

汉语热兴起的原因多种多样。有些国家鼓励教授多种语言是为了安定社会，加拿大便是一个例子，它是移民国家，政府颁布了多元文化条例，鼓励各族保留原有的文化和语言。安大略省教育部门就规定，只要有 25 个家庭使用某种语言，他们就有权要求政府出钱给他们的子弟开班，学习这种语言。

新加坡推行学汉语运动至今已有 10 多年了。这个国家的官方语言是英语，华裔人士平时在家则讲各种方言，包括闽南话、潮州话、客家话、海南话、粤语等。政府推广汉语的原因有二：促进华人社会的沟通；促进与中国的贸易。

美国汉语热是在 1972 年尼克松访华时兴起的。美国的贵族学校和私立学校比较重视中文教育，华侨们也要求子女好好学习中文。因为写汉语和说普通话对西方学生来说不是很容易的事，所以美国有些学校规定只有优等生才能选修中文。因此，会讲中文在西方社会中还是一件时髦的事。

(节选自诸葛勤《全球汉语热》)

四、说话(任选一个题目说 3～4 分钟)

1. 我喜爱的文学(或其他)艺术形式
2. 谈谈个人修养

普通话水平测试题——36

一、读单音节字

八　姿　配　伞　熔　挑　平　雇　队　翁
爬　慈　给　愤　从　尿　鸣　辱　鬼　吕
卡　丝　里　镇　滴　牛　廖　挂　吹　具
洒　致　刀　家　逆　绺　娘　化　晚　屈
薄　嗤　吵　炕　贾　休　凉　刷　困　倔
磨　恃　灶　赏　洽　面　享　捋　唇　崔
净　工　投　蒙　下　添　窘　货　顺　犬
克　相　艘　等　憋　连　琼　桌　妆　玄
执　概　担　恒　啮　宾　胸　槐　爽　俊
责　睬　旱　厂　苗　贫　夫　拽　团　循

二、读多音节词语

取暖　雪山　寻常　流派　歌颂　贫穷　脱落　家庭　犬齿　提成儿
马虎　狂欢　搏斗　儿女　兄弟　年轻　下降　许久　裙子　走神儿
发烧　条约　扩张　化肥　热闹　怎样　口诀　累赘　外宾　照片儿
破裂　广义　寡妇　溶解　板凳　思量　损坏　特殊　昆虫　名牌儿
推测　采用　表达　敏感　天空　似乎　主人公　所有制　没准儿　千方百计

三、朗读

他沿着小镇上冷冷清清的街道踱着步子，不知不觉走到了松树林前，在岔道口停住了脚步。岔口右面是从前的监狱，阴森森的，和松林只隔着一道挺高的尖木栅栏。监狱后面是医院的白色楼房。

就在这里，瓦莉娅和故乡的同志们被送上了绞架，牺牲在这空寂的广场上。在当年竖立绞架的地方，保尔默默地站了许久，然后走下路边的陡坡，进了烈士公墓。

也不知是哪一位热心肠的人，用云杉枝条编织的花环，装点了那一排掩埋忠骨的坟墓，又在小小的墓地周围种植上一圈苍翠的小树。陡坡外高耸着挺拔的青松。谷地里满铺着如茵的嫩草。

这儿是小镇的尽头，阴郁而冷清。只有松林轻轻的“沙沙”作响。四野里复苏的大地散发出新春的气息。

就在这里，故乡的同志们英勇地牺牲了。他们为了改变那些生于贫贱、生就做奴隶的人们的命运，为了使他们的生活变得美好，献出了自己年轻的生命。

保尔缓缓地摘下军帽。哀思，深沉的哀思充满了他的心:

人，最宝贵的是生命。生命对每个人只有一次。这仅有的一次生命应当怎样度过呢?每当回忆往事的时候，不为虚度年华而悔恨，不因碌碌无为而羞耻；在临死的时候，他能够说:

“我的整个生命和全部精力，都已经献给了世界上最壮丽的事业——为人类解放而进行的斗争。”

人，应当赶快生活。

保尔怀着这样的幽思，离开了烈士公墓。

(节选自苏联作家尼古拉·奥斯特洛夫斯基《钢铁是怎样炼成的》)

四、说话(任选一个题目说3～4分钟)

1. 谈谈卫生与健康
2. 难忘的旅行

普通话水平测试题——37

一、读单音节字

纺 贰 帅 袄 憋 吞 搓 鹰 鸣 废
穷 厚 花 膜 软 收 群 木 块 拔
质 疮 视 锁 子 晾 此 掐 霉 涝
翁 拒 须 匀 绝 聋 犬 颇 兄 瓜
砍 瓶 夏 醋 逛 愁 丢 讲 留 您
灯 王 捅 脱 走 暖 伞 阴 坐 由
秒 疯 亩 忍 隔 望 滚 拿 输 袋
稗 耿 蝙 吝 飘 脓 饯 聂 犊 涛
瑰 郑 愧 甄 赫 驯 酵 癣 俊 迄
茬 粤 嫦 按 赦 穗 涮 豺 褥 孳

二、读多音节词语

军种　改变　葡萄　瓜分　帐篷　蒙受　奇怪　狂风　予以　旦角儿
叵测　优美　笔直　孪生　洽谈　骚乱　筷子　柔软　寻找　拔尖儿
黑枣　值得　履行　帮工　粮食　费劲　采取　汹涌　吵嘴　别处
着想　说明　锻炼　混纺　风景　滚动　花色　纽扣　司机　标准化
假定　小麦　那么　格言　而且　劝告　词素　勇敢　决斗　因地制宜

三、朗读

有支流行歌曲叫《常回家看看》，歌词蛮动人的，唱得一些做父母的，鼻子一阵阵发酸。现代人的家，都在一格格的火柴盒里，外观千篇一律，里头的装修与格局也大同小异。幸亏游子们再健忘，可能走错楼栋，进错梯道，也绝不会叫错爹妈。

从前我们的家不是这样的。

城里的家，不是在什么胡同里，就是在什么小巷深处，歪着一棵老槐或撑着两树枇杷。风大的时候，常有一两件衣裳从横架着的竹竿飘落，罩在路人的肩或头上，有些故事由此发生。乡下的家，再穷都有自己的院落，墙头摇曳着狗尾巴草，屋后一窝鸡两丘韭。孩子回家，当妈的急急去摸鸡屁股，捋一把嫩韭，炒得香味直钻入骨髓，多少年都不会忘。

城市这些年来致力于整容，胡同与小巷与陋屋，与倒马桶的尴尬岁月，逐一被大马路、住宅小区、防盗门与空调机所刷新。城市不但向高处生长出商厦、银行和行政大楼，还急剧扩张，吞食了它周边的田园和村庄。即使是在富裕一点的农村，也流行那种整齐划一的住宅区，无论设计是否仿西欧或仿希腊，一模一样的水泥建筑在严格的间距里，了无生趣，看上去都像兵营。

在欧洲那些富有传统的美丽小城里，街两旁的民居绝不肯放弃个性。如果主人发现自己的门面与邻居有些雷同，他一定想方设法添点什么或减点什么，来突出自己的与众不同。

（节选自舒婷《回老街走走》）

四、说话(任选一个题目说 3～4 分钟)

1. 谦虚是一种美德
2. 我的信念

普通话水平测试题——38

一、读单音节字

秋 明 语 别 袄 罢 巴 暮 沧 陵
事 穷 钟 道 膜 路 钩 舒 笛 仿
难 疮 笔 征 碛 体 旁 位 霉 益
锄 谁 须 稳 部 相 较 远 兄 竖
原 绅 皆 粒 拮 辛 居 犹 清 间
惊 晚 烛 夜 昭 汪 树 涨 坐 花
径 疯 茸 溪 晓 器 哭 帝 信 莫
稗 昌 辽 吝 教 魏 顿 盂 犊 铎
篆 倚 愧 徘 顶 驯 孤 施 牵 迄
怨 赵 吴 似 丝 处 脏 倾 靛 闻

二、读双音节词语

资助 遐迩 载重 葡萄 瓜分 帐篷 致辞 种族 著作 准则
才智 参照 操场 辞职 从事 磋商 测试 彩绸 苍生 草书
场所 插嘴 沉思 称赞 尺寸 充足 出色 创造 纯粹 掺杂
丧失 思潮 搜查 速成 算数 随时 损伤 所属 赛车 擅自
神色 上层 生死 实在 蔬菜 水灾 嘈杂 尊敬 采摘 残存

三、朗读

孩子往往羡慕大人；老人往往羡慕孩子。

普通人羡慕名人；名人又羡慕普通人。

打懂事开始，人们就开始羡慕他人，也开始不停地变换着羡慕对象，还一遍又一遍地梦想着拥有羡慕对象的容貌、身体、学识、才能、名气、地位、财富……

羡慕的感觉都是相似的，羡慕的对象却各有不同；失败者羡慕成功者，丑陋者羡慕美貌者，穷人羡慕老板，士兵羡慕将军，少年羡慕英雄，少女羡慕明星……有的人喜欢将羡慕之情溢于言表；有的人则把羡慕的秘密深藏心底，正如一首歌里唱的：“等待已久的梦，只有自己知道。”

我听到一个真实的故事：某单位有一妙龄女子，不仅性情温柔、容貌出众，还能歌善舞。不久前当她突然昏倒住进医院时，人们才知道她患有严重的先天性心脏病。当同事们前去医院探望她时，她含着泪说：“我羡慕你们每个人，因为你们拥有健康。”

许多人喜欢抱怨自己生不逢时，怀才不遇，感叹人生苦涩，无缘富贵，却对自身拥有的一切视而不见。其实从某种意义上讲，能来到这个世界本身就是一种幸运，能有一个健康的身体则是最大的幸运。无论你是谁，一定有许多相识的或不相识的人在由衷地羡慕着你：羡慕你的健康，羡慕你的聪慧，羡慕你有家庭的温暖，羡慕你有工作的乐趣，羡慕你打一手好球，羡慕你写一手好字，甚至羡慕你光洁的皮肤、乌黑的头发和雪白的牙齿……

上帝是不公平的，于是便有了世间的穷和富、善与恶、美与丑、成功与失败、幸福与不幸。

上帝又是公平的，他给了你金钱，往往就要夺走你的真诚和善良；他给了你成熟，往往就要夺走你的年轻和纯真；他给了你美貌，往往就要夺走你的智慧和毅力；他给了你成功，往往就会夺走你的健康和幸福。

(节选自王晓冰《羡慕》)

四、说话(任选一个题目说 3～4 分钟)

1. 我喜爱的一本书
2. 我的朋友

普通话水平测试题——39

一、读单音节字

碑 投 泡 蓝 脑 掐 痣 增 二 溜
丢 镖 拈 乐 晒 俏 邻 掂 判 盟
购 相 刮 福 摔 粗 坡 缔 来 趁
夸 鸣 尼 糖 怪 就 漱 才 班 动
均 不 能 去 宽 砣 聘 槛 沓 姜
混 讯 缩 追 床 瘸 兵 晃 铡 让
草 苏 约 雄 矿 丁 接 舜 砖 吞
蚌 税 夹 揉 司 鹤 非 暖 秦 隋
员 童 篇 煤 云 踹 且 枕 自 犬
絮 逢 扎 人 红 邹 薛 米 池 翁

二、读多音节词语

八成 蜜蜂 投降 瓜子 苍老 挂号 三角 公文 摆摊儿
女性 强盗 规律 穷苦 会计 松懈 准确 代表 出圈儿
窜犯 梅雨 品名 皮肤 耳朵 球场 次数 偏差 墨水儿
得病 困难 巡逻 杂碎 纠正 翠绿 瑞雪 家园 太阳能
改进 针对 下课 厚实 电车 日光 藕粉 坏处 决定性
综合 走神儿 聊天儿 因地制宜

三、朗读

本世纪 60 年代初，苏联的科学家在世界上首次进行了狗的“全头移植”手术，引起了全球轰动。赫鲁晓夫得意扬扬地宣称，如同在宇宙航行上苏联超出美国一样，在世界医学的“最尖端领域”——换头技术方面，苏联也将大大领先于美国。

为了维护西方的面子，美国总统肯尼迪下令，拨巨款扶助“换头术”科研。于是美苏正式开始了“换头战”。

两年后，美国科学家成功地进行了“异种换头”，将换头技术推进了一大步：他们把一只小狗的脑袋“搬”到一只猴子的脖子上。这是个了不起的成就，因为那时几乎所有的医学家都认为，由于机体强烈的“排异性”作怪，异种移头是不可能的。美国人因此而扬眉吐气了。

然而，仅仅过了半年，苏联科学院的一位生物学教授，就成功地进行了一次难度更大的异种移头——将一只小猫的头“装”到一只灰兔身上。更重要的是，“装配”成的新动物完全不像上述两次那样呆头呆脑傻里傻气。它活泼机灵，别有情趣。具有猫和兔的两种特性：不仅从早到晚眼睛的变化同家猫一模一样，而且同它的“父亲”(姑且这样称呼)一样，是一名“捕鼠高手”；它不仅能像兔子一样跳跃前进，或前肢提举，挺身蹲坐，而且像“母亲”一样，爱吃青菜和胡萝卜。

当苏联人将上述消息及“兔猫”的一组照片发表后，美国总统约翰逊下令，调集全国的有关精英，成立“全美换头技术中心”，同“俄国人”一比高下。然而直到苏联解体，美国却始终未能赶上苏联的“换头大师”们。

(节选自朱永安《美苏争霸的早期换头史》)

四、说话(任选一个题目说 3～4 分钟)

1. 购物(消费)的感受
2. 我的愿望(或理想)

普通话水平测试题——40

一、读单音节字

歪	右	城	丢	夏	内	吨	孔	挂	趁
装	杂	春	私	草	催	软	日	胸	运
盆	胖	而	车	学	左	页	猜	穷	朵
鱼	慌	按	再	亏	拟	均	目	捐	坑
颇	品	谋	封	归	粉	桨	腹	联	滴
翁	卵	本	狂	遮	夸	虹	窜	置	居
石	胞	秧	笙	铐	雁	宁	梨	哑	鹤

蝻 响 蟹 脑 武 舌 轴 宵 判 膛
应 团 刺 略 膜 胃 泉 丁 耐 辣
碑 药 鳃 邢 妾 踹 秦 她 润 砣

二、读多音节词语

首都 方针 电台 家庭 明年 玻璃 女儿 费用 干活儿
咳嗽 法律 喜欢 登记 群众 资格 帮助 能源 墨水儿
漂亮 尽管 替代 恩爱 妄想 殴打 散文 宣告 积极性
执照 迟疑 场所 培训 敏锐 挖掘 迥然 沙瓤 聊天儿
寸阴 怀旧 憋气 掐算 撇嘴 疮口 词序 滑动 冰棍儿
赠阅 牛虻 族人 快慰 半导体

三、朗读

祖国的西沙群岛，是南海上的一群岛屿，是我国的海防前哨。那里风景优美，物产丰富，是个可爱的地方。

西沙群岛一带，海水显出种种色彩，有深蓝的，淡青的，绿的，淡绿的，杏黄的，一块块一条条地交错着，五光十色，异常美丽。因为海底有高耸的山崖，有低陷的峡谷，海水有深有浅，从海面看，色彩也就不同了。

海底的岩石上多种颜色的珊瑚，有的像绽开的花朵，有的像美丽的鹿角。海参到处都是，在海底懒洋洋地蠕动着。大龙虾全身披甲，划过来，划过去，样子挺威武。一群群的鱼在珊瑚丛中穿来穿去。有的身上长着彩色的条纹，有的头上一簇红缨。飞虎鱼的周身像插着好些扇子，游动的时候好看极了。气鼓鱼的眼睛圆溜溜的，身上长满刺儿，它鼓起气来，像皮球一样圆。各种各样的鱼，多得数不清。正像人们说的那样，西沙群岛的海里，一半是水，一半是鱼。

海滩上有许多美丽的贝壳，大的，小的，颜色不一，形状多样，真是千奇百怪，无所不有。最有趣的要算海龟了。每年四五月间，庞大的海龟成群地爬到沙滩上来产卵。渔业工人把海龟翻一个身，它就四脚朝天，寸步难移了。

西沙群岛也是鸟的天下。岛上有一片片茂密的树林，树林里栖息着各种海鸟。遍地都是海鸟蛋，树下堆积着厚厚的一层鸟粪，这是非常宝贵的肥料。

岛上的英雄儿女日夜守卫着祖国的南大门。随着社会主义事业的发展，可爱的西沙群岛，必将变得更加美丽富饶。

(节选自《品味沙龙》——《教你学朗读》)

四、说话(任选一个题目说 3～4 分钟)

1. 我的愿望
2. 我最喜欢的动物(或植物)

普通话水平测试题——41

一、读单音节字

赛	二	脆	彼	屉	胞	丢	坏	搓	叠
铐	嘣	两	块	帆	钙	梨	裆	略	根
播	茧	捺	囊	群	孔	荒	浸	妾	剜
逛	抓	捐	谋	润	蛆	瓶	字	掐	俊
佘	笙	球	富	涌	跃	舜	闩	风	松
熊	冤	粟	孙	草	趁	续	翁	榻	竣
穿	黑	熔	拽	挪	满	武	裹	瞟	面
顶	贼	耍	宵	铡	您	超	抽	挎	唁
内	停	醒	酿	辙	捧	硬	颇	药	墙
烫	扯	邹	港	忘	郑	冷	袄	壤	安

二、读多音节词语

粮食	领导	出息	早点	病因	怪癖	暖和	日常	开玩笑
商榷	讨教	佛经	企图	深厚	云彩	谬论	训词	白干儿
穷困	南方	分配	组成	牙齿	绿肥	梅雨	质量	藕节儿
农村	矿藏	转化	调查	拼命	贵重	人权	增长	碎步儿
所谓	思念	同样	可以	开拓	装载	请假	热爱	旦角儿
凯旋	发蓝	揣摩	牛蛙	无可奈何				

三、朗读

初冬黎明时的灯光，总给人一种温暖，一种慰藉，一种希望。因为从家家窗户射出来的光明，是这片大地上人们醒起的信号，是灿烂阳光的前奏！

我的卧室是朝南的。我的床紧挨着北墙，从枕上总能看见前面那一座五层楼的宿舍，黑暗中就像一堵大灰墙似的。

近来睡眠少了，往往在黎明四五点钟醒来，这时天空沉黑，万籁无声，而我的心潮却挟着百感，汹涌而来……长夜漫漫，我充分地体会到古人诗中所说的“秋宵不肯明”的无聊滋味。

这时对面那座楼上忽然有一扇窗户亮了！这一块长方形的橘红色的灯光，告诉我，我不是一个独醒的人！我忽然心里感到说不出的快乐。

白天，我在楼下散步的时候，在我们楼前奔走踢球的男孩子，和在我窗外的松树和梨树之间拴上绳子跳猴皮筋的女孩子，他们和我招呼时，常常往前面一指说：“我们的家就在那座楼上，你看那不是我们的窗户！”

从这扇发光的窗户位置上看去，我认出了那是央金家的盥洗室。这个用功的小姑娘，一早就起来读书了。

渐渐地，一扇又一扇的窗户，错错落落地都亮了起来。强强，阿卜都拉他们也都起来了，他们在一夜充分地休息之后，正在穿衣、漱洗，精神抖擞地准备每天清晨的长跑。

这时天空已从深灰色变成了浅灰色，前面的大楼已现了轮廓，灯光又一盏一盏放心地灭了。天光中已出现了鱼肚白色，灿烂的朝阳，不久就要照到窗前的书案上了。

灯光已经完成了它的“阳光的先行者”的使命，我也开始了我的宁静愉悦的一天。

(节选自冰心《灯光》)

四、说话(任选一个题目说 3～4 分钟)

1. 我的假日生活
2. 我所在的集体(学校、机关、公司等)

普通话水平测试题——42

一、读单音节字

治	师	犁	硅	庙	捺	哼	耗	偶	坡
惊	郓	蹲	磷	溯	跳	刮	贰	军	彼
挠	赌	黑	翁	明	港	掰	秦	赚	拖
揍	鸭	雌	潘	泥	熔	摸	纫	枚	鳃
初	驾	晌	瘸	份	司	疯	混	榻	倦
揪	隋	乖	浮	锣	于	叠	草	蛙	则
贱	圆	尊	旺	扔	鸣	掐	歇	酿	愁
犯	襄	软	克	用	贫	褶	略	踹	连
洗	留	层	剜	胸	铡	苦	嘣	亩	筐
旬	捞	闩	捆	妾	傻	童	争	抓	笋

二、读多音节词语

粮票	登记	陈规	好奇	缺少	别提	至今	内耳	太阳能
香皂	碎步	彩色	怪癖	战胜	世界	参观	播送	旦角儿
走道	喘息	袜子	划分	拥有	那些	洽谈	群众	锅贴儿
丘陵	赃款	谬论	匀实	庄严	屡次	累赘	扯谎	裤衩儿
经销	收获	日语	穷人	民主	怀念	模仿	卖弄	免费
许可	标准	热爱	党员	轻而易举				

三、朗读

大人爱夸孩子懂事。殊不知，孩子太“懂事”，未必是好事。

美国的一些儿童心理教育专家提醒说，太“懂事”的孩子，容易在成长过程中出现心理失衡，更容易患上各种没明显病因的疾病，早熟少女甚至更易遭受性引诱而致“早孕”。

“优秀”在框框里

大人嘴里“懂事的孩子”，通常是那种对大人言听计从的孩子，他们严格遵守家长和教师所定立的所有规章制度并身体力行。他们就算成绩不是最优秀，学习态度也非常端正，会成为老师为其他小伙伴们树立的榜样。

因为“懂事”，这样的孩子常常会陷入过分追求完美的心理泥潭难以自拔。为了得到家长或者老师的赞美，他们就算处于众所周知的“青春反叛期”，也会表现得过分顺从。他们会把对家长的不满压在心里，甚至拒绝承认自己的不满情绪。

太“懂事”的孩子由于整个童年期乃至少年期，都处于成人信条的“阴影”中，渐渐只能定格在墨守成规的人生道路上难以突破。他们长大后仍会显得有几分天真幼稚。他们甚至还可能缺乏健康人格，也缺乏创新能力，最大特点就是“人云亦云”。

“失败”在骨子里

那些刻意追求成功的“懂事”孩子，心理压力常常很大，长此下去容易缺乏自信、意志消沉、脾气暴躁，各个方面的进取心可能都遭到干扰乃至扼杀。

为求成功，他们往往在学习时过度透支体力和脑力，再加上沉重的心理压力，极可能引发各种没有明显病因的症状，其中包括头痛、肚痛、疲乏、消化不良、血压升高、食欲不振、睡眠不佳等，严重的还可能出现神经官能症和心理疾患。

孩子的青春期叛逆期，本来是他们在成长过程中发展自己独立个性的必经之路。但太“懂事”的孩子，刻意压抑自己的观点与态度，也压抑了正常的心理发育，他们的“叛逆期”可能会姗姗来迟甚至从不出现。

这些孩子在性格脾气、行为准则上，有时可能显得跟大多数小伙伴“格格不入”。比如，有的喜欢以“小老师”自居，老师不在场时爱对同学们发号施令；有的喜欢打“小报告”；有的自以为是，看不起小伙伴的“傻帽”表现……长此下去，他们可能明显不合群，朋友也很少，或早早出现成年人才有的世故或孤傲。在所有这些现象背后，极可能隐藏着“自己不被理解”的“苦衷”，时间久了，就可能出现性格怪诞或扭曲。

一些“懂事”的女孩子，还容易在生理或心理上出现早熟。与同龄的一般少女相比，早熟少女更易遭到诸如抑郁、沮丧、孤独等负面情绪的袭击，更易遭到性引诱，从而发生“少女怀孕”之类的悲剧。

改变还得靠家长

要避免孩子“太懂事”，最重要的一点是：家长须改变理念，切莫将“太懂事”视为绝对优点，也不要在孩子面前常常将“懂事”一词挂在口上并加以推崇。

不妨让已表现出“太懂事”的孩子多交朋友，跟大多数同龄孩子实现和谐相处，千万不要让孩子在童年时代就成了“孤家寡人”；不妨让“太懂事”的孩子多参加集体活动，避免整日看书、学习、做习题；家长还要允许孩子犯错误，因为孩子能从犯错误中获得一种自我教育。如果一犯错误就遭到惩罚，孩子容易形成谨小慎微的性格，不利于创造性的培养。

值得一提的是，在缺乏民主气氛的家庭中，孩子往往容易被动地“太懂事”。当孩子进入青春期时，家长应格外重视跟孩子的平等交流，避免家庭成为大人的“一言堂”。

(节选自美国《家长心理读物》，唐绿意编译)

四、说话(任选一个题目说 3～4 分钟)

1. 谈谈对环境保护的认识
2. 我的学习生活

普通话水平测试题——43

一、读单音节字

铡 白 杀 鹤 痣 舌 逮 若 池 筛
得 字 给 二 鳃 棉 宰 拣 凹 淋
槽 品 朝 腔 挠 巷 泡 柄 藕 另
邹 氢 轴 腹 岸 努 榄 筑 瘫 哭
判 粗 忍 藏 午 缸 震 纺 挂 忙
耍 憎 祸 乘 索 正 踹 缝 坏 梦
隋 戏 褪 溺 霞 款 颊 环 掖 蒜
谢 弯 爹 舜 飘 损 表 闯 修 撞
玖 童 约 胸 劝 孔 徐 绒 俊 翁
略 宋 群 掘 总 荀 穷 旅 婶 卷

二、读双音节词语

把手 美妙 盆地 逆流 铁道 强盛 凝结 快速 轮廓
居然 酗酒 略微 穷苦 雄壮 法郎 配合 号召 约会
北面 反映 运动 放心 更加 普遍 亲戚 有点儿
抓紧 问题 群众 原料 荣辱 闯荡 酸楚 死扣儿
琐碎 串供 催促 婶婶 揣测 耍弄 惨败 一下儿
傻眼 崽子 使馆 旱产 捐献 讲座 推广 小孩儿

三、朗读

雨声渐渐地住了，窗帘后隐隐地透进清光来。推开窗户一看，呀！凉云散了，树叶上的残滴，映着月儿，好似萤光千点，闪闪烁烁地动着。——真没想到苦雨孤灯之后，会有这么一幅清美的图画！

凭窗站了一会儿，微微地觉着凉意浸人。转过身来，忽然眼花缭乱，屋子里的别的东西，都隐在光云里，一片幽辉，只浸着墙上画中的安琪儿。——这白衣的安琪儿，抱着花儿，扬着翅儿，向着我微微地笑。

“这笑容仿佛在哪里看见过似的，什么时候，我曾……”我不知不觉地便坐在窗下想——默默地想。

严闭的心幕，慢慢地拉开了，涌出五年前的一个印象。——一条很长的古道。驴脚下的泥，兀自滑滑的。田沟里的水，潺潺地流着。近村的绿树都笼在湿烟里。弓儿似的新月，挂在树梢。一边走着，似乎道旁有一个孩子，抱着一堆灿白的东西。驴儿过去了,无意中回头一看。——他抱着花，赤着脚儿，向着我微微地笑。

“这笑容又仿佛是哪儿见过似的”，我仍是想——默默地想。

又现出一重心幕来，也慢慢地拉开了，涌出十年前的一个印象。——茅檐下的雨水，一滴一滴地落到衣上来。土阶边的水泡儿，泛来泛去地乱转。门前的麦垄和葡萄架子，都灌得新黄嫩绿地非常鲜丽。

(节选自冰心《笑》)

四、说话(任选一个题目说3～4分钟)

1. 对“假日经济”的看法
2. 我的读书生活

普通话水平测试题——44

一、读单音节字

偶 铡 红 我 姨 秋 次 剜 逮 平
翁 挠 氧 食 判 镖 佣 涩 糖 野
敏 痣 丢 遍 捐 而 仍 接 水 日
音 劣 奖 花 邹 源 兄 咱 润 发
旬 线 扯 拐 虐 品 爱 尚 约 劝
梦 留 共 撕 否 案 框 旅 搓 瘫
踹 蛙 踩 纫 怀 襄 瓜 俩 主 撒
鸣 准 击 穿 嘣 迟 肥 均 窜 混
销 偏 苔 醉 你 搐 阔 缺 克 胞
裆 女 苏 子 氢 申 门 光 掐 度

二、读双音节词语

选举	鹌鹑	用力	军事	赌博	运输	原则	恳请	豆芽儿
推动	挂号	全面	草包	约会	女子	光明	痛快	死扣儿
灯笼	穷人	群岛	抓紧	恐怖	牛奶	支持	描写	旦角儿
柠檬	硫酸	夹杂	篡改	略微	削弱	荒唐	着想	藕节儿
怪癖	耍滑	飘洒	帮厨	搀扶	非分	惨然	恶心	旅馆
海洋	遵守	暖气	装配	损坏				

三、朗读

那时候刚好下着雨，柏油路面湿冷冷的，还闪烁着青、黄、红颜色的灯光。我们就在骑楼下躲雨，看绿色的邮筒孤独地站在街的对面。我白色风衣的大口袋里有一封要寄给在南部的母亲的信。

樱子说，她可以撑伞过去帮我寄信。我默默点头，把信交给她。“谁叫我们只带一把雨伞呢。”她微笑着说，一面撑起伞，准备过马路去帮我寄信。从她伞骨渗下来的小雨点溅在我眼镜玻璃上。

随着一声尖厉的刹车声，樱子的一生轻轻地飞了起来，缓缓地，飘落在冷湿的街面，好像一只夜晚的蝴蝶。

虽然是春天，好像已是深秋了。

她只是过马路去帮我寄信。这样简单的动作，却要叫我终生难忘了。我缓缓睁开眼，茫然站在骑楼下，眼里裹着滚烫的泪水。世上所有的车子都停了下来，人潮涌向马路中央。没有人知道那躺在街面的，就是我的蝴蝶。这时，她只离我五公尺，竟是那么遥远。更大的雨点溅在我的眼镜上，溅到我的生命里。

为什么呢？只带一把雨伞？

然而我又看到樱子穿着白色的风衣，撑着伞，静静地过马路了。她是要帮我寄信的。那，那是一封写给在南部的母亲的信，我茫然站在骑楼下，我又看到永远的樱子走到街心。其实雨下得并不大，却是一生一世中最大的一场雨。而那封信是这样写的，年轻的樱子知不知道呢？

妈：我打算在下个月和樱子结婚。

（节选自陈启佑《永远的蝴蝶》）

四、说话(任选一个题目说 3～4 分钟)

1. 环境与生存
2. 我最尊敬的一个人

普通话水平测试题——45

一、读单音节字

抬 暖 军 嗑 纸 券 卡 浮 胸 改
名 翻 词 广 跌 渠 忍 再 吵 根
浅 临 黑 穷 而 舵 流 巷 酒 终
字 蔓 抓 唐 梗 怀 饶 抹 腌 颊
忙 瞟 拟 旬 拗 爷 邹 涮 秧 宣
整 茶 槛 虐 揣 蹭 蛙 润 守 御
真 俩 若 播 闯 粟 拈 横 否 脆
舌 经 室 拐 烘 题 药 浊 从 盼
表 翁 北 庙 农 让 涩 掂 两 拼
砌 毁 蚌 如 薛 旺 孙 捧 贴 童

二、读双音节词语

群岛 爽快 平庸 冰棍 捐款 原来 确凿 本领 迥然
松树 虚心 强烈 懂得 话剧 尊贵 热爱 情况 美满
外边 追踪 调皮 摆脱 混战 挂号 江南 下巴 显著
有关 佛教 采摘 灭迹 仿古 存疑 侵略 工程 话头儿
吆喝 恰似 所谓 内部 后天 日常 风力 迫切 大伙儿
免费 错误 羞耻 韵律 纳闷儿

三、朗读

窗外“荷荷”地下着雨，天空黑得像一盘墨汁，风从窗缝里吹进来，写字桌上的台灯像闪眼睛一样忽明忽暗地闪了几下。我刚翻到《野草》的最后一页。我抬起头，就好像看见先生站在面前。仍旧是矮小的身材，黑色的长袍，浓浓的眉毛，厚厚的上唇须，深透的眼光和慈祥的微笑，右手两根手指夹着一支香烟。他深深地吸一口烟，向空中喷着烟雾。他在房里踱着，在椅子上坐下来，他抽烟，他看书，他讲话，他俯在他那个简单的书桌上写字，他躺在他那把藤躺椅上休息，他突然发出来爽朗的笑声……这一切都是那么自然，那么平易近人。而且每一个动作里仿佛都有先生的特殊的东西。你一眼就可以认出他来。不管窗外天空漆黑，只要他抬起眼睛，整个房间就马上亮起来，他的眼光仿佛会看透你的心灵，你在他面前想撒谎也不可能。不管院子里暴雨如注，只要他一开口，你就觉得他的每个字都很清楚地进到你的心底。他从不教训人，他鼓励你，安慰你，慢慢地使你的眼睛睁大，牵着你的手徐徐朝前走去，倘使有绊脚石，他会替你踢开。他一点也没有改变。他还是那么安静，那么恳切，那么热心，那么慈祥。他坐在椅子上，好像从他身上散出来一股一股的热气。我觉得屋子里越来越温暖了。

(节选自巴金《秋夜》)

四、说话(任选一个题目说 3～4 分钟)

1. 谈素质教育
2. 我的家乡

普通话水平测试题——46

一、读单音节字

播 坠 配 迟 美 湿 烽 乳 叠 暂
疼 刺 拟 私 芦 翁 龟 咔 黑 即
牵 絮 病 纸 捧 禅 膜 闪 否 惹
盗 怎 佟 醋 凝 扫 聊 而 够 槛
挥 茎 且 胸 准 剖 喘 民 刷 纺
人 兑 灾 炭 擦 挠 撒 绿 锅 肯
耗 窘 瘸 绣 章 镖 沉 眯 硕 润
色 测 脓 苔 俩 逛 概 滑 夹 圈
陷 谱 揣 帅 若 霜 凑 扭 嘎 浸
暖 捐 囊 酿 绝 抢 宣 军 薛 熏

二、读双音节词语

训斥 穷苦 军事 捐税 宏伟 需要 虐待 创新 公费
掠取 软弱 光明 囤积 快餐 准备 窜逃 权益 坏处
凉棚 破裂 座谈 仰角 画家 袜子 抵挡 评审 恋爱
留念 而且 僧俗 民航 下课 眼色 感想 振奋 口语
手段 刺杀 玻璃 挂彩 赞美 答应 法规 埋伏 人体
有点儿 老伴儿 病号儿 这会儿 好花儿

三、朗读

风在震摇窗户，雨在狂流，屋子里灯光黯淡。可是从先生坐的地方发出来炫目的光。我不转眼地朝那里看，透过黑色长袍我看见一颗燃得通红的心。先生的心一直在燃烧，成了一颗鲜红的、透明的、光芒四射的东西。

我望着这颗心，我浑身的血都烧起来，我觉得我需要把我身上的热发散出去，我感到一种献身的欲望。这不是第一回了。过去跟先生本人接近，或者翻阅先生著作的时候，我接触到这颗燃烧的心，我常常有这样一种感觉。其实不仅是我，当时许多年轻人都曾从这颗心得到温暖，受到鼓舞，找到勇气，得到启发。

他站起来，走到窗前，发光的心仍然在他的胸膛里，跟着他到了窗前。我记起了，多少年来这颗心就一直在燃烧，一直在给人们指路。他走到哪里，他的心就在哪里发光，生热。我知道多少年轻人带着创伤向他要求帮助，他细心地治好他们的伤，让他们恢复了精力和勇气，继续走向光明的前途。

"不要离开我们!"我又一次听见了这个要求，这是许多人的声音，尤其是许多年轻人的声音。我听见一声响亮的回答:"我绝不离开你们！"这是多年来听惯了的声音。我看见他在窗前，向窗外挥一下手，好像他又在向谁吐出这一句说过多少次的话。

(节选自巴金《秋夜》)

四、说话(任选一个题目说3～4分钟)

1. 怎样与人沟通
2. 假如回到童年

普通话水平测试题——47

一、读单音节字

插	雨	颇	而	槛	略	鸣	拔	兄	司
短	挠	日	骨	滑	冰	恩	辞	欧	敬
溜	火	止	用	娶	仇	掐	闷	刻	秦
萧	笙	拜	垒	裁	瓜	子	肺	旺	别
翻	荀	两	税	挤	屯	兼	慌	裹	聂
哑	伪	润	筛	饶	逮	族	癣	邹	窜
砣	蜇	尼	瞟	俊	宋	行	钻	层	判
撒	约	您	马	聋	鹤	药	农	跟	碎
闯	靠	钟	蚌	免	隔	淌	缝	捕	地
揣	等	赔	块	丢	浊	抢	全	催	负

二、读双音节词语

钻研	准确	爽直	乐意	撒娇	而且	鬼子	笼统	仁爱
挫折	古老	吹牛	代替	瓦解	窗户	窘迫	随后	军阀
运输	夸张	淮海	元气	不适	森林	饼干	取暖	学问

反抗　贫困　钢笔　虚名　邮票　饱满　非常　慈悲　两手
灭亡　阳光　否则　妥当　工夫　曾经　响声　喷射　早年
大伙儿　金鱼儿　聊天儿　一圈儿　岔道儿

三、朗读

我不由得停住了脚步。从未见过开得这样盛的藤萝，只见一片辉煌的淡紫色，像一条瀑布，从空中垂下，不见其发端，也不见其终极，只是深深浅浅的紫，仿佛在流动，在欢笑，在不停地生长。紫色的大条幅上，泛着点点银光，就像迸溅的水花。仔细看时，才知那是每一朵紫花中的最浅淡的部分，在和阳光互相挑逗。这里春红已谢，没有赏花的人群，也没有蜂围蝶阵。有的就是这一树闪光的、盛开的藤萝。花朵儿一串挨着一串，一朵接着一朵，彼此推着挤着，好不活泼热闹！“我在开花!”它们在笑。“我在开花!”它们嚷嚷。每一穗花都是上面的盛开、下面的待放。颜色便上浅下深，好像那紫色沉淀下来了，沉淀在最嫩最小的花苞里。每一朵盛开的花像是一个张满了的小小的帆，帆下带着尖底的舱，舱鼓鼓的；又像一个忍俊不禁的笑容，就要绽开似的。那里装的是什么仙露琼浆？我凑上去，想摘一条。但是我没有摘。我没有摘花的习惯。我只是伫立凝望，觉得这一条紫藤萝瀑布不只在我眼前，也在我心上缓缓流过。流着流着，它带走了这些时一直压在我心上的关于生死的疑惑，关于疾病的痛楚。我浸在这繁密的花朵的光辉中，别的一切暂时都不存在，有的只是精神的宁静和生的喜悦。

(节选自宗璞《紫藤萝瀑布》)

四、说话(任选一个题目说 3～4 分钟)

1. 我最喜欢的一种花木
2. 漫谈人生价值

普通话水平测试题——48

一、读单音节字

摆　瞥　卖　肥　打　踢　内　邻　憋　品
枚　分　党　私　难　略　色　卵　涂　对
方　灭　评　波　泯　破　懂　女　蓝　刮
考　换　鸡　桥　喜　过　垮　荒　家　求
行　怪　款　虹　健　强　需　逛　聚　清
捐　穷　熏　兄　权　制　压　绽　液　阵
优　吃　严　愁　翁　逞　忘　出　吻　垂
为　春　歪　拾　丸　哨　阿　手　额　日

贰　揉　爱　紫　袄　租　岸　擦　恩　测
绝　瓷　军　猜　阳　沧　能　草　跳　所

二、读双音节词语

药材　卡片　武器　专门　怕羞　仪表　开拓　院子　爆肚儿
准确　发愣　阴谋　看作　语调　状态　仍旧　担任　本色儿
抓紧　嘀咕　风琴　瓦解　损伤　革命　曾经　管教　岔道儿
脑髓　云彩　化学　罢工　后边　沉默　酿造　怠慢　奶嘴儿
高中　呼声　热心　山区　从前　下课　参天　月亮　翻脸
盈利　蛤蟆　泥塑　快乐　祝贺

三、朗读

人生什么事最苦呢？贫吗？不是。失意吗？不是。老吗？死吗？都不是。

我说人生最苦的事莫苦于身上背一种未来的责任。人若能知足，虽贫不苦；若能安分(不多做分外希望)，虽失意不苦；老、病、死乃人生难免之事，达观的人看得很平常，也不算什么苦。

独是凡人生在世间一天，便有一天应该做的事，该做的事没有做完，便像有几千斤重担子压在肩头，再苦是没有了。为什么呢？因为受良心责备不过，要逃避也没处逃避呀。答应人办一件事没有办，欠了人家钱没有还，受了人的恩惠没有报答，得罪了人没有赔礼，这就连这个人的面也几乎不敢见他；纵然不见他的面，睡里梦里都像有他的影子来缠着我。为什么呢？因为觉得对不住他呀。

不独对于一个人如此，就是对于家庭，对于社会，对于国家，乃至对于自己，都是如此。凡属我受过他好处的人，我对于他便有了责任。凡属我应该做的事，而且力量能够做到的我对于这件事便有了责任。凡属我自打主意要做一件事，便是现在的自己和将来的自己立了一个契约，便是对于自己加一层责任。有了这责任，那良心便时时刻刻监督在后头，一日应尽的责任没有尽，到夜里头便是过的苦痛的日子；一生应尽的责任没有尽，便死也带着苦痛往坟墓里去。这种苦痛却比不得普通的贫、病、老、死，可以达观排解得来。所以我说人生没有苦痛便罢，若有痛苦，当然没有比这个更重的了。

(节选自梁启超《最苦与最乐》)

四、说话(任选一个题目说3～4分钟)

1. 我看新中国成立70周年
2. 学习普通话的经历

普通话水平测试题——49

一、读单音节字

宣　女　绝　浙　区　寻　沈　刮　颊　幢
懂　作　解　镖　絮　抽　匹　由　电　盯
锁　蹭　纺　舱　尺　副　吴　脑　邹　克
相　涩　军　雄　拐　而　略　抓　回　字
潘　踹　胞　逮　姚　宵　赵　铡　榻　撒
纫　存　扎　流　灭　您　穷　头　费　扔
行　篇　俩　滚　煤　奖　岁　歌　绕　海
奴　水　广　葱　券　奔　封　凸　两　容
品　憋　免　勤　利　囊　啪　患　阔　沤
财　拨　纯　鸣　裆　槛　扇　屉　餐　钻

二、读双音节词语

办法　恳切　走访　卑鄙　孩子　牛奶　选举　用处　纳闷儿
草地　整体　熊猫　指甲　慌乱　绝对　迅速　全部　老头儿
军官　夏天　贫困　有机　摆脱　烹饪　养料　畅通　面条儿
篡改　双亲　荣辱　闰年　怀旧　删节　囊括　怪罪　墨水儿
掠夺　缩写　憎恨　香椿　肥效　扒手　车站　定量　抓紧
女儿　意思　轻松　测绘　画轴

三、朗读

登月太空飞船飞行时拍摄的照片显示出，地球是一个表面由蓝色和白色构成的美丽的球体。其表面蓝色的是海洋、白色的旋涡状物是云层。地球是太阳系中唯一有海洋的行星。它看上去以蓝色为基调，因为它表面为水所覆盖的面积比被陆地所覆盖的面积大——为 71%，也就是说差不多 3/4。但水并不是均匀地覆盖于地球表面的。大部分陆地位于北半球，而南半球大部分是海洋，三大洋由一条连绵不断的水带连接着。地球上的三大洋是太平洋、大西洋和印度洋。太平洋最大，面积为 6,400 万平方英里，约为大西洋和印度洋面积的总和，占地球表面面积的 1/3 还多，从东向西几乎绕了地球半圈。太平洋如此之大，足以容纳地球表面所有的陆地而绰绰有余。大西洋在面积上仅次于太平洋。虽然它也南北伸展得和太平洋一样长，但狭窄得多，形状也不规则，其最宽处仅为 4,500 英里，而太平洋的最宽处则是 12,500 英里。印度洋是三大洋中最小的洋，大体上呈三角形。北冰洋比三大洋要小得多，几乎全被冰覆盖。地球上还有一些更小的被称为海的水域，例如，地中海、加勒比海。海可以是大洋的一部分，如加勒比海就是大西洋的一部分，海也可以像地中海一样是独立的。

(节选自《地球与海洋》)

四、说话(任选一个题目说3～4分钟)

1. 话说谦虚
2. 我喜欢的一首歌

普通话水平测试题——50

一、读单音节字

八 涌 摸 飞 隋 浊 痔 俩 情 辣
藏 粉 挂 搬 某 涮 穷 任 谢 秋
断 童 女 略 卷 涛 邹 麻 日 朱
苗 低 宣 泼 涩 卫 白 册 牛 雁
垮 陪 波 姚 管 兄 喊 击 郑 淌
袄 平 乃 石 饶 善 冲 娘 点 怪
哑 掉 屉 否 滚 薛 武 仇 爱 纺
拼 叶 举 矿 鹅 容 晕 块 荫 群
称 贰 苏 怀 决 翁 辞 御 座 旬
亮 灰 索 秧 扔 子 尊 黄 蹭 舜

二、读双音节词语

百货 允许 脾气 永远 观摩 引导 组合 盼望 纳闷儿
舌头 演习 日常 扣子 挂号 爱称 从而 沸腾 抓阄儿
孙女 养料 部分 显得 请求 虽然 穷困 谎言 差点儿
贫苦 甩卖 小姐 软件 破灭 绑架 刚强 语法 没事儿
角色 名册 约束 群众 萝卜 牙刷 拉拢 稳当 快餐
权宜 仁政 早晚 垂直 童话

三、朗读

从火车上遥望泰山，几十年来有好些次了，每次想起“孔子登东山而小鲁，登泰山而小天下”那句话来，就觉得过而不登，像是欠下悠久的文化传统一笔债似的。杜甫的愿望：“会当凌绝顶，一览众山小”，我也一样有，惜乎来去匆匆，每次都当面错过了。而今确实要登泰山了，偏偏天公不作美，下起雨来，淅淅沥沥，不像落在地上，倒像落在心里。

天是灰的，心是沉的。我们约好了清晨出发，人齐了，雨却越下越大。等天晴吗？想着这渺茫的“等”字，先是憋闷。盼到十一点半钟，天色转白，我不由喊了一句：“走吧!” 带动年轻人，挎起背包，兴致勃勃，朝岱宗坊出发了。

是烟是雾，我们辨识不清，只见灰漾漾一片，把老大一座高山，上上下下，裹了一个严实。古老的泰山越发显得崔嵬了。我们才过岱宗坊，震天的吼声就把我们吸引到虎山水库的大坝前面。七股大水，从水库的桥孔跃出，仿佛七幅闪光黄锦，直铺下去，碰着嶙嶙的乱石，激起一片雪白水珠，脱线一般，撒在清澈的水面。这里叫作虬在湾：据说虬早已被吕洞宾度上天了，可是望过去，跳掷翻腾，像又回到了故居。我们绕过虎山，站到坝桥上，一边是平静的湖水，迎着斜风细雨，懒洋洋只是欲步不前，一边却喑恶叱咤，似有千军万马，躲在绮丽的黄锦底下。黄锦是方便的比喻，其实是一幅细纱，护着一幅没有经纬的精致图案，透明的白纱轻轻压着透明的米黄花纹。——也许只有织女才能织出这种瑰奇的景色。

(节选自李健吾《雨中登泰山》)

四、说话(任选一个题目说 3～4 分钟)

1. 谈身心健康
2. 我喜欢的旅游点

普通话水平测试题——51

一、读单音节字

麻　辈　特　废　办　否　盼　奔　黑　绑
敢　嫩　瞪　批　灭　撇　扁　渺　致　屏
免　品　炕　恨　斋　赦　丢　挑　劣　热
妞　炒　则　擦　复　愁　烧　灾　次　撒
佛　酿　邻　加　骑　饶　衬　宁　下　赛
草　乘　而　哀　生　让　搜　案　亲　呕
浆　古　挂　推　段　挎　国　姓　吨　铸
怀　穷　吞　栋　款　悔　刷　滚　拽　作
踹　拢　框　女　军　嘴　涮　红　略　穗
撞　锯　存　躯　捐　瘸　穴　全　殉　熊

二、读双音节词语

方程　喷射　搜索　扰乱　使劲　撒谎　辽阔　捐赠　差点儿
穷人　询问　掠夺　女性　旷课　拐弯　灵魂　两旁　纽扣儿

强迫　贬低　假如　军队　创造　痛苦　公路　需要　小孩儿
轮船　暖和　坏处　民族　流利　解答　夏天　背后　鸡爪儿
虐待　犬马　心胸　脚印　挂彩　写生　蒙蔽　湛蓝　板擦儿
肥壮　植苗　陶器　准予　平和

三、朗读

不知是因为什么缘故，我如此地爱夏天，如此地与荷花厮熟，而又如此地爱欣赏水，又如此地迷恋夏天的早晨。总觉每一个夏日清晨那将醒未醒的蒙胧令我沉醉，令我欢欣。好像我就是那凉凉的、从夜的林子里饮饱了露珠的每一枚叶子，带着月的照临、星的低语和夜风悄悄的拂掠，睡醒来，迎接宇宙的曙色与轻轻转了一个调子的晨风。

夜从浓浓的蓝黑逐渐浅淡，终于变成带点银灰的乳色。阳光还在远处，这银灰色调的凌晨，是一首静静的序奏。在序奏的结尾处，才听到双簧管清越的牧歌，于是，羊群与牛就在草坡上出现了。

时常，夏日清晨的鸟唱是最轻悄的，像是不忍吵醒那将睡的夜，像是牵挂着那将要隐入林后的夜风，也像是要悄悄地啄食几枚露珠，作为夜的留念，又怕把它们从酣眠的叶子上震落。倒是檐前的鸽子，一起来就嘀咕着，整理内务。一拍、两拍，不疾不徐地推展着清晨的引子，等待其他鸟儿们的高音与中音旋律的加入。清晨的林木有醉人的清香。那么醇，那么厚，使你不由自主地深深呼吸、闻嗅吸饮那如酒的甘洌。落叶在欢迎早起者的脚步，要他们快来欣赏树梢头那更多的新叶，与它们身边初放的晨花。

(节选自罗兰《夏晨》)

四、说话(任选一个题目说3～4分钟)

1. 沙尘暴的警示
2. 我最尊敬的人

普通话水平测试题——52

一、读单音节字

捐　缴　琴　揣　哪　稻　增　怀　阔　甲
江　留　壮　训　湾　疼　花　嫩　舜　光
藏　杯　星　水　特　惊　首　绿　铅　立
串　捏　入　表　色　乡　唤　扫　铐　锌
铁　日　取　浓　军　笨　三　面　瞎　阅
孩　勇　绝　梦　放　冰　孔　腮　浙　温
求　槛　牛　恰　擦　法　毒　锐　专　耍

飘	外	穷	费	村	否	拼	揭	略	刮
共	怪	拍	炯	缫	莫	桶	拙	嫩	刚
扯	报	马	吠	刷	环	汪	用	诸	罢

二、读双音节词语

黄瓜	食堂	测验	非常	虽然	听写	如下	聪明	大褂儿
所谓	恐惧	配合	琼脂	奋力	才学	庸医	秋收	纳闷儿
溶化	怎样	羞愧	强项	扑救	胳膊	喧闹	报酬	聊天儿
拐带	环节	女子	烹调	汽船	垮台	八仙	电灯	门口儿
壮烈	浮雕	决心	姑娘	推广	骏马	冤魂	尿素	黑暗
拍子	不快	吹奏	典雅	爽朗				

三、朗读

那是一个夏天的长得不能再长的下午，在印第安纳州的一个湖边。我起先是不经意地坐着看书，忽然发现湖边有几棵树正在飘散一些白色的纤维，大团大团的，像棉花似的，有些飘到草地上，有些飘入湖水里。我当时没有十分注意，只当是偶然风起所带来的。

可是，渐渐地，我发现情况简直令人吃惊。好几个小时过去了，那些树仍然浑然不觉地，在飘送那些小型的云朵，倒好像是一座无限的云库似的。整个下午，整个晚上，漫天都是那种东西。第二天情形完全一样，我感到诧异和震撼。

其实，小学的时候就知道有一类种子是靠风力吹动纤维播送的。但也只是知道一道测验题的答案而已。那几天真的看到了，满心所感到的是一种折服，一种无以名之的敬畏。我几乎是第一次遇见生命——虽然是植物的。

我感到那云状的种子在我心底强烈地碰撞上什么东西，我不能不被生命豪华的、奢侈的、不计成本的投资所感动。也许在不分昼夜的飘散之余，只有一颗种子足以成荫，但造物者乐于做这样惊心动魄的壮举。

我至今仍然在沉思之际想起那一片柔媚的湖水，不知湖畔那群种子中有哪一颗成了小树，至少，我知道有一颗已经成长。那颗种子曾遇见了一片土地，在一个过客的心之峡谷里，蔚然成荫，教会她怎样敬畏生命。

(节选自张晓风《敬畏生命》)

四、说话(任选一个题目说 3～4 分钟)

1. 我与计算机
2. 我的爱好

附　　录

附录一　中华人民共和国国家通用语言文字法

(2000 年 10 月 31 日第九届全国人民代表大会常务委员会第十八次会议通过)

目　　录

第一章　总　　则

第一条　为推动国家通用语言文字的规范化、标准化及其健康发展，使国家通用语言文字在社会生活中更好地发挥作用，促进各民族、各地区经济文化交流，根据宪法，制定本法。

第二条　本法所称的国家通用语言文字是普通话和规范汉字。

第三条　国家推广普通话，推行规范汉字。

第四条　公民有学习和使用国家通用语言文字的权利。

国家为公民学习和使用国家通用语言文字提供条件。

地方各级人民政府及其有关部门应当采取措施，推广普通话和推行规范汉字。

第五条　国家通用语言文字的使用应当有利于维护国家主权和民族尊严，有利于国家统一和民族团结，有利于社会主义物质文明建设和精神文明建设。

第六条　国家颁布国家通用语言文字的规范和标准，管理国家通用语言文字的社会应用，支持国家通用语言文字的教学和科学研究，促进国家通用语言文字的规范、丰富和发展。

第七条　国家奖励为国家通用语言文字事业做出突出贡献的组织和个人。

第八条　各民族有使用和发展自己的语言文字的自由。

少数民族语言文字的使用依据宪法、民族区域自治法及其他法律的有关规定。

第二章　国家通用语言文字的使用

第九条　国家机关以普通话和规范汉字为公务用语用字。法律另有规定的除外。

第十条 学校及其他教育机构以普通话和规范汉字为基本的教育教学用语用字。法律另有规定的除外。

学校及其他教育机构通过汉语文课程教授普通话和规范汉字。使用的汉语文教材，应当符合国家通用语言文字的规范和标准。

第十一条 汉语文出版物应当符合国家通用语言文字的规范和标准。

汉语文出版物中需要使用外国语言文字的，应当用国家通用语言文字作必要的注释。

第十二条 广播电台、电视台以普通话为基本的播音用语。

需要使用外国语言为播音用语的，须经国务院广播电视部门批准。

第十三条 公共服务行业以规范汉字为基本的服务用字。因公共服务需要，招牌、广告、告示、标志牌等使用外国文字并同时使用中文的，应当使用规范汉字。

提倡公共服务行业以普通话为服务用语。

第十四条 下列情形，应当以国家通用语言文字为基本的用语用字：

(一) 广播、电影、电视用语用字；

(二) 公共场所的设施用字；

(三) 招牌、广告用字；

(四) 企业事业组织名称；

(五) 在境内销售的商品的包装、说明。

第十五条 信息处理和信息技术产品中使用的国家通用语言文字应当符合国家的规范和标准。

第十六条 本章有关规定中，有下列情形的，可以使用方言：

(一) 国家机关的工作人员执行公务时确需使用的；

(二) 经国务院广播电视部门或省级广播电视部门批准的播音用语；

(三) 戏曲、影视等艺术形式中需要使用的；

(四) 出版、教学、研究中确需使用的。

第十七条 本章有关规定中，有下列情形的，可以保留或使用繁体字、异体字：

(一) 文物古迹；

(二) 姓氏中的异体字；

(三) 书法、篆刻等艺术作品；

(四) 题词和招牌的手书字；

(五) 出版、教学、研究中需要使用的；

(六) 经国务院有关部门批准的特殊情况。

第十八条 国家通用语言文字以《汉语拼音方案》作为拼写和注音工具。

《汉语拼音方案》是中国人名、地名和中文文献罗马字母拼写法的统一规范，并用于汉字不便或不能使用的领域。

初等教育应当进行汉语拼音教学。

第十九条 凡以普通话作为工作语言的岗位，其工作人员应当具备说普通话的能力。

以普通话作为工作语言的播音员、节目主持人和影视话剧演员、教师、国家机关工作人员的普通话水平，应当分别达到国家规定的等级标准；对尚未达到国家规定的普通话等级标准的，分别情况进行培训。

第二十条 对外汉语教学应当教授普通话和规范汉字。

第三章 管理和监督

第二十一条 国家通用语言文字工作由国务院语言文字工作部门负责规划指导、管理监督。

国务院有关部门管理本系统的国家通用语言文字的使用。

第二十二条 地方语言文字工作部门和其他有关部门，管理和监督本行政区域内的国家通用语言文字的使用。

第二十三条 县级以上各级人民政府工商行政管理部门依法对企业名称、商品名称以及广告的用语用字进行管理和监督。

第二十四条 国务院语言文字工作部门颁布普通话水平测试等级标准。

第二十五条 外国人名、地名等专有名词和科学技术术语译成国家通用语言文字，由国务院语言文字工作部门或者其他有关部门组织审定。

第二十六条 违反本法第二章有关规定，不按照国家通用语言文字的规范和标准使用语言文字的，公民可以提出批评和建议。

本法第十九条第二款规定的人员用语违反本法第二章有关规定的，有关单位应当对直接责任人员进行批评教育；拒不改正的，由有关单位作出处理。

城市公共场所的设施和招牌、广告用字违反本法第二章有关规定的，由有关行政管理部门责令改正；拒不改正的，予以警告，并督促其限期改正。

第二十七条 违反本法规定，干涉他人学习和使用国家通用语言文字的，由有关行政管理部门责令限期改正，并予以警告。

第四章 附 则

第二十八条 本法自2001年1月1日起施行。

附录二　人事部　教育部　国家语言文字工作委员会关于开展国家公务员普通话培训的通知

人发〔1999〕46号

各省、自治区、直辖市、人事(人事劳动)厅(局)、教委(教育厅)、语委(语言文字工作机构)、国务院各部委、各直属机构人事(干部)部门、新疆生产建设兵团人事局：

根据《中华人民共和国宪法》关于“国家推广全国通用的普通话”的规定，为进一步贯彻中央领导同志关于“推广普通话，公务员要带头”的指示精神，提高公务员的普通话水平，人事部、教育部、国家语委决定，在全国公务员中开展普通话培训工作。现就有关事项通知如下：

一、各级人事部门要通过多种渠道、多种方式加大公务员带头推广普通话的宣传力度，要进一步提高国家公务员对推广普通话重要意义的认识，充分调动公务员学习、推广、使用普通话的积极性和自觉性。

二、各地各部门要采取措施，加强对公务员普通话的培训，同时，要正确处理好工作与培训的关系。通过培训，原则要求1954年1月1日以后出生的公务员达到普通话三级甲等以上水平，对1954年1月1日以前出生的公务员不作达标的硬性要求，但鼓励努力提高普通话水平。

三、对方言地区或使用方言以及普通话不熟练的公务员，要在认真调查研究的情况下，实施针对性培训，要结合公务员的业务实际，制定普通话培训的长期规划、达到的标准以及测试的办法。对普通话培训，可以先试点，然后再以点带面，逐步推广。

四、公务员普通话培训工作按分级分类的原则组织实施。人事部负责国务院各部委、各直属机构公务员的普通话培训工作，各省、自治区、直辖市政府人事部门负责本辖区公务员的普通话培训工作。各级教育部门、语言文字工作部门协助配合。

五、开展公务员普通话培训，各地可根据实际情况，采取灵活多样的方式进行，具备条件的地方，可以进行普通话水平测试。各级教育行政部门、语言文字工作部门应在普通话培训、测试方面给予支持协助。

六、各地、各部门要高度重视公务员普通话培训工作，要把推广普通话作为一项经常性工作来抓，作为提高公务员素质的内容列入工作日程。要从各地、各部门实际出发，激励公务员积极参加普通话培训，发挥公务员推广普通话的表率作用。

七、国家公务员在公务活动中应当自觉使用普通话。各地、各部门要逐步将普通话作为考核公务员能力水平的内容之一。

中华人民共和国人事部
中华人民共和国教育部
国家语言文字工作委员会
一九九九年五月十二日

附录三　教育部、国家语委关于进一步加强学校普及普通话和用字规范化工作的通知

发文单位：教育部、国家语委
文　　号：教语用〔2000〕1号
发布日期：2000-02-29
执行日期：2000-02-29

为了贯彻改革开放以来第三次全国教育工作会议和 1997 年全国语言文字工作会议精神，落实《中共中央国务院关于深化教育改革全面推进素质教育的决定》和国务院批转教育部《面向 21 世纪教育振兴行动计划》的有关要求，教育部、国家语言文字工作委员会于 1999 年 12 月召开了学校语言文字工作会议。会议总结了 50 年来学校语言文字工作的经验，分析了学校语言文字工作面临的形势和任务，明确了今后工作的目标和措施。根据《中华人民共和国教育法》“学校及其他教育机构进行教学，应当推广使用全国通用的普通话和规范字”的规定，现就进一步加强学校普及普通话和用字规范化工作通知如下。

一、提高对加强学校普及普通话和用字规范化工作的认识

1．说好普通话、用好规范字、提高语言文字应用能力，是素质教育的重要内容。做好学校普及普通话和用字规范化工作，对于掌握科学文化知识、培养创新精神和实践能力、全面提高素质，对于继承和弘扬中华民族优秀的传统文化、培养爱国主义情操、增强民族凝聚力都具有重要意义。

2．面对信息化时代的到来，必须大力加强信息技术教育。中文信息处理是我国信息技术发展的重点，语言文字规范化标准化是中文信息处理的先决条件，普及普通话和用字规范化有利于提高语言文字信息处理和交换的效益和水平。因此，应该加大学校普及普通话和用字规范化工作的力度，以适应加强信息技术教育的需要。

3．推动全社会用语用字的规范化，基础在教育。语言文字能力的培养应该从小抓起，使学生在义务教育阶段就具备说普通话、用规范字的能力，并在非义务教育阶段得到巩固和提高。这对于充分发挥教育对全社会的基础作用和积极影响，实现 2010 年普通话在全国初步普及、汉字社会应用基本规范的目标，具有重要意义。

二、工作目标要求

1．学校普及普通话和用字规范化工作的目标是：到 2005 年，教师和学生的普通话水平基本达到规定的要求；普通话基本成为各级各类学校及幼儿园的教学语言，即师生在教学中使用普通话；成为城镇学校及幼儿园的校园语言，即师生员工在教学、会议、宣传和其他集体活动中使用普通话。教材(含讲义、教学辅助读物)用字，教学、公务和校园环境

用字符合国家颁布的规范标准和要求。有条件的大中城市和经济发达地区的学校，应争取提前实现上述目标；已达标的学校要巩固成绩，不断提高规范化水平。工作难度较大的地区、偏远乡村可适当推迟达标时限，但最迟应在2010年以前达标。

2．教育行政部门和各级各类学校要把普及普通话、用字规范化工作列入议事日程，制订切实可行的工作计划，建立必要的工作制度，形成上下一致、齐抓共管的工作格局，确保目标按期实现。根据人事部、教育部和国家语言文字工作委员会联合印发的《关于开展国家公务员普通话培训的通知》(人发〔1999〕46 号)精神，教育行政部门公务员和学校管理人员的普通话水平应不低于三级甲等，新录用公务员和学校管理人员的普通话水平亦应达到上述标准。

3．普通话合格应作为教师业务考核内容和录用教师条件之一，教师应达到《教师资格条例实施办法》的普通话等级标准：各级各类学校和幼儿园以及其他教育机构的教师应不低于二级乙等，其中语文教师和对外汉语教师不低于二级甲等，语音教师不低于一级乙等。教师应当具备正确使用规范汉字的能力，其中语文教师应熟悉汉字的各项规范标准。小学和幼儿园教师应能熟练运用汉语拼音。在实施“跨世纪园丁工程”和对教师进行继续教育的过程中，应注意加强教师语文素质的培训。

4．说好普通话、用好规范字是学生应具备的基本能力。经过义务教育阶段教育的学生应能说比较标准的普通话，非义务教育阶段的学生应在已有基础上继续巩固提高；师范专业和其他与口语表达关系密切的专业的学生的普通话水平应经测试达到规定的等级。学生应能掌握规定数量的汉字，做到书写正确、端正、有一定速度，其中与文字应用关系密切专业的学生应熟悉汉字的各项规范标准。小学毕业生应学好汉语拼音，能利用汉语拼音识字、学习普通话。

5．以少数民族语言授课为主的民族学校的普及普通话达标要求和时限，以及对师生的普通话水平要求，由当地教育行政部门和语言文字工作部门规定，其中汉语课教师的普通话水平应不低于三级甲等。

三、工作措施

1．切实采取措施，把提高学生语言文字规范意识和语言文字应用能力的要求纳入各级各类学校的培养目标和有关课程标准，纳入教育教学和学生技能训练的基本内容，纳入学校工作日程和常规管理，渗透到德育、智育、体育、美育和社会实践等教育活动中。

2．有计划地开展普通话培训测试工作，以测促训，以训保测。1954 年 1 月 1 日以后出生的教师和教育行政部门公务员，师范专业和其他与口语表达关系密切的专业的学生，均应参加普通话培训和测试。对教师的业务考核和教学基本功培训考核等应提出语言文字规范要求，考核结果作为聘用、晋级和评优的条件之一。师范专业和其他与口语表达关系密切的专业的学生，普通话达不到合格标准者应缓发毕业证书。

3．充分发挥语文课在普及普通话、用字规范化中的主渠道作用。语文教学要重视提高学生语言文字规范意识和语言文字应用能力，切实改变重知识、轻能力的倾向，全面提高学生的语文素养。中小学语文教学要规范学生的口头语言，提高口语交际能力，培养良好的听说习惯和语言习惯。各级职业学校以及其他院校与口语表达关系密切的专业应在教学中增加普通话口语交际方面的内容，师范院校应进一步加强口语课教学，并在课时安排和考核、考查等环节上给予保证。要进一步推广小学语文“注音识字、提前读写”等教改实验，逐步扩大实验范围。

4．加大语言文字规范化宣传力度，做好科学研究工作。要在师生中开展形式多样、富有实效的语言文字规范化宣传教育活动并面向社会做好宣传、咨询和服务工作，特别是要精心组织并开展好每年一度的推广普通话宣传周活动。有条件的学校应引导师生关注社会语文生活，监督、评测语言文字的社会应用。有关高等学校要积极参与语言文字和中文信息处理等方面的基础研究和应用研究，为国家制订语言计划和语言文字规范标准，推进语言文字规范化标准化工作，提供理论和技术支持。

5．加强学校普及普通话、用字规范化工作的检查评估。要将这项工作纳入教育质量评估指标体系和精神文明创建活动，作为教育督导、检查、评估的一项内容。各地应结合本地实际制定相应的评估标准及其操作办法，有计划地开展检查评估工作。要注意总结经验，及时发现问题，不断改进工作。

四、加强对学校普及普通话和用字规范化工作的领导

1．各级教育行政部门、语言文字工作机构要认真贯彻国家语言文字工作方针政策，执行语言文字法规、规章和规范标准，充分认识进一步做好学校普及普通话和用字规范化工作的重要意义，切实加强对学校语言文字工作的领导。

2．建立、健全各级语言文字工作机构。各级教育行政部门负有主管语言文字工作的责任。省(自治区、直辖市)、市(地、州、盟)两级教育行政部门要有专门的语言文字工作内设机构，并有专职工作人员，县和县级市要有机构和人员专管或兼管，以切实做好学校和全社会的语言文字工作。

3．做好学校语言文字工作是各级教育行政部门有关职能机构的共同责任。各级语言文字工作机构要积极、主动协调各有关方面，指导、督促各级各类学校切实做好普及普通话和用字规范化工作，为全面推进素质教育、实现我国新世纪的语言文字工作目标做出贡献。

参考文献

[1] 尹建国．普通话培训与测试[M]．北京：语文出版社，2003.
[2] 吴洁敏．新编普通话教程[M]．杭州：浙江大学出版社，2003.
[3] 王薇．普通话教程[M]．北京：航空工业出版社，2008.
[4] 刘克芹．普通话训练教程[M]．北京：经济科学出版社，2010.
[5] 张祖利．普通话口语基础[M]．济南：山东人民出版社，2017.
[6] 吴洁敏．新编普通话教程[M]．5 版．杭州：浙江大学出版社，2019.
[7] 杜青．普通话语音学教程[M]．3 版．北京：中国广播影视出版社，2018.